*Routledge Revivals*

# HERODICUS

# HERODICUS

## THE CRATETEAN

A STUDY IN ANTI-PLATONIC TRADITION

BY

IN GEMAR DÜRING

Routledge
Taylor & Francis Group

First published in 1941 by Wahlström & Widstrand

This edition first published in 2018 by Routledge
2 Park Square, Milton Park, Abingdon, Oxon, OX14 4RN
and by Routledge
52 Vanderbilt Avenue, New York, NY 10017, USA

*Routledge is an imprint of the Taylor & Francis Group, an informa business*



**Publisher's Note**
The publisher has gone to great lengths to ensure the quality of this reprint but points out that some imperfections in the original copies may be apparent.

**Disclaimer**
The publisher has made every effort to trace copyright holders and welcomes correspondence from those they have been unable to contact.

A Library of Congress record exists under ISBN: 80025246

ISBN 13: 978-0-367-14395-4 (hbk)
ISBN 13: 978-0-367-14396-1 (pbk)
ISBN 13: 978-0-429-03183-0 (ebk)

KUNGL. VITTERHETS HISTORIE OCH ANTIKVITETS
AKADEMIENS HANDLINGAR, DEL 51:2

# HERODICUS
## THE CRATETEAN

A STUDY IN ANTI-PLATONIC TRADITION

BY

INGEMAR DÜRING

STOCKHOLM 1941
WAHLSTRÖM & WIDSTRAND
(i kommission)

KUNGL. VITTERHETS HISTORIE OCH ANTIKVITETS AKADEMIENS HANDLINGAR UTGIVAS MED ANSLAG UR HUMANISTISKA FONDEN

GÖTEBORG 1941
ELANDERS BOKTRYCKERI AKTIEBOLAG

# CONTENTS

# I. AN EPIGRAM

On September 29th 146 B. C.[1] Ptolemy VII seizes the reins of the government in Alexandria after his brother Philometor, who had suddenly been killed by accident in Syria. He named himself Euergetes, but his loyal subjects called him Cacergetes or Physcon. For more than twenty years he had aspired to the throne and at several times had approached his goal within a hair's breadth. Philometor had had his brother's life in his hands at least twice, but spared him. Euergetes on the contrary shows no forbearance. The legitimate heir of the throne, Eupator, is made away with. Aristarchus, the famous teacher of the young prince, and with him all the more prominent learned men of the Museum, fled terror-stricken. An officer of the Guard, Cydas, was appointed President of the Royal Academy of Alexandria.

This diaspora can only be compared with the flight from Constantinople during the first half of the XV century. Not without grim humour the renaissance of art and letters in the world outside Alexandria, caused by this flight, is depicted by Andron:[2] *Ἀλεξανδρεῖς εἰσιν οἱ παιδεύσαντες πάντας τοὺς Ἕλληνας καὶ τοὺς βαρβάρους, ἐκλειπούσης ἤδη τῆς ἐγκυκλίου παιδείας διὰ τὰς γενομένας συνεχεῖς κινήσεις ἐν τοῖς κατὰ τοὺς Ἀλεξάνδρου διαδόχους χρόνοις. ἐγένετο οὖν ἀνανέωσις πάλιν παιδείας ἁπάσης κατὰ τὸν ἕβδομον βασιλεύσαντα Αἰγύπτου Πτολεμαῖον, τὸν κυρίως ὑπὸ τῶν Ἀλεξανδρέων καλούμενον Κακεργέτην. οὗτος γὰρ πολλοὺς τῶν Ἀλεξανδρέων ἀποσφάξας οὐκ ὀλίγους δὲ καὶ φυγαδεύσας τῶν κατὰ τὸν ἀδελφὸν αὐτοῦ ἐφηβησάντων, ἐποίησε πλήρεις τάς τε νήσους καὶ πόλεις ἀνδρῶν γραμματικῶν φιλοσόφων γεωμετρῶν μουσικῶν ζωγράφων παιδοτριβῶν τε καὶ ἰατρῶν καὶ ἄλλων πολλῶν τεχνιτῶν,*

[1] Recalculated according to the Julian calendar from the Ptolemaic Table of Kings, see Wachsmuth, *Einleitung in das Studium der alten Geschichte*, p. 305.

[2] *ἐν τοῖς Χρονικοῖς*, *FHG* II 352, *FrGrHist* 246 F1. He lived in the first century B. C. and adduces an eye-witness, Menecles from Alexandria.

*οἳ διὰ τὸ πένεσθαι διδάσκοντες ἃ ἠπίσταντο πολλοὺς κατεσκεύασαν ἄνδρας ἐλλογίμους.*[1]

The brutality of Physcon was severely upbraided throughout the world.[2] But in Pergamon only malignant delight was felt at the sufferings of the learned competitors. With triumphant scorn, Herodicus the Cratetean writes the following epigram.[3]

*Φεύγετ', Ἀριστάρχειοι, ἐπ' εὐρέα νῶτα θαλάσσης*
*Ἑλλάδα, τῆς ξουθῆς δειλότεροι κεμάδος,*
*γωνιοβόμβυκες, μονοσύλλαβοι, οἷσι μέμηλε*
*τὸ σφὶν καὶ σφῶιν καὶ τὸ μὶν ἠδὲ τὸ νίν.*
*τοῦθ' ὑμῖν εἴη δυσπέμφελον. Ἡροδίκῳ δὲ*
*Ἑλλὰς ἀεὶ μίμνοι καὶ θεόπαις Βαβυλών.*

1 *θαλάττης* **A** 4 *καὶ τὸ σφῶν* Pierson 5 *δυσπέμφελον* **A** *δυσπέμφελοι* superscr. *ον* **C**

This epigram is so instructive that it may be taken as a starting-point in drawing the background for the person and activity of Herodicus.

Herodicus names himself a Babylonian. This means that he was from Seleucia like Diogenes *ὁ Βαβυλώνιος*,[4] and he hopes that, in contradistinction to the Aristarcheans, he will be allowed to stay in Hellas.[5] The language is, just as in the Aspasia poem quoted below, highly homerizing.

[1] Cfr Iust. XXXVIII 8,3. Aristarchus died on Cyprus, his most prominent disciple Apollodorus, the author of the *Χρονικά*, settled in Athens, another disciple, Dionysius Thrax, withdrew to Rhodes. When Physcon had spent his fury and matters were becoming more quiet, another disciple of Aristarchus of the name of Ammonius succeeded Cydas as President of the Museum. See Ed. Schwartz, *Ges. Schr.* I, 1938, p. 90 ff.

[2] Diod. XXXIII, in fine.

[3] Ath. 222 A.

[4] Strabo XVI 1,16 p. 743. *Πάλαι μὲν οὖν ἡ Βαβυλὼν ἦν μητρόπολις τῆς Ἀσσυρίας, νῦν δὲ Σελεύκεια, ἡ ἐπὶ τῷ Τίγρει καλουμένη ... ὥσπερ δὲ Βαβυλωνίαν τὴν χώραν καλοῦμεν, οὕτω καὶ τοὺς ἄνδρας τοὺς ἐκεῖθεν Βαβυλωνίους καλοῦμεν, οὐκ ἀπὸ τῆς πόλεως ἀλλ' ἀπὸ τῆς χώρας· ἀπὸ δὲ τῆς Σελευκείας ἧττον, κἂν ἐκεῖθεν ὦσι, καθάπερ Διογένη τὸν Στωικὸν φιλόσοφον.* Diog. Laert. VI 81 *καλούμενος δὲ Βαβυλώνιος διὰ τὴν γειτονίαν.*

[5] Th. Bergk, *Fünf Abh. zur Gesch. d. griech. Philosophie u. Astronomie*, Leipzig 1883, p. 169, suggests the reading *Πέργαμ' ἀεὶ* or *Μαλλὸς ἀεί.* The latter is at

*ἐπ' εὐρέα νῶτα θαλάσσης.* If Herodicus really wrote *θαλάττης*, he must be supposed to have meant it as an allusion to the affected learning of grammarians who preferred the Attic forms. Yet this seems to me very uncertain. Much later, when Atticism was in its prime, rhetors and grammarians were commonly derided on account of this craze; there are several epigrams of this kind in the XIth book of the Anthology.

*κεμάς*, Il. *K* 361.

*οἴσι μέμηλε*, a well-known Homeric expression.

*δυσπέμφελος* belongs to the learned glosses of Homer, the meaning of which was uncertain, as may be seen from Zenodotus' attempts at interpretation *Π* 748. I suppose Herodicus used the word in the same sense as when Hesiodus *Op.* 618 speaks of *ναυτιλίη δυσπέμφελος*. He wishes the Aristarcheans »a stormy passage».

The *βιβλιακοὶ χαρακῖται Μουσέων ἐν ταλάρῳ* were ridiculed already by Timon *fr.* 60 W. (= 12 D.), and the Anthology is rich in epigrams of the same kind and in the same style. All of them, however, are later than that of Herodicus. Meleager says in his own epitaph VII 419 *ὃν θεόπαις ἤνδρωσε Τύρος*. There is a long series of epigrams directed against grammarians, rhetors and expressly against the Aristarcheans, mainly from the golden age of Atticism during the reign of Augustus and Tiberius. Thus Antipater begins XI 20 *φεύγεθ', ὅσοι λόκκας* (archaic for *χλαμύδες*) *ἢ λοφνίδας* (torches made of wine bark, Ath. 701 A) *ἢ καμασῆνας* (a special kind of fish) *ᾄδετε, ποιητῶν φῦλον ἀκανθολόγων*, and Philippus XI 347 *Χαίροιθ', οἱ περὶ κόσμον ἀεὶ πεπλανηκότες ὄμμα οἵ τ' ἀπ' Ἀριστάρχου σῆτες* (bookworms) *ἀκανθολόγοι.* The epigram XI 322 by Antiphanes is worth quoting.

*Γραμματικῶν περίεργα γένη, ῥιζώρυχα Μούσης*
*ἀλλοτρίης, ἀτυχεῖς σῆτες ἀκανθοβάται,*
*τῶν μεγάλων κηλῖδες, ἐπ' Ἠρίννῃ δὲ κωμῶντες*

any rate a rather adventurous conjecture and the former not very plausible. *Ἑλλάς* both in verse 2 and 6 must be understood in a wider sense than the pure geographical one, as in the famous words of Isocr. *Panegyr.* 50. Eustathius comments, 1077,25, *Ἡρόδικος δὲ ὁ Βαβυλώνιος εὐξάμενος τὸ Ἡροδίκῳ, τουτέστιν ἐμοί, Ἑλλὰς ἀεὶ μίμνοι καὶ θεόπαις Βαβυλών, ἄδηλον περὶ ποίας Ἑλλάδος ποιεῖται τὴν εὐχήν.*

*πικροὶ καὶ ξηροὶ Καλλιμάχου πρόκυνες,*
*ποιητῶν λῶβαι, παισὶ σκότος ἀρχομένοισιν,*
*ἔρροιτ', εὐφώνων λαθροδάκναι κόριες.*

A certain style has already developed. Compare the following epigram by Philippus, XI 321:

*Γραμματικοὶ Μώμου Στυγίου τέκνα, σῆτες ἀκανθῶν,*
*τελχῖνες βίβλων, Ζηνοδότου σκύλακες,*
*Καλλιμάχου στρατιῶται, ὃν ὡς ὅπλον ἐκτανύσαντες*
*οὐδ' αὐτοῦ κείνου γλῶσσαν ἀποστρέφετε,*
*συνδέσμων λυγρῶν θηρήτορες, οἷς τὸ μὶν ἢ σφὶν*
*εὔαδε, καὶ ζητεῖν εἰ κύνας εἶχε Κύκλωψ,*
*τρίβοισθ' εἰς αἰῶνα κατατρύζοντες ἀλιτροί*
*ἄλλων, ἐς δ' ἡμᾶς ἰὸν ἀποσβέσατε.*

Typical features are easily recognized. Another example offers Lucillus Tarrhaeus, XI 140.[1]

*Τούτοις τοῖς παρὰ δεῖπνον ἀοιδομάχοις λογολέσχαις,*
*τοῖς ἀπ' Ἀριστάρχου γραμματολικριφίσιν,*
*οἷς οὐ σκῶμμα λέγειν, οὐ πεῖν φίλον, ἀλλ' ἀνάκεινται*
*νηπυτιευόμενοι Νέστορι καὶ Πριάμῳ,*
*μή με βάλῃς κατὰ λέξιν ἕλωρ καὶ κύρμα γενέσθαι.*
*Σήμερον οὐ δειπνῶ μ ῆ ν ι ν ἄ ε ι δ ε θ ε ά.*

Also in Latin literature there is a short poem of the same kind still extant, Virgil's *Catalept.* II b.[2]

*Corinthiorum amator iste verborum*
*iste iste rhetor amputatus et totus*

[1] See the interesting study by A. Linnenkugel, *De Lucillo Tarrhaeo*, D. München, Rhet. Stud. hrsg. v. E. Drerup, Heft XIII, Paderborn 1926, p. 50—51. *οὐ πεῖν* (the vulgar form, as *ταμεῖον ὑγεῖς*) *φίλον* is the negative equivalence of *οἷς τὸ μὶν ἢ σφὶν εὔαδε.* See also Aristoph. *Ran.* 93 and Kock's commentary.

[2] Commented on by Th. Birt, *Jugendverse u. Heimatpoesie Vergils*, Leipzig 1910, p. 52, where the old literature is recorded. It should be borne in mind that Horace has also imitated this Alexandrinian style *Ep.* III 19,18, although, in a curious way, he has reversed the order: *forum putealque Libonis* (= the tribunal of the praetor) *mandabo siccis* (cfr XI 31 *ὑδροπόται* who, according to XI 20, *κρήνης ἐξ ἱερῆς πίνετε λιτὸν ὕδωρ*) *adimam cantare severis* (XI 322 *πικροὶ καὶ ξηροί*).

*Thucydides renatus, Attice febris,*
*Tau Gallicum, min et spin ut male illisit,*
*ita omnia ista verba miscuit fratri.*

Herodicus the Cratetean[1] belonged to the Pergamene school of grammar. It is very probable that all these abusive words directed against the *γραμματικοί* by later epigrammatists originate in the polemic of the Pergamenes, which on the other hand can be derived from Stoic conceptions of *γραμματική*. The principal point of difference between the Pergamene and the Alexandrinian school is thus defined by Sextus Empiricus:[2] the object of grammatical investigation according to Stoic doctrine was not in the first place the forms of the words but their sense and import. The grammarian is the servant of the critic — thus Crates haughtily overstated his standpoint.

The Cratetean school of grammar differred from the Aristarchean mainly in three respects. Following up the old Stoic doctrine, Crates based grammar on the system of anomaly[3] instead of analogy. When he cannot understand a word or a phrase, he is quick to conjecture something else, as for instance when *Φ* 282 instead of the contested *ἐρχθέντα* he substitutes *εἰλθέντα*, a very rare word indeed. Further he adopted, probably here too influenced by Chrysippus, and developed to its extreme consequences, the old Greek idea[4] that Homer

[1] *ὁ Κρατήτειος* Ath. 219 C, 234 D.

[2] *Adv. Gramm.* I 78 *οὐχ ᾗπερ οἱ Στωικοὶ τὸ σημαινόμενον ἀλλ' ἀνάπαλιν τὸ σημαῖνον. τὸ γὰρ νοητὸν ἐπὶ τοῦ σημαινομένου μόνου παρείληπται. ἔοικε δὲ καὶ Κρατήτειόν τινα κινεῖν λόγον* (*sc.* the author Chares, who is quoted here). *καὶ γὰρ ἐκεῖνος ἔλεγε διαφέρειν τὸν κριτικὸν τοῦ γραμματικοῦ, καὶ τὸν μὲν κριτικὸν πάσης φησι δεῖ λογικῆς ἐπιστήμης ἔμπειρον εἶναι, τὸν δὲ γραμματικὸν ἁπλῶς γλωσσῶν ἐξηγητικὸν καὶ προσῳδίας ἀποδοτικὸν καὶ τῶν τούτοις παραπλησίων εἰδήμονα, παρ' ὃ καὶ ἐοικέναι ἐκεῖνον μὲν ἀρχιτέκτονι, τὸν δὲ γραμματικὸν ὑπηρέτῃ.*

[3] Diog. Laert. VII 192, Varro *de l. l.* 17, p. 121, Gell. II 25.

[4] Isocr. *Panegyr.* 159 *οἶμαι δὲ καὶ τὴν Ὁμήρου ποίησιν μείζω λαβεῖν δόξαν, ὅτι καλῶς τοὺς πολεμήσαντας τοῖς βαρβάροις ἐνεκωμίασε καὶ διὰ τοῦτο βουληθῆναι τοὺς προγόνους ἡμῶν ἔντιμον αὐτοῦ ποιῆσαι τὴν τέχνην ἔν τε τοῖς τῆς μουσικῆς ἄθλοις καὶ τῇ παιδεύσει τῶν νεωτέρων, ἵνα πολλάκις ἀκούοντες τῶν ἐπῶν ἐκμανθάνωμεν τὴν ἔχθραν τὴν ὑπάρχουσαν πρὸς αὐτοὺς καὶ ζηλοῦντες τὰς ἀρετὰς τῶν στρατευσαμένων τῶν αὐτῶν ἔργων ἐκείνοις ἐπιθυμῶμεν.* Lycurg. *c. Leocr.* 102 stresses that Homer is our *διδάσκαλος*, but still it is mostly *ἀρετῶν*. When the conception of the Cratetean school had broken through, it sounds like this, Strab. III 4,4 *οὐ δὴ θαυμάζοι τις*

was the original source of all knowledge, be it astronomy or mathematics, medicine, geography, nay, the Chaldean language, whilst in this respect Aristarchus maintained the opinion of Eratosthenes and Zenodotus. In the treatise *On convivial customs*, ascribed to Herodicus, the repeated *διδάσκει Ὅμηρος* is a sure sign of Pergamene origin. Lastly Crates applied an allegoric-symbolic interpretation of Homer, which made it possible for him to build up a whole cosmographic system, based on his exegesis of the poet.[1] Here he took up the ideas of Anaxagoras and Metrodorus.[2] The school of Crates never attained the firmness and solidity of the Aristarchean school, owing to the simple fact that the Pergamenes really had no respect for the preserved text and a literal interpretation, but gave free course to their various whims and caprices. In our collection of the scholia, which is mainly based on the Aristarchean corpus, there are not a few traces of the critical exegesis of Crates, and Mette's great collection of passages from scholia and different authors referring to the theory of the heavenly spheres, *Σφαιροποιΐα*, shows how deeply impressed later commentators were by the cosmographic interpretation of the Pergamenes, who radically abandoned the old Aristarchean principle *Ὅμηρον ἐξ Ὁμήρου σαφηνίζειν*.[3] Both Didymus and especially Seleucus[4] are thus influenced by the Pergamene comparative method, according to which other ancient poets were used to interpret Homer, a sound principle curiously enough condemned by the Aristarcheans.

The two schools wrote polemic pamphlets against one another.

*ἂν οὔτε τοῦ ποιητοῦ τὰ περὶ τὴν Ὀδυσσέως πλάνην μυθογραφήσαντος τοῦτον τὸν τρόπον . . . (οὐκ ἀπίθανον ἐποίει τὸ πλάσμα), οὔτ' εἴ τινες αὐταῖς τε ταύταις ταῖς ἱστορίαις πιστεύσαντες καὶ τῇ πολυμαθίᾳ τοῦ ποιητοῦ καὶ πρὸς ἐπιστημονικὰς ὑποθέσεις ἔτρεψαν τὴν Ὁμήρου ποίησιν, καθάπερ Κράτης τε ὁ Μαλλώτης ἐποίησε καὶ ἄλλοι τινὲς.*

[1] H. J. Mette, *Sphairopoiia*, Unters. z. Kosmologie des Krates von Pergamon, München 1936. C. F. Wegener's book, *De aula Attalica*, Copenhague 1836, is of course now obsolete but contains much good material, Wachsmuth's and Helck's writings on Crates still more. In spite of all these works, a comprehensive, readable study of the Cratetean school of grammar including its revival under Seleucus is, however, much to be desired.

[2] Diog. Laert. II 11, cfr Tatian. *ad Graec.* c. 21, Hesych. s. v. *Ἀγαμέμνονα, schol. ad Π* 161, *P* 547, Sengebusch, *Diss. Hom.*, Leipzig 1861, I 133.

[3] See the remarks by O. Müller, *Üb. d. Papyruskomm. z. Φ der Ilias*, D. München 1913, p. 44.

[4] See Crates' schol. *Φ* 195, Wachsmuth, Rhein. Mus. 46 (1891), p. 554.

Thus Dionysius Thrax wrote *Πρὸς Κράτητα*[1] and Zenodotus the Cratetean from Mallos, who lived in Alexandria, wrote *Πρὸς τὰ ὑπ' Ἀριστάρχου ἀθετούμενα τοῦ ποιητοῦ*[2] and quite seriously declared that Homer was a Chaldean.[3]

During the reign of Tiberius the Cratetean school exercised its greatest influence, as is shown in a book by Ptolemy from Ascalon *Περὶ τῆς Κρατητείου αἱρέσεως* and the commentaries on Homer by Seleucus. Among well-known Crateteans are further to be counted the trusty Asclepiades of Myrlea (about 70 B. C.), Demetrius Ixion (in the time of Augustus), who had deserted the Aristarchean school, and the conceited Apion Pleistoneices (in the time of Tiberius).

The epigram quoted above shows us Herodicus as a fanatic Cratetean. As I interpret the introductory words »Flee, Aristarcheans . . .», it must have been written some time after the 29th of September 146. If this were our only support for fixing the time when Herodicus lived, it would be at the most a *terminus post quem*. For, as a matter of fact, Lucillus, who must have been one of those *Graeculi esurientes*[4] under Nero and Vespasianus, as we have seen, wrote epigrams against *τοὺς ἀπ' Ἀριστάρχου γραμματολικριφίδας* and Philippus, who cannot at any rate be much older, scorns the *Καλλιμάχου στρατιώτας*. Furthermore the *φεύγεθ'* of Antipater, the *χαίροιθ', ἔρροιτ', τρίβοισθ'* of the other poets quoted, must be interpreted purely as a an ornament of style, not literally. It must be stressed, however, that the epigram of Herodicus is the first known example of this kind; he should not be blamed, because certain expressions, which in his mouth are genuine and sincerely meant, afterwards became hackneyed commonplaces. Luckily there are, too, in the remainders of the essay *Πρὸς Φιλοσωκράτην* some data which help us to fix his life-time quite positively, namely the *σύνοδοι τῶν Διογενιστῶν Ἀντιπατριστῶν Παναιτιαστῶν*, mentioned 186 A and discussed in the next chapter. These meetings were being celebrated in the year 145 and it is very likely that Herodicus who was then living in Athens, wrote his famous epigram, wishing himself *Ἑλλὰς ἀεὶ μίμνοι* in that year.

[1] *Schol. I* 464.

[2] Suidas s. v., Schneidewin, Philol. 2 (1847) p. 764.

[3] *Schol. Ψ* 79 and *A* 591.

[4] Juvenal. III 78.

## II. THE ESSAY *ΠΡΟΣ ΤΟΝ ΦΙΛΟΣΩΚΡΑΤΗΝ*.

### Introduction.

In Athenaeus 215 F we read the following words: *ὁ Πλάτων ἐπάγει καὶ τὴν ἐπὶ Δηλίῳ γενομένην, μᾶλλον δὲ πεπλασμένην ἀνδραγαθίαν. εἰ γὰρ καὶ τὸ Δήλιον ᾑρήκει Σωκράτης, ὡς ἱστορεῖ Ἡρόδικος ὁ Κρατήτειος ἐν τοῖς Πρὸς τὸν Φιλοσωκράτην, ἅμα τοῖς πολλοῖς ἀσχημόνως ἂν ἔφυγε.* It is the merit of C. Schmidt[1] to have seen that the words *ὡς ἱστορεῖ κτλ.*, which Casaubon could not understand, belong not to the protasis but to the whole sentence,[2] and that the anti-platonic calumnia in these chapters is taken from Herodicus and his pamphlet *Πρὸς τὸν Φιλοσωκράτην*.[3]

The question may however be raised, if we really have to do with a literary work in the emphatic sense of the word, that is to say a well-disposed collection of material, composed and discussed with a certain aim in view. Now, of course, »disposition« did not mean the same to the ancient Greeks as to us. It is a well-known fact that ancient literary works, some speeches of Isocrates excepted, are very badly disposed throughout. Perhaps the external form and internal composition of literary works were never so eagerly studied and treated as by the ancient Greeks, but in spite of all their bril-

[1] *De Herodico Crateteo* part. I, P. Elbing 1886. Although unfortunately Schmidt did not pursue his work, his paper of 13 pages contained so much evidence and sound learning that his results were at once generally accepted. All information in later handbooks, including the article by Gudeman in RE VIII 973 (1913), is based on Schmidt's excellent paper.

[2] Wegener too, who enumerates the writings of Herodicus, *De aula Attalica* p. 156, misunderstood these words: »Denique dissertationem quandam exaravit *πρὸς τὸν Φιλοσωκράτην* in qua Socratem a calumniis adversariorum defendendum videtur suscepisse.

[3] Diogenes Laertius called the lady, to whom he dedicated his work, *Φιλοπλάτων*. Atticus ap. Euseb. *PE* 795 C addressed *οἱ φιλοπλάτωνες*. Axionichus wrote a comedy under the title of *Φιλευριπίδης*.

liant theories the practical results were rather deficient. External, purely material conditions may have rendered a clear arrangement of the subject-matter difficult; the forms of publishing the works, *ἀνάγνωσις*, had the same effect. What though we lower our pretensions, yet even thus the remains of Herodicus' essay may hardly be said to form anything like a coherent work. It is probable that it consisted of loosely sketched miscellanies, a collection of articles inserted in his work *Σύμμικτα ὑπομνήματα*. Athenaeus never saw the original work. I have tried to show below[1] that he possibly found these excerpts in the *Παντοδαπὴ ἱστορία* of Phavorinus, and to what extent the latter in his turn excerpted earlier works of the same kind, for instance Didymus, can only be guessed at, never proved. The consequence is that we must be very cautious in our conclusions. When I call Herodicus' *Πρὸς τὸν Φιλοσωκράτην* an 'essay' or a 'work', I do so with the reservation that this is a convenient way of keeping together these scattered remnants.

What they have in common is the harsh anti-platonic tendency. The animosity against Plato has its root in the Homerolatry of the Pergamene school of grammar, but there are no traces of it in the fragments left of Crates' work.[2] The doctrine of the school taught that Homer was the source of all knowledge, and as Plato had expelled Homer from his Ideal State — Herodicus stresses this twice and after him Heraclitus in the *Ὁμηρικὰ Προβλήματα* — he had, in the eyes of a fanatic disciple of the school, committed an unpardonable offence. It is not likely that Herodicus speaks on behalf of Crates, he is his partisan. In the same way Isocrates had his Cephisodorus, Aristotle his Chamaeleon, Epicurus his Colotes. As disciples and followers they admire, imitate and on the whole thoroughly misunderstand their masters, and they believe that they do their best in trying to out-herod Herod.

In my edition the miscellaneous fragments have been collected in the following five groups according to their contents. Whether this was the original order, is of course impossible to say.

[1] See commentary to p. 505 BC, p. 58.

[2] A slight influence from Antisthenes is traced by Helck, *De Cratetis studiis crit. quae ad Il. sp.*, D. Leipzig 1905, p. 39, but it is not at all likely that the anti-platonic tendency has come in that way.

A. *οἱ ἀπὸ φιλοσοφίας στρατηγοί.*
B. The anachronisms in the writings of Plato.
C. The alleged jealousy of Plato and Xenophon. Here I have subjoined the chapter on Chaerephon.
D. The calumnia and malignity of the Socratic philosophers. This section may originally have been arranged in this way:
   a) 220 A—B (ch. V 62) *πεφύκασι*, on Aeschines.
   b) 220 C—D (ch. V 63) *Ἀντισθένης δὲ — ἐξέδωκε κατ' αὐτοῦ.*
   c) 219 B—220 A *Ἀλλὰ μὴν* (ch. V 61) with the apocryphic Aspasia-poem.
   d) 220 EF *τούτοις γὰρ τοῖς ἀνδράσιν.*
   e) 505 C—506 A (ch. XI 112—113) *Διαβάλλει δὲ ὁ Πλάτων.*
   f) 506 A—507 A (ch. XI 114—115) Hegesander's *Περὶ τοῦ Πλάτωνος κακοηθείας.*

In my edition I have not, however, altered the order of the text in Athenaeus too much.

E. On the writings of Plato, 507 E—508 E, his disciples, 508 E—509 E, and as an exodium the ecloga from Ephippus.

Apart from two small extracts from Aelius Aristides, which in some way or other must be drawn upon Herodicus' treatment of the anachronisms and consequently have been inserted in part B, the whole text is preserved by Athenaeus.

The treatise of Herodicus must on the whole be regarded as an original work. With his hatred towards Plato and the Academy to lead and inspire him he has collected his material and recomposed it carefully, so that it should suit his purpose. The commentary below shows in detail, how he has gone to work in straining the wording of his sources so as to suit his purpose. In most cases he quotes his sources, being a good imitator of the Alexandrian biographers.

First and foremost he has taken his matter from the writings of the philosophers themselves. He quotes a long series of works — known and unknown — by Plato and Xenophon but also by Antisthenes and Aeschines. Speusippus and Aristotle have each contributed one quotation.[1] There is also a quotation from Thucydides.

[1] 505 B and 506 A a passage from Aristotle's *Περὶ Ποιητῶν* is quoted after Nicias of Nicaea, but this quotation has been added afterwards, probably by Phavorinus.

Further, Herodicus has drawn material from the comedy, and the conjecture may be ventured that the study of the comedy has led him up to this new subject. It is true that there are not many direct quotations from the comedy in this essay, but still Aristophanes, Pherecrates, Eupolis and Ephippus are represented, and the anecdotic slander typical of the old comedy is spread all over the work. It must not be forgotten that the *Κωμῳδούμενοι*, consisting of at least six books, was the principal work of Herodicus. Among contemporary notorious antagonists of Plato Isocrates, Theopompus and Dioscurides are mentioned. It is also likely that the polemic pamphlets of the Epicurean school have served as a source; there are some points of contact between Herodicus' treatise and the polemic pamphlet by Colotes, preserved by Plutarch, especially the chapter on Chaerephon and the nature of Socrates' wisdom.

One of Herodicus' chief sources was the famous speech of Demochares *Πρὸς Φίλωνα* in spring 306. The name of Demochares occurs twice in this essay and once in the treatise on convivial customs.

The peripatetic slander literature has, of course, been well-known to Herodicus. This is confirmed by many passages that remind one of Diogenes Laertius; numerous parallels are cited in the testimonia. Of these authors Herodicus himself mentions Timon, Hermippus, Carystius, Dicaeocles and Hegesander.

Finally the diction is enlivened by a sprinkling of poetical quotations from Homer, Stesichorus, Aesopus and by some proverbs. In the treatise on convivial customs are added some quotations from Sappho, Pindar and Bacchylides.

These quotations bear witness that Herodicus was a man of considerable reading and literary knowledge, and this is not to be wondered at in a coryphaeus of the Pergamene school.[1] But what use did he not make of his learning? The quotations are carefully selected, remodelled and interpreted in such a manner as to suit the purpose of the author — well, this has been the habit of controversialists at all times. And yet the extensive use that is made from the method here is astounding, especially as he deals with very important writers, of whom one would believe that they were well-known to the contemporary educated public. Thus two questions arise

[1] The *Πίνακες Περγαμηνοί* (*catalogi classicorum scriptorum*, says Wolf *Prolegom.* 278) are quoted by Dionys. Hal. *de Din.* 661, p. 317 Us.-R., cfr 630, p. 297.

concerning himself and his public: is it really possible that Herodicus himself believed in his own allegations, and secondly, what did the average educated man of his time think of his work?

Is it possible that he could in honest truth go so far in misinterpreting his sources? I believe the answer to this question must be an unqualified yes. There are good parallels from other ages. The Christian Fathers interpreted the noblest thoughts and utterances of the great ancient philosophers in a similar unscrupulous way, certainly from a firm conviction and in the most pious spirit. We may remember the polemic of the Epicureans against all contemporary schools; we can still read how a prominent, competent and judicious historian and critic, Dionysius of Halicarnassus, in exhaustive writings, without the slightest tremor in his voice, expounds the thesis that it would have been better if Thucydides had not written his totally worthless treatise on the Peloponnesian war.[1] And how was dear old Sappho treated quite recently by Pierre Louys?[2] We have certainly no right to boast of our contemporary practice in this respect. We have all of us seen how prominent men of a high intellectual standard, blinded by political or religious bias or misled by their preconceived opinions, distort and misrepresent well-known facts and motives: we must keep this in mind, if we are fully to understand,[3] how to regard a view of Plato such as the one Herodicus sets forth here. Herodicus is a fanatic, filled with intense hatred against Plato and philosophers in general, but he has almost certainly no conscious intention of deceiving either himself or his reader.[4]

[1] *Ep. ad Pomp.* 768 *ὁ δὲ Θουκυδίδης πόλεμον ἕνα γράφει, καὶ τοῦτον οὔτε καλὸν οὔτε εὐτυχῆ· ὃς μάλιστα μὲν ὤφειλε μὴ γενέσθαι, εἰ δὲ μή, σιωπῇ καὶ λήθῃ παραδοθεὶς ὑπὸ τῶν ἐπιγιγνομένων ἠγνοῆσθαι.* In all times tall talk fits well to petty and paltry thoughts.

[2] See Wilamowitz in Gött. Gel. Anz. 1896, p. 623 = *Sappho u. Simonides* p. 63.

[3] »Die probe auf solch ein literarisches exempel, wie es die fixierung eines zeitlos und autorlos überlieferten buches oder eines inhaltlosen schriftstellernamens ist, scheint mir überhaupt darin zu liegen, dass man erkennt, wie die ermittelten merkmale des fraglichen buches, tendenz und manier, sich in der zeit ausnehmen in welche man es verweist.» Wilamowitz, *Antigonos v. Karystos*, Phil. Unters. IV (1881), p. 52.

[4] Philosophical literature is rich in frauds, even Galenus knew that, ad Hipp. *de nat. hom.* I 42, XV 105 K. (I 44, p. 54 M., *CMG* V 9,1), Ammonius *in Aristot. Cat.* 10 (*Comment in Arist.* Gr. IV 4). Especially in the time of rivalry between

Herodicus' essay also presents the educational standard of the contemporary public in an unfavourable light. Still, let us not think too highly of our own time, even in this respect. Nevertheless we cannot be blind to the fact that Herodicus had a very low opinion of public education. This is, however, not so remarkable as it will seem at first. Even Isocrates remarks drily that the public does not attach great importance to accuracy with regard to facts, but is rather prone to look upon accuracy as *μικρολογία* and Aristotle[1] observes that accuracy and exactness mean nothing to, and moreover are not fit for, uneducated people. By listening to speeches in the courts of law the Athenians had become if not generally mendacious, at least absolutely unscrupulous. An amusing example of how deliberately chosen quotations were dealt with, is found in Aeschines' exposition of *φήμη*.[2] The ordinary educated Greek was certainly intellectually agile and ready-witted,[3] but had at the same time a more definite liking for what was new and rare and dashing than for mere solid fact.[4] There is a good portion of truth in the old word *Ἕλληνες ἀεὶ παῖδές ἐστε.* If thus the educational standard in Athens at the apogee of its civilization must be considered rather low, what must have been the situation in the Hellenistic cities, when we see one of the learned members of the Pergamene Academy of Letters, even when the school was in its prime, handle truth so frivolously?

Pergamon and Alexandria, literary impostors were not rare. See Gudeman, *Literary Frauds among the Greeks*, Class. Studies in Honour of H. Drisler, New York 1894, p. 52—74.

[1] *Rhet. I* 1, 1355 b 24, *περὶ τῆς πρὸς τοὺς πολλοὺς ἐντεύξεως*, cfr *Top*. I 2 and Isocr. *Antidos*. 261.

[2] *In Timarch*. 140—141. Even Homer was not easily understood, as is shown by Aristophanes' *Δαιταλῆς*, Straton III 361 Kock, Athen. 382 F, Wilcken Ber. Ak. Berlin 1887, p. 818.

[3] Dem. *Ol*. III 32 (III 15 West.) *γνῶναι πάντων ὑμεῖς ὀξύτατοι τὰ ῥηθέντα.*

[4] Antiph. II 22 Kock *ἓν καινὸν ἐγχείρημα, κἂν τολμηρὸν ᾖ, πολλῶν παλαιῶν ἐστι χρησιμώτερον* and Plut. *praec. rei publ. ger*. 799 C *μᾶλλον ὀξέως ὑπονοεῖν ἢ διδάσκεσθαι καθ' ἡσυχίαν βουλόμενοι.* And how is it nowadays?

## *ΠΡΟΣ ΤΟΝ ΦΙΛΟΣΩΚΡΑΤΗΝ*

### 1. *Οἱ ἀπὸ φιλοσοφίας στρατηγοί.* ATHENAEVS V 55, 215 C—216 C.

V 55, 215 C *Τοιοῦτοί εἰσιν οἱ ἀπὸ φιλοσοφίας στρατηγοί, περὶ ὧν Δημοχάρης
ἔλεγεν 'ὥσπερ ἐκ θύμβρας οὐδεὶς ἂν δύναιτο κατασκευάσαι λόγχην, οὐδ' ἐκ
Σωκράτους στρατιώτην ἄμεμπτον.' ὁ γὰρ Πλάτων φησὶν τρεῖς στρατείας*
D *στρατεύσασθαι Σωκράτη, τὴν μὲν εἰς Ποτίδαιαν, τὴν δὲ εἰς Ἀμφίπολιν,
τὴν δὲ εἰς Βοιωτοὺς ὅτε καὶ συνέβη τὴν ἐπὶ Δηλίῳ μάχην γενέσθαι. μηδε-
νὸς δὲ τοῦθ' ἱστορηκότος αὐτὸς καὶ ἀριστείων φησὶν αὐτὸν τετυχηκέναι,
πάντων Ἀθηναίων φυγόντων, πολλῶν δὲ καὶ ἀπολομένων. πάντα δὲ ταῦτα
ἐψευδολόγηται. ἡ μὲν γὰρ ἐπὶ Ἀμφίπολιν στρατεία γέγονεν ἐπὶ Ἀλκαίου
ἄρχοντος Κλέωνος ἡγουμένου ἐξ ἐπιλέκτων ἀνδρῶν, ὥς φησι Θουκυδί-
δης. τούτων οὖν τῶν ἐπιλέκτων ἀνάγκη εἶναι καὶ Σωκράτην, ᾧ πλὴν*
E *τρίβωνος καὶ βακτηρίας οὐδὲν ἦν. τίς οὖν εἶπεν ἱστοριογράφος ἢ ποιητής;
ἢ ποῦ Θουκυδίδης τὸν Σωκράτη παρενέχρωσε τὸν Πλάτωνος στρατιώτην;
'τί γὰρ ἀσπίδι ξύνθημα καὶ βακτηρίᾳ;'*

*Πότε δὲ καὶ εἰς Ποτίδαιαν ἐστρατεύσατο, ὡς ἐν τῷ Χαρμίδῃ εἴρηκεν ὁ
Πλάτων φάσκων αὐτὸν καὶ τῶν ἀριστείων τότε Ἀλκιβιάδῃ παραχωρῆσαι;
τοῦτο οὔτε Θουκυδίδου ἀλλ' οὐδ' Ἰσοκράτους εἰρηκότος ἐν τῷ Περὶ τοῦ
ζεύγους. ποίας δὲ καὶ μάχης γενομένης ἔλαβε τὰ ἀριστεῖα Σωκράτης καὶ
τί πράξας ἐπιφανὲς καὶ διάσημον; καθόλου μάχης μηδεμιᾶς συμπεσούσης,*
F *ὡς ἱστόρηκε Θουκυδίδης.*

---

1 Demochares *fr.* 3 Baiter-Sauppe 3 *Πλάτων*] *Apol.* 28 E, *Charm.* 153 B *Symp.* 220 E, Diog. L. II 22. 9 *Θουκυδίδης*] V 2,1 *Ἀθηναίων μὲν ὁπλίτας ἔχων*, cfr de expeditione Phormionis Isocr. *Περὶ ζεύγους* 12 *ἐπιλεξάμενος τοὺς ἀρίστους* 14 *Ποτίδαιαν*] *Charm.* 153 B, cfr Plut. *Alc.* c. 7, Ael. *Var. Hist.* III 17, Greg. Naz. *contra Iul.* I, *PGM* 35,596 B.

1 *δημοχάρης κράτης* **A** *δημόχαριν* **C** : corr. Ruhnken, cfr Ath. 187 D 6 *ἱστορηκότος ἕτερον* (s. *ἑτέρου*) **C** 7 *τῶν* ante *Ἀθηναίων* add. **ς**, sed uide Diog. L. II 23, Plut. *Alc.* 195 A 12 *παρενεχώρισε* Madvig *παρενέκρουσε* Kaibel *praef.* III, p. VI 13 *τί — βακτηρίᾳ* comici poetae versus olent 16 *οὐδ'* Dindorf : *οὔτ'* **A**

*Οὐκ ἀρκεσθεὶς δὲ ταύτῃ τῇ τερατολογίᾳ ὁ Πλάτων ἐπάγει καὶ τὴν ἐπὶ* 215 F
*Δηλίῳ γενομένην, μᾶλλον δὲ πεπλασμένην ἀνδραγαθίαν. εἰ γὰρ καὶ τὸ*
*Δήλιον ᾔρήκει Σωκράτης, ὡς ἱστορεῖ Ἡ ρ ό δ ι κ ο ς ὁ Κρατήτειος ἐν*
*τοῖς πρὸς τὸν Φιλοσωκράτην, ἅμα τοῖς πολλοῖς ἀσχημόνως ἂν ἔφυγε, Πα-*
*γώνδου δύο τέλη περιπέμψαντος τῶν ἱππέων ἐκ τοῦ ἀφανοῦς περὶ τὸν λόφον.*
*τότε γὰρ οἱ μὲν πρὸς τὸ Δήλιον τῶν Ἀθηναίων ἔφυγον, οἱ δ' ἐπὶ θάλατταν,* 216
*ἄλλοι δὲ ἐπὶ Ὠρωπόν, οἱ δὲ ⟨πρὸς⟩ Πάρνηθα τὸ ὄρος· Βοιωτοὶ δ' ἐφεπό-*
*μενοι ἔκτεινον καὶ μάλιστα οἱ ἱππεῖς οἵ τε αὐτῶν καὶ ⟨οἱ⟩ Λοκρῶν. τοι-*
*ούτου οὖν κυδοιμοῦ καὶ φόβου καταλαβόντος τοὺς Ἀθηναίους, μόνος Σω-*
*κράτης 'βρενθυόμενος καὶ τὠφθαλμὼ παραβάλλων' εἱστήκει ἀναστέλλων τὸ*
*Βοιωτῶν καὶ Λοκρῶν ἱππικόν; καὶ ταύτης τῆς ἀνδρείας αὐτοῦ οὐ Θουκυ-*
*δίδης μέμνηται, οὐκ ἄλλος οὐδεὶς ⟨οὔτε ἱστοριογράφος οὔτε⟩ ποιητής.*

*Πῶς δὲ καὶ τῶν ἀριστείων Ἀλκιβιάδῃ παραχωρεῖ τῷ μηδ' ὅλως κεκοινω-* B
*νηκότι ταύτης τῆς στρατείας; ἐν δὲ τῷ Κρίτωνι ὁ τῇ Μνημοσύνῃ φίλος*
*Π λ ά τ ω ν οὐδὲ ποιήσασθαι πώποτε ἀποδημίαν τὸν Σωκράτη ἔξω τῆς*
*εἰς Ἰσθμὸν θεωρίας εἴρηκε. καὶ Ἀ ν τ ι σ θ έ ν η ς δ' ὁ Σωκρατικὸς*
*περὶ τῶν ἀριστείων τὰ αὐτὰ τῷ Πλάτωνι ἱστορεῖ. 'οὐκ ἐστιν δ' ἔτυμος ὁ*
*λόγος οὗτος'. χαρίζεται γὰρ καὶ ὁ κύων οὗτος πολλὰ τῷ Σωκράτει, ὅθεν*
*οὐδετέρῳ αὐτῶν δεῖ πιστεύειν σκοπὸν ἔχοντας Θουκυδίδην. ὁ γὰρ Ἀντι-*
*σθένης καὶ προσεπάγει τῇ ψευδογραφίᾳ λέγων οὕτως· 'ἡμεῖς δὲ ἀκούομεν* C
*κἀν τῇ πρὸς Βοιωτοὺς μάχῃ τὰ ἀριστεῖά σε λαβεῖν. — εὐφήμει, ὦ ξένε· Ἀλ-*
*κιβιάδου τὸ γέρας, οὐκ ἐμόν. — σοῦ γε δόντος, ὡς ἡμεῖς ἀκούομεν.' ὁ δὲ*
*Πλάτωνος Σωκράτης εἰς Ποτίδαιαν λέγει παρεῖναι καὶ τῶν ἀριστείων*
*Ἀλκιβιάδῃ παρακεχωρηκέναι. προτερεῖ δὲ κατὰ πάντας τοὺς ἱστορικοὺς*
*τῆς ἐπὶ Δήλιον στρατείας ἡ περὶ Ποτίδαιαν, ἧς Φορμίων ἐστρατήγει.*

---

2 *πεπλασμένην*] cfr Timon *Sill.* 52 Wachsmuth  4 Thucyd. IV 96,5 *Παγώνδου περιπέμψαντος δύο τέλη τῶν ἱππέων ἐκ τοῦ ἀφανοῦς περὶ τὸν λόφον, ὡς ἐπόνει τὸ εὐώνυμον αὐτῶν, καὶ ὑπερφανέντων αἰφνιδίως, τὸ νικῶν τῶν Ἀθηναίων κέρας, νομίσαν ἄλλο στράτευμα ἐπιέναι, ἐς φόβον καταστῆναι, καὶ ἀμφοτέρωθεν ἤδη, ὑπό τε τοῦ τοιούτου καὶ ὑπὸ τῶν Θηβαίων ἐφεπομένων καὶ παραρηγνύντων, φυγὴ καθειστήκει παντὸς τοῦ στρατοῦ τῶν Ἀθηναίων. καὶ οἱ μὲν πρὸς τὸ Δήλιόν τε καὶ τὴν θάλασσαν ὥρμησαν, οἱ δὲ ἐπὶ τοῦ Ὠρωποῦ, ἄλλοι δὲ πρὸς Πάρνηθα τὸ ὄρος, οἱ δὲ ὡς ἕκαστοί τινα εἶχον ἐλπίδα σωτηρίας. Βοιωτοὶ δὲ ἐφεπόμενοι ἔκτεινον, καὶ μάλιστα οἱ ἱππῆς οἵ τε αὐτῶν καὶ οἱ Λοκροί.* Cfr Plut. *Alc.* 194 E.  10 Aristoph. *Nub.* 362 apud Plat. *Conv.* 221 B  14 *Κρίτωνι*] 52 B  16 *Ἀντισθένης*] *fr.* 18,10 Winckelmann  17 Stesich. *fr.* 11 Diehl apud Plat. *Phaedr.* 243 A.

3 *ἤρηκε* **A** : corr. Porson  4 *ἔφευγεν ἄγων δ' οὐ* **A** : corr. Musurus, nisi quod *ἔφυγε* corr. Meineke  7 ⟨*πρὸς*⟩ e Thuc.  8 *ὅτι ἑαυτῶν* **A** : corr. e Thuc.  ⟨*οἱ*⟩ e Thuc.  12 ⟨*οὔτε — οὔτε*⟩ addidi collato 215 E

2. De anachronismis. ATHENAEVS V 56—59, p. 216 C—218 E, Aelius Aristides *or.* *Πρὸς Πλάτωνα ὑπὲρ τῶν τεττάρων* p. II 371 et II 370 Dindorf.

V 56, 216 C *Πάντ' οὖν ψεύδονται οἱ φιλόσοφοι καὶ πολλὰ παρὰ τοὺς χρόνους γράφον-*
*τες οὐκ αἰσθάνονται, καθάπερ οὐδ' ὁ καλὸς Ξ ε ν ο φ ῶ ν, ὃς ἐν τῷ Συμπο-*
D *σίῳ ὑποτίθεται Καλλίαν τὸν Ἱππονίκου Αὐτολύκου τοῦ Λύκωνος ἐρῶντα*
*καὶ νενικηκότος αὐτοῦ παγκράτιον ἑστίασιν ποιούμενον, καὶ σὺν τοῖς ἄλ-*
*λοις δαιτυμόσι παρόντα αὐτόν, ἴσως μηδὲ γεννηθέντα ἢ περὶ τὴν παιδικὴν*
*ἡλικίαν ὑπάρχοντα. ἐστὶν δὲ οὗτος ὁ καιρὸς καθ' ὃν Ἀριστίων ἄρχων ἦν.*
*ἐπὶ τούτου γὰρ Εὔπολις τὸν Αὐτόλυκον διδάξας διὰ Δημοστράτου χλευάζει*
E *τὴν νίκην τοῦ Αὐτολύκου. Πάλιν ὁ Ξενοφῶν ποιεῖ τὸν Σωκράτην λέγοντα*
*ἐν τῷ Συμποσίῳ ταυτί 'καίτοι Παυσανίας γε ὁ Ἀγάθωνος τοῦ ποιητοῦ*
*ἐραστὴς ἀπολογούμενος ὑπὲρ τῶν ἀκρασίᾳ συγκαλινδουμένων εἴρηκεν ὡς*
*καὶ στράτευμα ἀλκιμώτατον ἂν γένοιτο ἐκ παιδικῶν καὶ ἐραστῶν. τούτους*
*γὰρ ἂν ἔφη οἴεσθαι μάλιστα ἂν αἰδεῖσθαι ἀλλήλους ἀπολιπεῖν, θαυμαστὰ*
*λέγων, εἴ γε οἱ ψόγου τε ἀφροντιστεῖν καὶ ἀναισχυντεῖν πρὸς ἀλλήλους*
F *ἐθιζόμενοι, οὗτοι μάλιστ' αἰσχύνονται αἰσχρόν τι ποιεῖν.' ὅτι μὲν οὖν τού-*
*των οὐδὲν εἴρηκεν Παυσανίας ἔξεστι μαθεῖν ἐκ τοῦ Πλάτωνος Συμποσίου.*
*Παυσανίου γὰρ οὐκ οἶδα σύγγραμμα, οὐδ' εἰσῆκται παρ' ἄλλῳ λαλῶν οὗτος*
*περὶ χρήσεως ἐραστῶν καὶ παιδικῶν ἢ παρὰ Πλάτωνι. πλὴν εἴτε κατέψευ-*
*σται τοῦτο Ξενοφῶν εἴτ' ἄλλως γεγραμμένῳ τῷ Πλάτωνος ἐνέτυχε Συμπο-*
*σίῳ, παρείσθω. τὸ δὲ κατὰ τοὺς χρόνους ἀστόχημα λεκτέον. Ἀριστίων,*
217 *ἐφ' οὗ τὸ συμπόσιον ὑπόκειται συνηγμένον, πρὸ τεσσάρων ἐτῶν Εὐφήμου*
*πρότερος ἦρξεν, καθ' ὃν Πλάτων τὰ Ἀγάθωνος νικητήρια γέγραφεν, ἐν οἷς*

---

2 *Ξενοφῶν*] *Conv.* 1,2 *Καλλίας δ' ὁ Ἱππονίκου ἐρῶν ἐτύγχανεν Αὐτολύκου παιδὸς ὄντος καὶ νενικηκότα αὐτὸν παγκράτιον ἧκεν ἄγων ἐπὶ τὴν θέαν* 8 Xen. *Conv.* c. 8,32, cfr Plat. *Conv.* 178 E *στρατόπεδον ἐραστῶν τε καὶ παιδικῶν*, uberius Hieronymus de hac re apud Athen. XIII 78 p. 602 A sqq, Ael. *Var. Hist.* III 9. De re cfr *Cyrip.* VII 1,30, *Reip. Laced.* II 12, *Anab.* VII 4,7, Athen. 561 F, Strab. X 4,21, App. *Hispan.* 84, Caes. *Bell. Gall.* III 22

2 *αἰσχύνονται* Wilamowitz 5 *αὐτόν* scripsi, ⟨*αὐτὸν*⟩ *τὸν* Casaubonus et Kaibel : *τόν* codd. 10 *συγκυλινδουμένων* Xen. 11 *τε καὶ ἐραστῶν* Xen. 12 *ἀπολείπειν* Xen. 13 *ψόγου γε* **A** *τε* om. **C** 14 *αἰσχύνονται* codd., Xen. : *αἰσχυνοῦνται* Valckenaar 19 *λεκτέον:* fortasse *δεικτέον* Cobet 21 *καθ' ἣν* **A**: corr. Musurus

*Παυσανίας τὰ περὶ τῶν ἐρωτικῶν διεξέρχεται. θαυμαστὸν οὖν καὶ τερα-* 217 A
*τῶδες, εἰ τὰ μήπω ῥηθέντα, μετὰ δὲ τέτταρα ἔτη ἐπιχειρηθέντα παρ'*
*'Αγάθωνι, Σωκράτης παρὰ Καλλίᾳ δειπνῶν εὐθύνει ⟨ὡς⟩ οὐ δεόντως*
*ῥηθέντα.*

*"Ολως δὲ λῆρός ἐστι τῷ Πλάτωνι τὸ Συμπόσιον. ὅτε γὰρ 'Αγάθων ἐνίκα,* V 57
*Πλάτων ἦν δεκατεσσάρων ἐτῶν. ὁ μὲν γὰρ ἐπὶ ἄρχοντος Εὐφήμου στεφανοῦ-*
*ται Ληναίοις, Πλάτων δὲ γεννᾶται ἐπὶ 'Απολλοδώρου τοῦ μετ' Ευθύδημον*
*ἄρξαντος. δύο δὲ καὶ ὀγδοήκοντα βιώσας ἔτη μετήλλαξεν ἐπὶ Θεοφίλου* B
*τοῦ μετὰ Καλλίμαχον, ὅς ἐστιν ὀγδοηκοστὸς καὶ δεύτερος. ἀπὸ δὲ 'Απολ-*
*λοδώρου καὶ τῆς Πλάτωνος γενέσεως τεσσαρεσκαιδέκατός ἐστιν ἄρχων*
*Εὔφημος, ἐφ' οὗ τὰ ἐπινίκια 'Αγάθωνος ἑστιῶνται. καὶ αὐτὸς δὲ ὁ Π λ ά-*
*τ ω ν δηλοῖ τὴν συνουσίαν ταύτην πρὸ πολλοῦ γεγονέναι, λέγων οὕτως ἐν*
*τῷ Συμποσίῳ '. . . εἰ νεωστὶ ἡγεῖ τὴν συνουσίαν γεγονέναι, ὥστε κἀμὲ*
*παραγενέσθαι. ἐγὼ γάρ, ἔφη. πόθεν, ἦν δ' ἐγώ, ὦ Γλαύκων; οὐκ οἶσθ'* C
*ὅτι πολλῶν ἐτῶν 'Αγάθων οὐκ ἐπιδεδήμηκε;' καὶ προελθών φησιν. 'ἀλλ'*
*εἰπέ μοι, πότε ἐγένετο ἡ συνουσία αὕτη; κἀγὼ εἶπον ὅτι παίδων ἔτι ὄντων*
*ἡμῶν, ὅτε τῇ τραγῳδίᾳ ἐνίκησεν ὁ 'Αγάθων.'*

*'Εν γὰρ τῷ Συμποσίῳ συνάγει μὲν εἰς ταὐτὸν 'Αριστοφάνη καὶ Σωκράτη* Ael. Arist.
*καὶ 'Αγάθωνα, ἔτι μειράκιον ὄντα, ὥς φησι. προάγει δὲ εἰς τοσοῦτον τοὺς* II 371
*χρόνους, ὥστε λέγων ὁ 'Αριστοφάνης, ἐπειδὴ τῆς λυγγὸς ἐπαύσατο, τὸν*
*προβληθέντα λόγον, μέμνηται καὶ οὗτος αὖ πάλιν 'Αρκάδων ὑπὸ Λακεδαι-*
*μονίων διῳκισμένων. διῳκίσθησαν δὲ Μαντινεῖς ὑπὸ Λακεδαιμονίων ἤδη*
*τῆς εἰρήνης ὀμωμοσμένης. οὕτως ἐστὶ ταῦτ' ἐκείνων ἔτι νεώτερα. πῶς*
*οὖν ἢ 'Αριστοφάνης ἂν εἴη λέγων ταῦτα ἢ Σωκράτης ἀκούων ἢ 'Αγάθων*
*ἔτι μειράκιον περὶ τούτους τοὺς χρόνους; πῶς δ' ἂν καὶ 'Αλκιβιάδης κωμάζοι*
*παρ' αὐτούς, καὶ οὗτος νέος τε ὢν ἔτι καὶ καλός, ὃς πρότερος τοῦ Σωκρά-*
*τους ἐτεθνήκει βιοὺς τόσα καὶ τόσα ἔτη τὰ σύμπαντα; εἰ μὴ ἄρα ἐν τῷ*
*'Ηλυσίῳ πεδίῳ τὸ συμπόσιον συνεκροτεῖτο. τίς δὲ καὶ ἡ λύγξ ἡ τοῦ 'Αρι-*
*στοφάνους; καὶ ποῦ σὺ τοῦτ' ἐτήρησας; ἀλλ' οἶμαι λύζειν αὐτὸν ἔδει, ἵνα*
*εἰς ἀπληστίαν σκωφθῇ. εἰ δέ τις τῇ Πλάτωνος δόξῃ περὶ πάντων ἰσχυρί-*
*ζοιτο, καὶ φάσκοι μὲν ζῆν Σωκράτη, ὅτε ὁ τῶν ἐν Κορίνθῳ καὶ Λεχαίῳ*
*τετελευτηκότων ἐλέγετο ἐπιτάφιος, πίνειν δ' ἐν 'Αγάθωνος μετὰ τὴν εἰρήνην,*

---

11 *Πλάτων*] *Conv.* 172 C 15 *προελθών*] *Conv.* 173 A

3 ⟨*ὡς*⟩ add. Kaibel 9 *ἀπὸ* Musurus: *ἐπὶ* **A** 13 *γεγονέναι ταύτην ἣν ἐρωτᾷς, ὥστε* Plato 14 *ἔγωγ' ἔφη* Plat. *ἔφην* **A** *ὦ Λύκων* **A** 15 *'Αγάθων ἐνθάδε οὐκ* Plato *προσελθών* **A** : corr. Musurus 16 *ὄντων ἡμῶν ἔτι* Plato 17 *τῇ πρώτῃ τραγῳδίᾳ* Plato

*λύζειν δ' Ἀριστοφάνη ἐν τῷ συμποσίῳ, κωμάζειν δ' Ἀλκιβιάδην, μειράκια*
*δ' εἶναι τηνικαῦτα Ἀγάθωνα καὶ Ἀλκιβιάδην, ὁμοῦ δ' εἶναι πάντα χρήματα,*
*πῶς οὐχὶ ληρήσει, μὴ προσεξετάζων εἴ τι καὶ κατ' ἐξουσίαν ἀνὴρ λέγοι;*
217 C *Ὅτι δὲ πολλὰ ὁ Πλάτων παρὰ τοὺς χρόνους ἁμαρτάνει δῆλόν ἐστιν ἐκ*
*πολλῶν. κατὰ γὰρ τὸν εἰπόντα ποιητὴν 'ὅττι κεν ἐπ' ἀκαιρίμαν γλῶτταν*
*ἔλθῃ', τοῦτο μὴ διακρίνας γράφει. οὐ γὰρ ἀκαίρως τι ἔλεγεν, ἀλλὰ πάνυ*
V 58 .D *ἐσκεμμένως, ὡς ἐν τῷ Γοργίᾳ γράφων φησίν· 'ἄθλιος ἄρα οὗτος ὁ Ἀρχέ-*
*λαός ἐστι κατὰ τὸν σὸν λόγον. — εἴπερ γε, ὦ φίλε, ἄδικος'. εἶτα ῥητῶς*
*εἰπὼν ὡς κατέχοντος τὴν Μακεδόνων ἀρχὴν Ἀρχελάου προβὰς γράφει τάδε.*
*'καὶ Περικλέα τοῦτον ⟨τὸν⟩ νεωστὶ τετελευτηκότα'. εἰ δὲ νεωστὶ τετε-*
*λεύτηκε Περικλῆς, Ἀρχέλαος οὔπω κύριός ἐστι τῆς ἀρχῆς· εἰ δ' οὗτος*
*βασιλεύει, πρὸ πολλοῦ πάνυ χρόνου ἀπέθανε Περικλῆς. Περδίκκας τοί-*
*νυν πρὸ Ἀρχελάου βασιλεύει, ὡς μὲν ὁ Ἀκάνθιός φησι Νικομήδης, ἔτη*
E *μα', Θεόπομπος δὲ λε', Ἀναξιμένης μ', Ἱερώνυμος κη', Μαρσύας δὲ καὶ*
*Φιλόχορος κγ'. τούτων οὖν διαφόρως ἱστορουμένων λάβωμεν τὸν ἐλάχι-*
*στον ἀριθμὸν τὰ κγ' ἔτη. Περικλῆς δ' ἀποθνήσκει κατὰ τὸ τρίτον ἔτος τοῦ*
*Πελοποννησιακοῦ πολέμου ⟨ἐπὶ⟩ ἄρχοντος Ἐπαμείνωνος, ἐφ' οὗ τελευτᾷ †*
*Περδίκκας καὶ τὴν βασίλειαν Ἀρχέλαος διαδέχεται. πῶς οὖν 'νεωστὶ' κατὰ*
*Πλάτωνα τελευτᾷ Περικλῆς;*

*Ἐν δὲ τῷ αὐτῷ Γοργίᾳ ὁ Πλάτων τὸν Σωκράτη ποιεῖ λέγοντα· 'καὶ*
F *πέρυσι βουλεύειν λαχών, ἐπειδὴ ἡ φυλὴ ἐπρυτάνευε καὶ ἔδει με ἐπιψηφίζειν,*
*γέλωτα παρεῖχον καὶ οὐκ ἠδυνάμην ἐπιψηφίσαι.' οὗτός ἐστιν ὁ διαψηφι-*

---

2 *ὁμοῦ δ' εἶναι πάντα χρήματα* Anaxagoras *fr.* 1 Diels. 5 *ποιητὴν*] *fragm. mel. chor. adesp.* 12 Diehl, ubi testimonia invenies 7 *Gorg.* 471 A 9 *τάδε*] *Gorg.* 503 C 12 *Περδίκκας*] cfr Diod. Sic. XIV 37, Clinton-Krueger, *Fasti Hellen.* p. 238 20 *Gorgias* 473 E

6 *ἀκαίρως* Casaubonus : *ἀγράφως* codd. 10 ⟨*τὸν*⟩ add. e Platone *εἰδέναι εἰ δὲ νεωστὶ* **A** : corr. Musurus 17 ⟨*ἐπὶ*⟩ add. Schweighäuser collat. 215 D, 217 A, D, 218 A, B, E 17 † hiatum not. Casaubonus cuius supplementa dubia sunt 22 *ἠδυνάμην*] *ἠπιστάμην* Plato post *ἐπιψηφίσαι* haec leguntur: *τοῦτο ὁ Σωκράτης οὐ κατὰ ἀδυναμίαν ἐποίησεν, ἀλλὰ μᾶλλον κατὰ ἀνδραγαθίαν· οὐ γὰρ ἠβούλετο λύειν δημοκρατίας νόμους. παρίστησι δὲ τοῦτο σαφῶς ὁ Ξενοφῶν* (*Hellen.* I 7,14, cfr *Mem.* I 1,18) *ἐν πρώτῳ 'Ἑλληνικῶν ἐκτιθεὶς οὕτως· 'τῶν δὲ πρυτάνεών τινων οὐ φασκόντων προθήσειν τὴν διαψήφισιν παρὰ τοὺς νόμους* (*τὸν νόμον* Xen.), *αὖθις Καλλίξεινος ἀναβὰς κατηγόρει αὐτῶν. οἱ δὲ ἐβόων καλεῖν τοὺς οὐ φάσκοντας· οἱ δὲ πρυτάνεις φοβηθέντες ὡμολόγουν ἅπαντες προθήσειν πλὴν Σωκράτους τοῦ Σωφρονίσκου. οὗτος δὲ οὐκ ἔφη, ἀλλὰ κατὰ τοὺς νόμους* (*ἀλλ' ἢ κατὰ νόμον* Xen.) *πάντα ποιήσειν'.* Quae omnia Phavorinum inseruisse puto.

σμὸς ὁ γενόμενος κατὰ τῶν περὶ Ἐρασινίδην στρατηγῶν, ὅτι τοὺς ἐν Ἀργι- 218 A
νούσσαις ἐν τῇ ναυμαχίᾳ ἀπολομένους οὐκ ἀνείλοντο. ἐγένετο δὲ ἡ ναυμα-
χία ἐπὶ ἄρχοντος Καλλίου, τῆς Περικλέους τελευτῆς ὕστερον ἔτεσιν εἴκοσι
καὶ τέτταρσιν.

Ἀλλὰ μὴν καὶ ὁ ἐν τῷ Πρωταγόρᾳ διάλογος, μετὰ τὴν Ἱππονίκου τελευ- V 59, B
τὴν γενόμενος παρειληφότος ἤδη τὴν οὐσίαν Καλλίου, τοῦ Πρωταγόρου
‹μέμνηται› παραγεγονότος τὸ δεύτερον οὐ πολλαῖς πρότερον ἡμέραις. ὁ
δ' Ἱππόνικος ἐπὶ μὲν Εὐθυδήμου ἄρχοντος στρατηγῶν παρατέτακται μετὰ
Νικίου πρὸς Ταναγραίους καὶ τοὺς παραβοηθοῦντας Βοιωτῶν καὶ τῇ μάχῃ
νενίκηκε. τέθνηκε δὲ πρὸ τῆς ἐπ' Ἀλκαίου διδασκαλίας τῶν Εὐπόλιδος
Κολάκων οὐ πολλῷ χρόνῳ κατὰ τὸ εἰκός. πρόσφατον γάρ τινα τοῦ C
Καλλίου τὴν παράληψιν τῆς οὐσίας ἐμφαίνει τὸ δρᾶμα. ἐν οὖν τούτῳ
τῷ δράματι Εὔπολις τὸν Πρωταγόραν ὡς ἐπιδημοῦντα εἰσάγει, Ἀμειψίας
δ' ἐν τῷ Κόννῳ δύο πρότερον ἔτεσιν διδαχθέντι οὐ καταριθμεῖ αὐτὸν
ἐν τῷ τῶν φροντιστῶν χορῷ. δῆλον οὖν ὡς μεταξὺ τούτων τῶν χρόνων
παραγέγονεν.

Ὁ δὲ Πλάτων καὶ τὸν Ἠλεῖον Ἱππίαν συμπαρόντα ποιεῖ ἐν τῷ Πρω-
ταγόρᾳ μετά τινων ἰδίων πολιτῶν, οὓς οὐκ εἰκὸς ἐν Ἀθήναις ἀσφαλῶς
διατρίβειν πρὸ τοῦ τὰς ἐνιαυσίας ἐπὶ Ἰσάρχου [τοῦ] Ἐλαφηβολιῶνος συντε- D
λεσθῆναι σπονδάς. ὁ δὲ τὸν διάλογον ‹οὐχ› ὑφίσταται γινόμενον περὶ
τοὺς καιροὺς τούτους καθ' οὓς αἱ σπονδαὶ προσφάτως ἐγεγόνεσαν· λέγει
γοῦν· 'εἰ γὰρ εἶεν ἄνθρωποι ἄγριοι οἷους πέρυσι Φερεκράτης ὁ ποιητὴς
ἐδίδαξεν ἐπὶ Ληναίῳ'. ἐδιδάχθησαν δὲ οἱ Ἄγριοι ἐπ' Ἀριστίωνος ἄρχον-
τος, ἀφ' οὗ ἐστιν ἄρχων Ἀστύφιλος, πέμπτος ὢν ἀπὸ Ἰσάρχου, καθ' ὃν αἱ E
σπονδαὶ ἐγένοντο. Ἴσαρχος γάρ, εἶτ' Ἀμεινίας, μεθ' ὃν Ἀλκαῖος, εἶτ'
Ἀριστίων, εἶτ' Ἀστύφιλος. παρὰ τὴν ἱστορίαν οὖν ὁ Πλάτων ἐν τῷ δια-
λόγῳ εἰς τὰς Ἀθήνας παράγει πολεμίους ὄντας τοὺς περὶ τὸν Ἱππίαν, μὴ
τῆς ἐκεχειρίας αὐτῆς μενούσης.

---

5 *Protag.* 309 D, 310 E    10 *Εὐπόλιδος*] Diog. Laert. *Prot.* IX 50
13 *εἰσάγει*] *fr.* 146 a, I 297 Kock *ἔνδον μέν ἐστι Πρωταγόρας ὁ Τήιος*, Diels *Prot.*
A 11    14 *Κόννῳ*] *fr.* 11, I 673 Kock    17 *Ἱππίαν*] Diels *Vors. Hippias*
A 5    *Protag.* 314 C, 315 B    20 *σπονδάς*] Thucyd. IV 117—118,
Diod. Sic. XII 72    22 *Protag.* 327 D    23 *Ἄγριοι*] I 146 Kock

7 ‹*μέμνηται*› add. Casaubonus    14 *ἐν τῷ κοινῷ* **A** : corr. Casaubonus
17 *ἐν* delevit Wilamowitz, sed cfr Xen. *Hell.* IV 6,1, Demosth. XXIV 158.
18 *οὓς* Musurus : *ὡς* **A**    19 [*τοῦ*] del. Musurus    20 ‹*οὐχ*› addidi
cum Schweighäuser    23 *ἐπιλήναια* **A**

Ael. Arist. II 370 ⟨Ἔτι δὲ ἐν τῷ Μενεξένῳ πολλὰ παρὰ τοὺς χρόνους ἁμαρτάνει.⟩ ὑπόκειται μὲν γὰρ αὐτοῦ δήπου Σωκράτης τὸν ἐπιτάφιον διεξιών, μέμνηται δὲ τῶν ἐν Κορίνθῳ τετελευτηκότων καὶ τῶν ἐν Λεχαίῳ καὶ τῆς εἰρήνης τῆς ἐπ' Ἀνταλκίδου κληθείσης. καίτοι ἐτελεύτησε μὲν Σωκράτης ἐπὶ Λάχητος ἄρχοντος, τῆς δ' ἐν Κορίνθῳ μάχης καὶ τῆς ἐν Λεχαίῳ μέσος ἄρχων Εὐβουλίδης ἀπὸ δὲ Λάχητος εἰς Εὐβουλίδην ἕβδομος ἄρχων Εὐβουλίδης αὐτός, ἀπὸ δὲ Εὐβουλίδου πάλιν ἄρχων ὄγδοος Θεόδοτος, ἐφ' οὗ ἡ εἰρήνη ἐγένετο. ὁμοῦ τετταρεσκαίδεκα οἱ σύμπαντες ἄρχοντες εἰς τὴν εἰρήνην ἀπὸ Λάχητος ἄρχοντος, ὥστε οὐ μόνον Σωκράτης οὐδὲν ἑοράκει τούτων ἀλλ' οὐδ' ἠπίστατο δήπουθεν εἰ γενήσεται, οὐδ' ἂν τὸ δαιμόνιον προύλεγεν αὐτῷ περὶ τῶν τοσούτων μετ' αὐτόν.

### 3. De simultate, quae inter Platonem et Xenophontem intercessit. ATHENAEVS XI 112, p. 504 E—505 C, V 60, p. 218 F—219 A.

V 112, 504 E Εἰς ταῦτά τις ἀποβλέπων τὰ τοῦ καλοῦ Ξενοφῶντος ἐπιγινώσκειν δυνήσεται ἣν εἶχε πρὸς αὐτὸν ὁ λαμπρότατος Πλάτων ζηλοτυπίαν. ἢ τάχα φιλονείκως εἶχον ἀρχῆθεν πρὸς ἑαυτοὺς οἱ ἄνδρες οὗτοι, αἰσθόμενοι τῆς ἰδίας ἑκάτερος ἀρετῆς, καὶ ἴσως καὶ περὶ πρωτείων διεφέροντο, οὐ μόνον ἐξ ὧν περὶ Κύρου εἰρήκασι τεκμαιρομένοις ἡμῖν, ἀλλὰ κἀκ τῶν αὐτῶν ὑποθέσεων. συμπόσια μὲν γὰρ γεγράφασιν ἀμφότεροι, καὶ ἐν αὐτοῖς ὁ μὲν τὰς αὐλη-
F τρίδας ἐκβάλλει, ὁ δὲ εἰσάγει· καὶ ὁ μὲν [ὡς πρόκειται], παραιτεῖται πίνειν μεγάλοις ποτηρίοις, ὁ δὲ τὸν Σωκράτην παράγει τῷ ψυκτῆρι πίνοντα μέχρι τῆς ἕω.

Κἀν τῷ Περὶ ψυχῆς δὲ ὁ Πλάτων καταλεγόμενος ἕκαστον τῶν παρατυχόντων οὐδὲ κατὰ μικρὸν τοῦ Ξενοφῶντος μέμνηται.

Καὶ περὶ τοῦ Κύρου οὖν ὁ μὲν λέγει ὡς ἐκ πρώτης ἡλικίας ἐπεπαίδευτο
505 πάντα τὰ πάτρια, ὁ δὲ Πλάτων ὥσπερ ἐναντιούμενος ἐν τρίτῳ Νόμων

2 τὸν ἐπιτάφιον] *Menex.* 237 B sqq. 13 ζηλοτυπίαν] Gell. *Noct. Att.* XIV 3, Diog. Laert. III 34, Marcellin. *vita Thuc.* 27, Aristocles *ap. Euseb. Praep. ev.* XV 793 B 18 ἐκβάλλει] *Conv.* 176 E εἰσάγει] *Conv.* c. 2 παραιτεῖται] *Conv.* cap. 2,24 19 ψυκτῆρι] *Conv.* 213 E, cfr Ath. 502 D μέχρι τῆς ἕω] *Conv.* 223 C 21 *Phaed.* 59 B 23 ὁ μὲν] *Cyrup.* I 2,2 ἐπαιδεύθη γε μὴν ἐν Περσῶν νόμοις 24 *Leg.* III 694 CD

1 ⟨Ἔτι — ἁμαρτάνει⟩ ita fere supplendum censui 8 τετταρεσκαίδεκα Palmerius : τε γαρ εξκαιδεκα codd. 12 Lemma in **A** : Πλάτων καὶ Ξενοφῶν καὶ φιλοτίμως πρὸς ἀλλήλους διέκειντο 18 [ὡς πρόκειται] Athenaeus ipse addidit, quae p. 504 D dixit respiciens

*φησί· ʽμαντεύομαι δὲ περὶ Κύρου τὰ μὲν ἄλλα στρατηγὸν αὐτὸν ἀγαθὸν* 505 A
*εἶναι καὶ φιλόπονον, παιδείας δ' ὀρθῆς οὐδὲ ἧφθαι τὸ παράπαν, οἰκονομίᾳ*
*δ' οὐδ' ἡτινιοῦν προσεσχηκέναι. ἔοικε δὲ ἐκ νέου στρατεύεσθαι, παραδοὺς*
*τε τοὺς παῖδας ταῖς γυναιξὶ τρέφειν.'*

*Πάλιν ὁ μὲν Ξενοφῶν συναναβὰς Κύρῳ εἰς Πέρσας μετὰ τῶν μυρίων ʽΕλ-*
*λήνων καὶ ἀκριβῶς εἰδὼς τὴν προδοσίαν τοῦ Θεσσαλοῦ Μένωνος, ὅτι αὐτὸς*
*αἴτιος ἐγένετο τοῖς περὶ Κλέαρχον τῆς ἀπωλείας τῆς ὑπὸ Τισσαφέρνου* B
*γενομένης, καὶ οἷός τις ἦν τὸν τρόπον, ὡς χαλεπός, ὡς ἀσελγής, διηγήσατο,*
*ὁ δὲ καλὸς Πλάτων μονονουχὶ εἰπὼν ʽοὐκ ἔστ' ἔτυμος λόγος οὗτος' ἐγκώμια*
*αὐτοῦ διεξέρχεται, ὁ τοὺς ἄλλους ἁπαξαπλῶς κακολογήσας, ἐν μὲν τῇ Πολι-*
*τείᾳ Ὅμηρον ἐκβάλλων καὶ τὴν μιμητικὴν ποίησιν, αὐτὸς δὲ τοὺς διαλόγους*
*μιμητικῶς γράψας, ὧν τῆς ἰδέας οὐδ' αὐτὸς εὑρετής ἐστιν. [πρὸ γὰρ αὐτοῦ*
*τοῦθ' εὗρε τὸ εἶδος τῶν λόγων ὁ Τήιος Ἀλεξαμενός, ὡς* Ν ι κ ί α ς *ὁ*
*Νικαεὺς ἱστορεῖ καὶ Σωτίων.* Ἀ ρ ι σ τ ο τ έ λ η ς *δ' ἐν τῷ Περὶ ποιητῶν* C
*οὕτως γράφει· ʽοὐκοῦν οὐδὲ ἐμμέτρους τοὺς καλουμένους Σώφρονος μίμους*
*μὴ φῶμεν εἶναι λόγους καὶ μιμήσεις ἢ τοὺς Ἀλεξαμενοῦ τοῦ Τηίου τοὺς*
*πρώτους γραφέντας τῶν Σωκρατικῶν διαλόγων;' ἄντικρυς φάσκων ὁ πολυ-*
*μαθέστατος Ἀριστοτέλης πρὸ Πλάτωνος διαλόγους γεγραφέναι τὸν Ἀλεξα-*
*μενόν.]*

---

8 *χαλεπός, ἀσελγής* aliter Xen. 9 Stes. *fr.* 11 Diehl, Plat. *Phaedr.* 244 A *ἐγκώμια* minime 11 *ἐκβάλλων* cfr Heracliti *Quaest. Hom.* (Oelmann) 4 *ἐρρίφθω δὲ καὶ Πλάτων ὁ κόλαξ καὶ ʽΟμήρου συκοφάντης, ἔνδοξον ἀπὸ τῆς ἰδίας πολιτείας τὸν φυγάδα προπέμπων λευκοῖς ἐρίοις* (*Rep.* 398 A) *ἀνεστεμμένον καὶ πολυτελεῖ μύρῳ τὴν κεφαλὴν διάβροχον*, cfr c. 12,6, p. 20,7 Oelmann *ὁ φυγαδεύων Ὅμηρον ἐκ τῆς ἰδίας πολιτείας συγκαταινεῖ Πλάτων*, Joseph. *contra Ap.* II 223 Niese, Just. *Cohort. ad Graecos* 5 et 24, *PGM* VI p. 252 et 284, Orig. *contra Celsum* IV 57, *PGM* XI, 1084 D, Theodoret. *serm.* 2 *de principio*, Greg. Naz. *or.* 25, *PGM* XXXV, 1205 A, Min. Fel. 23,2 14 Aristot. *fr.* 72 Rose, Diog. Laert. II 48.

1 *δέ : δὴ νῦν* Plato *περί γε Κύρου* Plato *ἀλλ' αὐτὸν στρατηγόν τε ἀγαθὸν εἶναι καὶ φιλόπολιν* Plato 2 *οὐχ ἧφθαι* Plato *οἰκονομίᾳ τε οὐδὲν τὸν νοῦν προσεσχηκέναι. — ΚΑ. Πῶς δὴ τὸ τοιοῦτον φῶμεν; — ΑΘ. Ἔοικεν* Plato 3 *οὐδητινι οὐν* **A** 4 *ταῖς γυναιξὶ παραδοὺς τοὺς παῖδας τρέφειν* Plato 6 *αὐτὸς : οὗτος* malim cum Kaibel 8 *διηγησαμένου· ὁ καλὸς Πλάτων* **A** *διηγησάμενος φαίνεται, ὁ δὲ Πλάτων* **E**, correxi 12 quae uncis inclusi fortasse addidit Phavorinus 14 *σωτηρίων* **A**: corr. Ionsius 15 *οὔκουν* Jahn *ἐμμέτρους ὄντας* Kaibel 16 *λόγους ἢ μὴ μιμήσεις τοὺς* Jahn *λόγους καὶ μὴ μιμήσεις ἢ τοὺς* Bernhardy *λόγους καὶ μιμήσεις μὴ τοὺς* Kaibel 17 *τοὺς πρότερον* (*προτέρους* Dobree) *γραφέντας* Bake Meineke Rose *τοὺς πρότερον γραφέντας τῶν Σωκρατικῶν διαλόγους* Kaibel

V 60, 218 E Κἀν ἄλλοις δ' ὁ Πλάτων φησὶ Χαιρεφῶντα ἐρωτῆσαι τὴν Πυθίαν εἴ τις
εἴη Σωκράτους σοφώτερος καὶ τὴν ἀνελεῖν μηδένα. κἀν τούτοις δὲ μὴ
συμφωνῶν Ξ ε ν ο φ ῶ ν φησι· 'Χαιρεφῶντος γάρ ποτε ἐπερωτήσαντος
ἐν Δελφοῖς ὑπὲρ ἐμοῦ, ἀνεῖλεν ὁ Ἀπόλλων ⟨πολλῶν⟩ παρόντων μηδένα
F εἶναι ἀνθρώπων ἐμοῦ μήτε δικαιότερον μήτε σωφρονέστερον.' πῶς οὖν
εὔλογον ἢ πιθανὸν Σωκράτη τὸν ὁμολογοῦντα μηδὲν ἐπίστασθαι σοφώτατον
ἁπάντων ὑπὸ τοῦ πάντα ἐπισταμένου θεοῦ ἀναρρηθῆναι; εἰ γὰρ τοῦτό ἐστι
σοφία, τὸ μηδὲν εἰδέναι, τὸ πάντα εἰδέναι φαυλότης ἂν εἴη. τίς δ' ἦν χρεία
τῷ Χαιρεφῶντι παρενοχλεῖν τὸν θεὸν περὶ Σωκράτους πυνθανόμενον; αὐτὸς
γὰρ ἦν ἀξιόπιστος ὑπὲρ αὐτοῦ λέγων ὡς οὐκ ἔστι σοφός.

219 'βλὰξ γάρ τις ἦν τοιαῦτ' ἐρωτῶν τὸν θεόν,'
ὡς ἂν εἰ καὶ τοιαῦτα,
'τίνα τῶν Ἀττικῶν ἐρίων ἄλλ' ἐστὶ μαλακώτερα',
ἢ
'τῶν ἐν Βάκτροις καμήλων εἰσί τινες δυνατώτεροι',
ἢ
'εἰ Σωκράτους ἐστί τις σιμότερος';
τοὺς γὰρ τὰ τοιαῦτα πυνθανομένους εὐστόχως ἐπιρραπίζει ὁ θεός, ὡς καὶ
τὸν πυθόμενον, εἴτ' Αἴσωπός ἐστιν ὁ λογοποιὸς ἢ ἄλλος τις,
'πῶς ἂν πλουτήσαιμι, Διὸς καὶ Λητοῦς υἱέ;'
χλευάζων ἀπεκρίνατο,
'εἰ τὸ μέσον κτήσαιο Κορίνθου καὶ Σικυῶνος.'

---

1 Plat. *Apol.* 21 A, Diog. Laert. II 37, *Schol. in Aristoph. Nub.* 144, Plut. *adv. Col.* 17 p. 1116 E (ὁ Κολώτης) διηγησάμενος ὅτι χρησμὸν ἐκ Δελφῶν περὶ Σωκράτους ἀνήνεγκε Χαιρεφῶν, ὃν ἴσμεν ἅπαντες, ταῦτα εἴρηκε· 'τὸ μὲν οὖν τοῦ Χαιρεφῶντος, διὰ τὸ τελέως σοφιστικὸν καὶ φορτικὸν διήγημα εἶναι, παρήσομεν.' Luc. *Amor.* 48 ἀνδρῶν σοφώτατος, ὃς ἅμα τοῖς ἄλλοις μαθήμασιν, ἐξ ὧν τὸν βίον ὤνησε, καὶ τὸ παιδεραστεῖν ὡς μάλιστα ὠφελοῦν προσήκατο similiter patres ecclesiae passim. 3 Xen. *Apol.* c. 14 11 βλάξ] trimetrum agnovit Dindorf, eiusdemque poetae comici frustula in eis quae sequuntur latere videntur 19 *Schol. in Aves* 968 Αἰσώπῳ τῷ μυθογράφῳ χρωμένῳ περὶ πλούτου ὁ θεὸς εἶπεν· 'εἰ τὸ μέσον — Σικυῶνος,' Suid. *s. v.* εἰ τὸ μέσον, Zenob. *proverb. centur.* III 59, Eustath. *in Il. B* p. 291,30

3 Ξενοφῶντι **A** Ξενοφῶν Dindorf Ξενοφῶντι ⟨ὅς⟩ Casaubonus Ξενοφῶν, τί Schweighäuser 4 περὶ ἐμοῦ Xen. πολλῶν παρόντων ἀνεῖλεν ὁ Ἀπόλλων Xen. πολλῶν om. **A** 5 μήτε ἐλευθεριώτερον add. Xen. post ἐμοῦ
12 ἢ **A** : εἰ Kaibel 15 καμήλων Boissonade: καὶ μήδων **A** καὶ μήδοις **C**
17 σιμώτερος **AC** : corr. Musurus 19 εἴτ' **C** : ἤτοι **A**

4. Philosophi maledicentiores quam comici sunt. ATHENAEVS V 61—63, p. 219 B—221 A. De malignitate Platonis ac gloriae cupiditate. ATHENAEVS XI 112—116, p. 504 E—507 E.

Ἀλλὰ μὴν οὐδ᾽ ὧν ὁ Πλάτων εἴρηκε περὶ Σωκράτους τῶν κωμικῶν τις V 61, 219 A εἴρηκεν, οὔθ᾽ ὅτι μαίας βλοσυρᾶς υἱὸς ἦν, οὔθ᾽ ὅτι Ξανθίππη χαλεπὴ ἦν γυνή, ἥτις καὶ νιπτῆρας αὐτοῦ κατέχει τῆς κεφαλῆς, οὔθ᾽ ὡς Ἀλκιβιάδῃ B συνεκοιμήθη ὑπὸ τὴν αὐτὴν γενόμενος χλαῖναν καίτοι ἀναγκαῖον ἦν τοῦτο ἐκκωδωνισθῆναι ὑπὸ Ἀριστοφάνους τοῦ καὶ ἐν τῷ συμποσίῳ κατὰ Πλάτωνα· οὐ γὰρ ἂν ἐσίγησε τοῦτ᾽ Ἀριστοφάνης ⟨ὁ τὰ πάντα κατηγορῶν αὐτοῦ⟩ ὡς τοὺς νέους διαφθείροντος.

Ἀσπασία μέντοι ἡ σοφὴ τοῦ Σωκράτους διδάσκαλος τῶν ῥητορικῶν λόγων ἐν τοῖς φερομένοις ὡς αὐτῆς ἔπεσιν, ἅπερ Ἡ ρ ό δ ι κ ο ς ὁ Κρατήτειος παρέθετο, φησὶν οὕτως. C

ΑΣΠ. Σώκρατες, οὐκ ἔλαθές με πόθῳ δηχθεὶς φρένα τὴν σὴν
παιδὸς Δεινομάχης καὶ Κλεινίου. ἀλλ᾽ ὑπάκουσον,
εἰ βούλει σοι ἔχειν εὖ παιδικά μηδ᾽ ἀπιθήσῃς
ἀγγέλῳ, ἀλλὰ πιθοῦ καί σοι πολὺ βέλτιον ἔσται.

ΣΩΚΡ. κἀγὼ ὅπως ἤκουσα, χαρᾶς ὕπο σῶμα λιπαίνω
ἱδρῶτι, βλεφάρων δὲ γόος πέσεν οὐκ ἀθελήτῳ. D

---

1 Ael. Arist. ὑπὲρ τῶν τεττάρων p. II 381 Dindorf: ἔπειτα τῆς μὲν κωμῳδίας κατηγορεῖς, αὐτὸς δὲ κωμῳδεῖς Ἱππίαν Πρόδικον Πρωταγόραν Γοργίαν Εὐθύδημον Διονυσόδωρον Ἀγάθωνα Κινησίαν πάντας ἀνθρώπους 2 *Theaet.* 149 A 3 νιπτῆρας] cfr Diog. Laert. II 37, Epictet. *diss. ab Arriano dig.* ed. Schenkel 1894, p. 359,33, Athen. 643 F, Ael. *Var. Hist.* XI 12, Senec. *De const. sapientis* 18 *immunda aqua* 4 Plat. *Conv.* 219 B, Luc. *Amor.* 49 δεῖ δὲ τῶν νέων ἐρᾶν ὡς Ἀλκιβιάδου Σωκράτης, ὃς ὑπὸ μιᾷ χλανίδι πατρὸς ὕπνους ἐκοιμήθη, cfr Theocr. *Id.* XVIII 19, Eurip. *Peliae fr.* 6, Ovid. *Amor.* I 4, 47, Propert. I 4,14, Petron. 35. 8 διδάσκαλος τῶν ῥητορικῶν] *Menex.* 236 A, *Schol. Aristoph. Acharn.* 526, Xen. *Oec.* III 16 11 *PLG* II 228 15 λιπαίνω] *sudes* Pers. *Sat.* II 54

1 οὐδὲν ὧν ὁ Πλάτων εἶπε περὶ Σ. οὐδὲ κωμικός τις **C** 5 Ἀριστοφάνους] fortasse legendum Ἀλκιβιάδου 6 ita vel ⟨οὔτε ἄλλος τῶν κατηγορούντων αὐτοῦ⟩ supplendum 12 δὲ ενομαχης **A** : corr. Musurus 15 ὅπως Musurus: πῶς **A** λιπαίνω **A** : λιπάνθη Kaibel 16 γόος **A** : ῥόος Meineke ἀθελήτως **A** : corr. Kaibel οὐκ ἐθελήτως Dobree

219 D *ΑΣΠ.* στέλλου πλησάμενος θυμὸν Μούσης κατόχοιο,
ᾗ τόνδ' αἱρήσεις, ᾠσὶν δ' ἐνίει ποθέουσιν.
ἀμφοῖν γὰρ φιλίας ἥδ' ἀρχή· τῇδε καθέξεις
αὐτόν, προσβάλλων ἀκοαῖς ὀπτήρια θυμοῦ.

κυνηγεῖ οὖν ὁ καλὸς Σωκράτης ἐρωτοδιδάσκαλον ἔχων τὴν Μιλησίαν,
ἀλλ' οὐκ αὐτὸς θηρεύεται, ὡς ὁ Πλάτων ἔφη, λινοστατούμενος ὑπὸ
Ἀλκιβιάδου. καὶ μὴν οὐ διαλείπει γε κλαίων ὡς ἄν, οἶμαι, δυσημερῶν.
E ἰδοῦσα γὰρ αὐτὸν ἐν οἵῳ ἦν καταστήματι Ἀσπασία φησίν.

*ΑΣΠ.* τίπτε δεδάκρυσαι, φίλε Σώκρατες; ἦ σ' ἀνακινεῖ
στέρνοις ἐνναίων σκηπτὸς πόθου ὄμμασι θραυσθείς
παιδὸς ἀνικήτου; τὸν ἐγὼ τιθασόν σοι ὑπέστην
ποιῆσαι;

Ὅτι δὲ ὄντως ἤρα τοῦ Ἀλκιβιάδου δῆλον ποιεῖ Π λ ά τ ω ν ἐν τῷ
Πρωταγόρᾳ, καίτοι μικρὸν ἀπολείποντος τῶν τριάκοντα ἐτῶν. λέγει δ'
F οὕτως· 'πόθεν, ὦ Σώκρατες, φαίνει; ἢ δηλαδὴ ἀπὸ κυνηγεσίου τοῦ περὶ τὴν
Ἀλκιβιάδου ὥραν; καὶ μήν μοι καὶ πρῴην ἰδόντι καλὸς ἐφαίνετο ὁ ἀνὴρ
ἔτι, — ἀνὴρ μέντοι, ὦ Σώκρατες, ὥς γε ἐν ἡμῖν αὐτοῖς εἰρῆσθαι, καὶ πώγω-
220 νος ἤδη ὑποπιμπλάμενος. — εἶτα τί δὴ τοῦτ'; οὐ σὺ μέντοι Ὁμήρου ἐπαινέ-
της εἶ, ὃς ἔφη χαριεστάτην ἥβην εἶναι τοῦ ὑπηνήτου, ἣν νῦν Ἀλκιβιάδης
αὐτὸς ἔχει.'
V 60 Πεφύκασι δ' οἱ πλεῖστοι τῶν φιλοσόφων τῶν κωμικῶν κακήγοροι μᾶλ-
λον εἶναι, εἴ γε καὶ Α ἰ σ χ ί ν η ς ὁ Σωκρατικὸς ἐν μὲν τῷ Τηλαυγεῖ
Κριτοβούλον τὸν Κρίτωνος ἐπ' ἀμαθίᾳ καὶ ῥυπαρότητι βίου κωμῳδεῖ, τὸν

---

5 κυνηγεῖ] *Protag.* 309 A 6 λινοστατούμενος] cfr Plat. *Conv.* 217 CD ἐπιθέσθαι, ἐπιβεβουλευκέναι 15 *Protag.* 309 A 20 *Od.* κ 279, *Il.* Ω 348 23 Τηλαυγεῖ] *fr.* 41 Dittmar 24 Κριτόβουλον] Plat. *Euthyd.* 306 D, *Phaed.* 59 B Xen. *Mem.* I 3,8, II 7,32

2 ηι τονδερησεις **A** : corr. Musurus ωσιδεινη **A** : ᾠσὶν Kaibel δ' ἐνίει Wilamowitz πόθοισιν **A** : ποθέουσιν Bothe 3 φιλίης Bergk 4 θελκτήρια θύμου Meineke 7 κλαίων Schweighäuser : καλλίων **A** 10 πόθου Iacobs: πόθος codd. θραυσθείς : ῥιφθείς malebat Iacobs 11 ἀκινήτου Meineke 16 δηλαδὴ ὅτι ἀπὸ Plat. 17 καλὸς μὲν Plato ὁ om. Plato 18 αὐτοῖς ἡμῖν Plato 19 δή om. Plato 21 αὐτὸς om. Plato

δὲ Τηλαυγὴν αὐτὸν ἱματίου μὲν φορήσεως καθ' ἡμέραν ἡμιωβέλιον κναφεῖ
τελοῦντα μισθόν, κῳδίῳ δὲ ἐζωσμένον καὶ τὰ ὑποδήματα σπαρτίοις ἐνημ-
μένον σαπροῖς, καί<περ τελειότα>τον <ὄντα> ῥήτορα οὐ μετρίως διαγελᾷ. 220 B
ἐν δὲ τῇ Ἀσπασίᾳ Ἱππόνικον μὲν τὸν Καλλίου κοάλεμον προσαγορεύει,
τὰς δ' ἐκ τῆς Ἰωνίας γυναῖκας συλλήβδην μοιχάδας καὶ κερδαλέας. ὁ δὲ
Καλλίας αὐτοῦ περιέχει τὴν τοῦ Καλλίου πρὸς τὸν πατέρα διαφορὰν καὶ τὴν
Προδίκου καὶ Ἀναξαγόρου τῶν σοφιστῶν διαμώκησιν. λέγει γὰρ ὡς
ὁ μὲν Πρόδικος Θηραμένην μαθητὴν ἀπετέλεσεν, ὁ δ' ἕτερος Φιλόξενον
τὸν Ἐρύξιδος καὶ Ἀριφράδην τὸν ἀδελφὸν Ἀριγνώτου τοῦ κιθαρῳδοῦ, C
θέλων ἀπὸ τῆς τῶν δηλωθέντων μοχθηρίας καὶ περὶ τὰ φαῦλα λιχνείας
ἐμφανίσαι τὴν τῶν παιδευσάντων διδασκαλίαν. ἐν δὲ τῷ Ἀξιόχῳ πικρῶς
Ἀλκιβιάδου κατατρέχει ὡς οἰνόφλυγος καὶ περὶ τὰς ἀλλοτρίας γυναῖκας
σπουδάζοντος.

Ἀ ν τ ι σ θ έ ν η ς δ' ἐν θατέρῳ τῶν Κύρων κακολογῶν Ἀλκιβιάδην καὶ V 63
παράνομον εἶναι λέγει καὶ εἰς γυναῖκας καὶ εἰς τὴν ἄλλην δίαιταν. συνεῖναι
γάρ φησιν αὐτὸν καὶ μητρὶ καὶ θυγατρὶ καὶ ἀδελφῇ, ὡς Πέρσας. ὁ δὲ Πολι-
τικὸς αὐτοῦ διάλογος ἁπάντων καταδρομὴν περιέχει τῶν Ἀθήνησιν δημα- D
γωγῶν, ὁ δ' Ἀρχέλαος Γοργίου τοῦ ῥήτορος, ἡ δ' Ἀσπασία τῶν Περι-
κλέους υἱῶν Ξανθίππου καὶ Παράλου διαβολήν. τούτων γὰρ τὸν μὲν Ἀρχε-
στράτου φησὶν εἶναι συμβιωτὴν τοῦ παραπλήσια ταῖς ἐπὶ τῶν μιαρῶν οἰκη-
μάτων ἐργαζομένου, τὸν δ' Εὐφήμου συνήθη καὶ γνώριμον τοῦ φορτικὰ
σκώπτοντος καὶ ψυχρὰ τοὺς συναντῶντας. καὶ Πλάτωνα δὲ μετονομάσας
Σάθωνα ἀσυρῶς καὶ φορτικῶς τὸν ταύτην ἔχοντα τὴν ἐπιγραφὴν διάλογον
ἐξέδωκε κατ' αὐτοῦ.

---

4 *Ἀσπασίᾳ*] *fr.* 16 Dittmar    *κοάλεμον*] Aristoph. *Equit.* 198, 221
6 *Καλλίας*] *fr.* 34 Dittmar    8 *Θηραμένην* *Apol.* 19 E, *Hipp. mai.* 282 B, Aristoph. *Plut.* 546 cum *scholiis*, Plut. *Nic.* 524 A, Suidas, Heinze *Prodikos v. Keos* 319    *Φιλόξενον*] *Vesp.* 84 *καταπύγων*, Eupol. *fr.* 235, p. I 322 K. *πόρνος*, Phryn. *fr.* 47, p. I 382 K. *πόρνος*, alia permulta apud Dittmar p. 191, n. 26 invenies    9 *Ἀριφράδην*] *Equit.* 1278, *Vesp.* 1271 cum *scholiis*, Luc. *schol. in Pseud.* 3, alia Crusius *RE* II 824    11 *Ἀξιόχῳ*] *fr.* 12 Dittmar, cfr Xen. *Mem.* I 2,22    14 *Κύρων*] Winckelmann p. 17, Dittmar p. 306    15 *Πολιτικός*] Winckelmann p. 22, Dittmar p. 14—15    18 *Ἀρχέλαος*] Winckelmann p. 22, Dümmler, *Akad.* p. 10    *Ἀσπασία*] Winckelmann p. 19, Dittmar p. 1    23 *Σάθωνα*] Winckelmann p. 33, Diog. Laert. III 35, Athen. 507 A

2 *κωδίῳ* Casaubonus *κωδίᾳ* Masurus : *κωμῳδίᾳ* **A**    3 *καὶ* ⟨*περ τελειότα*⟩*τον* ⟨*ὄντα*⟩ Pohlenz : *καὶ τελέσαντα τόν* **A**    15 *λέγει* **C** : *λέγων* **A**    16 *ὡς τοὺς Πέρσας* **C**    20 *μιαρῶν* Casaubonus : *μικρῶν* codd.

220 E *Τούτοις γὰρ τοῖς ἀνδράσιν οὐδεὶς ἀγαθὸς σύμβουλος εἶναι δοκεῖ, οὐ
στρατηγὸς νόμιμος, οὐ σοφιστὴς ἀξιόλογος, οὐ ποιητὴς ὠφέλιμος, οὐ δῆμος
εὐλόγιστος ἀλλ' ἢ Σωκράτης ὁ μετὰ τῶν Ἀσπασίας αὐλητρίδων ἐπὶ τῶν
ἐργαστηρίων συνδιατρίβων καὶ Πίστωνι τῷ θωρακοποιῷ διαλεγόμενος καὶ
Θεοδότην διδάσκων τὴν ἑταίραν ὡς δεῖ τοὺς ἐραστὰς παλεύειν, ὡς Ξενο-
φῶν παρίστησιν ἐν δευτέρῳ Ἀπομνημονευμάτων. [τοιαῦτα γὰρ ποιεῖ
αὐτὸν παραγγέλματα τῇ Θεοδότῃ λέγοντα, ἃ οὔτε Νικὼ ἡ Σαμία ἢ Καλ-*
F *λιστράτη ἡ Λεσβία ἢ Φιλαινὶς ἡ Λευκαδία, ἀλλ' οὐδὲ ὁ Ἀθηναῖος Πυ-
θόνικος συνεωράκασιν πόθων θέλγητρα· οὗτοι γὰρ περὶ ταῦτα ἠσχόληντο
περιττῶς. ἐπιλίποι δ' ἂν μ' ὁ πᾶς χρόνος, εἰ ἐκτίθεσθαι βουληθείην τὰς
σεμνὰς τῶν φιλοσόφων μέμψεις. κατὰ γὰρ τὸν αὐτὸν δὴ τὸν Πλάτωνα
'ἐπιρρεῖ δὲ ὄχλος μοι τοιούτων Γοργόνων καὶ Πηγάσων καὶ ἄλλων ἀμηχά-*
221 *νων πλήθει τε καὶ ἀτοπίᾳ τερατολόγων τινῶν φύσεων.' διόπερ κατασιω-
πήσομαι.]*

505 C *Διαβάλλει δὲ ὁ Πλάτων καὶ Θρασύμαχον τὸν Χαλκηδόνιον σοφιστὴν
ὅμοιον εἶναι λέγων τῷ ὀνόματι, ἔτι δ' Ἱππίαν καὶ Γοργίαν καὶ Παρμενίδην
καὶ ἐνὶ διαλόγῳ τῷ Πρωταγόρᾳ πολλούς, ὁ τοιαῦτα ἐν τῇ Πολιτείᾳ εἰπών·*

---

4 Xen. *Mem.* III 10,9 *πρὸς δὲ Πιστίαν τὸν θωρακοποιὸν εἰσελθών* 7 *Θεοδότῃ*] *Mem.* III 11 12 *Phaedr.* 229 D 15 *Θρασύμαχον*] *Phaedr.* 267 CD 16 *Ἱππίαν*] *Hipp. mai.* 285 B sqq., cfr *Prot.* 315 B, *Men.* 91 E, Basil. *epist.* II 135, *PGM* XXXII p. 572 C *Πλάτων ... καὶ παρακωμῳδεῖ τὰ πρόσωπα, Θρασυμάχου μὲν τὸ θρασὺ καὶ ἰταμὸν διαβάλλων, Ἱππίου δὲ τὸ κοῦφον τῆς διανοίας καὶ χαῦνον καὶ Πρωταγόρου τὸ ἀλαζονικὸν καὶ ὑπέρογκον* 17 *Πολιτείᾳ*] 562 C D *οἰνοχόων προστατούντων τύχῃ καὶ πορρωτέρω τοῦ δέοντος ἀκράτου αὐτῆς μεθυσθῇ*, Eustath. 1547,53 *ἐμφαίνειν Εὔπολις λέγεται τὸν φυσικὸν Πρωταγόραν διακωμῳδῶν ἐν τῷ 'ὃς ἀλαζονεύεται μὲν ἀλιτήριος περὶ τῶν μετεώρων, τὰ δὲ χαμᾶθεν ἐσθίει', Κόλακες fr.* 146 b, I 297 K., Dionys. Hal. *de Thuc. iudic.* 816 *αὐτός τε ὁ Πλάτων Παρμενίδην καὶ Πρωταγόραν καὶ Ζήνωνα καὶ τῶν ἄλλων φυσιολόγων οὐκ ὀλίγους ἡμαρτηκότας ἀποδεικνύναι βούλεται*

2 *νόμιμος* scripsi collato Sueton. in *Tiber* c. 21, *φρόνιμος* Casaubonus *ὁ μῖμος* **A** *οὐ μῖμος* **C** *οὐ δῆμος* **A** : *οὐ δημότης* Wilamowitz *οὐ δημότης ⟨χρηστός, οὐκ οἰκονόμος⟩ εὐλόγιστος* mavult Kaibel, fortasse scribendum *δημηγόρος*, cfr Xen. *Mem.* II 6,15 et Cyrill. *contra Iulian.* VI, *PGM* 76, p. 780 D *φιλόσοφοι, στρατηγοί, δημηγόροι, νομοθέται* 3 *ἀλλ' ἢ* Schweighäuser : *ἀλλὰ* **A C** 5 *παλεύειν* Iacobs : *ἀπολαύειν* **A** 6 *δευτέρῳ*] lege *γ'* 10 *ἐπιλείποι* **A** *με πᾶς χρόνος* **A** *με πᾶς ὁ χρόνος* **C** : corr. Dindorf 12 *μοι* om. Plato 13 *πλήθει τε καὶ ἀτοπίᾳ* **A**, cod. Platonis Paris. 1811, P. Oxy. 1016 : *πλήθη — ἀτοπίαι* **BT** Platonis, Galen. *de plac. Hippocr. et Plat.* V 356 K. *τερατολογιῶν τινῶν φύσεως* **A**

'ὅταν, οἶμαι, δημοκρατουμένη πόλις ἐλευθερίας διψήσασα κακῶν οἰνοχόων 505 D
τύχῃ καὶ ἀκράτου αὐτῆς μεθυσθῇ.' λέγεται δὲ ὡς καὶ ὁ Γοργίας αὐτὸς XI 113
ἀναγνοὺς τὸν ὁμώνυμον αὐτῷ διάλογον πρὸς τοὺς συνήθεις ἔφη· 'ὡς καλῶς
οἶδε Πλάτων ἰαμβίζειν'. Ἕρμιππος δὲ ἐν τῷ περὶ Γοργίου 'ὡς ἐπε-
δήμησε, φησί, ταῖς Ἀθήναις Γοργίας μετὰ τὸ ποιήσασθαι τὴν ἀνάθεσιν τῆς
ἐν Δελφοῖς ἑαυτοῦ χρυσῆς εἰκόνος, εἰπόντος τοῦ Πλάτωνος, ὅτε εἶδεν αὐτόν, E
ἥκει ἡμῖν ὁ καλός τε καὶ χρυσοῦς Γοργίας, ἔφη ὁ
Γοργίας, ἦ καλόν γε αἱ Ἀθῆναι [καὶ] νέον τοῦτον
Ἀρχίλοχον ἐνηνόχασιν.' ἄλλοι δέ φασιν ὡς ἀναγνοὺς ὁ Γορ-
γίας τὸν Πλάτωνος διάλογον πρὸς τοὺς παρόντας εἶπεν ὅτι οὐδὲν τούτων
οὔτ' εἶπεν οὔτ' ἤκουσε παρὰ Πλάτωνος. ταὐτά φασι καὶ Φαίδονα εἰπεῖν
ἀναγνόντα τὸν Περὶ ψυχῆς. διὸ καλῶς ὁ Τίμων περὶ αὐτοῦ ἔφη·

ὡς ἀνέπλαττε Πλάτων ὁ πεπλασμένα θαύματα εἰδώς.

Παρμενίδῃ μὲν γὰρ καὶ ἐλθεῖν εἰς λόγους τὸν τοῦ Πλάτωνος Σωκράτην F
μόλις ἡ ἡλικία συγχωρεῖ, οὐχ ὡς καὶ τοιούτους εἰπεῖν ἢ ἀκοῦσαι λόγους.
τὸ δὲ πάντων σχετλιώτερον καὶ τὸ εἰπεῖν οὐδεμιᾶς κατεπειγούσης χρείας,
ὅτι παιδικὰ γεγόνοι τοῦ Παρμενίδου Ζήνων ὁ πολίτης αὐτοῦ. ἀδύνατον δὲ
καὶ Τίμαιον οὐ μόνον κατὰ Σωκράτην εἶναι, ἢ πού γε καὶ ἐρώμενον αὐτοῦ
γεγονέναι. ἀλλὰ μὴν οὐ δύνανται Πάραλος καὶ Ξάνθιππος οἱ Περικλέους 506
υἱοὶ [τελευτήσαντες τῷ λοιμῷ] Πρωταγόρᾳ διαλέγεσθαι, ὅτε ⟨τὸ⟩ δεύτερον
ἐπεδήμησε ταῖς Ἀθήναις, οἱ ⟨πολὺ⟩ ἔτι πρότερον τελευτήσαντες ⟨τῷ
λοιμῷ⟩. πολλὰ δ' ἔστι καὶ ἄλλα λέγειν περὶ αὐτοῦ καὶ δεικνύναι ὡς
ἔπλαττε τοὺς διαλόγους.

---

3 Diels[4], 76 A 15 a     4 *Hermippi fragm.*, ed. A. Lozynski, Bonn 1832, p. 112, *FHG* III 48, Plin. *Nat. hist.* XXXIII 4,24, Cic. *De Orat.* III 32,129, Dio Chrys. XXXVII 28, Val. Max. VIII 15, Paus. VI 17,7, Diels[4], 76 A 7     12 Timon *fr.* 19 Diels *Poetarum philos. fragm.*, *fr.* 52 Wachsmuth, Diog. Laert. III 26, Suidas *s. v.* παραγραμματίζων, Hesych. Miles. *in vita Platonis* p. 45 Flach     14 Παρμενίδῃ] Macrob. *Sat.* I 1,5 *quod licito fieri Platonis dialogi testimonio sunt, quippe Socrate ita Parmenides antiquior, ut huius pueritia uix illius adprehenderit senectutem, et tamen inter illos de rebus arduis disputatur. inclitum dialogum Socrates habita cum Timaeo disputatione consumit, quos constat eodem saeculo non fuisse. Paralus uero et Xanthippus, quibus Pericles pater fuit, cum Protagora apud Platonem disserunt secundo adventu Athenis morante, quos multo ante infamis illa pestilentia absumpserat.*

8 [καὶ] del. Meineke     11 παρὰ Πλάτωνος del. Rossi     13 ἀνέπλαττεν ὁ Πλάτων πεπλασμένα **A** : transp. Nauck     θύματα **A** : corr. e Diog. Laert. III 26     16 σχετλιώτερον **A** : -ώτατον epitomator     18 Τίμαιον Macrobius : Φαῖδρον **A**     20 [τελευτήσαντες τῷ λοιμῷ] del. Kaibel     20 ⟨τὸ⟩ add. Kaibel     21 ⟨πολὺ⟩ addidi collato Macr. *multo ante*     οἱ ε' ἔτει πρότερον Casaubonus

XI 114 Ὅτι δὲ καὶ δυσμενὴς ἦν πρὸς ἅπαντας, δῆλον καὶ ἐκ τῶν ἐν τῷ Ἴωνι
ἐπιγραφομένῳ, ἐν ᾧ πρῶτον μὲν κακολογεῖ πάντας τοὺς ποιητάς, ἔπειτα
καὶ τοὺς ὑπὸ τοῦ δήμου προαγομένους, Φανοσθένη τὸν Ἄνδριον κἀπολ-
λόδωρον τὸν Κυζικηνόν, ἔτι δὲ τὸν Κλαζομένιον Ἡρακλείδην, ἐν δὲ τῷ
506 B Μένωνι καὶ τοὺς μεγίστους παρ' Ἀθηναίοις γενομένους Ἀριστείδην καὶ
Θεμιστοκλέα, Μένωνα δὲ ἐπαινεῖ τὸν τοὺς Ἕλληνας προδόντα. ἐν δὲ τῷ
Εὐθυδήμῳ ⟨Εὐθύδημον⟩ καὶ τὸν ἀδελφὸν αὐτοῦ Διονυσόδωρον προπηλακί-
ζων καὶ καλῶν ὀψιμαθεῖς ἔτι τε ἐριστὰς ὀνομάζων ὀνειδίζει αὐτοῖς καὶ τὴν
ἐκ Χίου τῆς πατρίδος φυγήν, ἀφ' ἧς ἐν Θουρίοις κατῳκίσθησαν.

Ἐν δὲ τῷ Περὶ ἀνδρείας Μελησίαν τὸν Θουκυδίδου τοῦ ἀντιπολιτευσα-
μένου Περικλεῖ καὶ Λυσίμαχον τὸν Ἀριστείδου τοῦ δικαίου, τῆς τῶν πατέ-
C ρων ἀρετῆς ἀναξίους εἶναι φάσκων. ἃ δὲ περὶ Ἀλκιβιάδου εἴρηκεν ἐν τῷ
Συμποσίῳ οὐδ' εἰς φῶς λέγεσθαί ἐστιν ἄξιον, ἔν τε τῷ προτέρῳ τῶν εἰς
αὐτὸν διαλόγων. [ὁ γὰρ δεύτερος ὑπό τινων Ξενοφῶντος εἶναι λέγεται, ὡς
καὶ ἡ Ἀλκυὼν Λέοντος τοῦ Ἀκαδημαϊκοῦ, ὥς φησι Νικίας ὁ Νικαεύς.]
τὰ μὲν οὖν κατὰ Ἀλκιβιάδου λεχθέντα σιωπῶ, ὅτι δὲ τὸν Ἀθηναίων δῆμον
εἰκαῖον εἴρηκε κριτήν, Λακεδαιμονίους δὲ ἐπαινῶν ἐπαινεῖ καὶ τοὺς πάντων

---

1 Dionys. Hal. *ep. ad Pomp.* 755, Usener-Radermacher p. 225,2 *τί θαυμαστὸν ἐποίουν ἐγὼ τοῖς Δημοσθένους λόγοις συγκρίνων τοὺς Πλάτωνος καὶ εἴ τι μὴ καλῶς ἐν αὐτοῖς ἔχειν ᾤμην ἐπιλογιζόμενος; ἐῶ γὰρ τὰς ἄλλας αὐτοῦ γραφὰς παραφέρειν, ἐν αἷς κωμῳδεῖ τοὺς πρὸ ἑαυτοῦ, Παρμενίδην τε καὶ Ἱππίαν καὶ Πρωταγόραν καὶ Πρόδικον καὶ Γοργίαν καὶ Πῶλον καὶ Θεόδωρον καὶ Θρασύμαχον καὶ ἄλλους συχνούς, οὐκ ἀπὸ βελτίστου πάντα περὶ αὐτῶν γράφων, ἀλλ' εἰ βούλει καὶ ἀπὸ φιλοτιμίας. ἦν γάρ, ἦν ἐν τῇ Πλάτωνος φύσει πολλὰς ἀρετὰς ἐχούσῃ τὸ φιλότιμον. ἐδήλωσε δὲ τοῦτο μάλιστα διὰ τῆς πρὸς Ὅμηρον ζηλοτυπίας, ὃν ἐκ τῆς κατασκευαζομένης ὑπ' αὐτοῦ πολιτείας ἐκβάλλει στεφανώσας καὶ μύρῳ χρίσας* (*Rep.* 398 A), *ὡς δὴ τούτου* (*τούτων* codd.) *αὐτῷ δέον ἐκβαλλομένου* (*ἐκβαλλομένῳ* codd.), *δι' ὃν ἥ τε ἄλλη παιδεία πᾶσα παρῆλθεν εἰς τὸν βίον καὶ τελευτῶσα φιλοσοφία.* *Ion* p. 534, 541 CD, Ael. *Var. hist.* XIV 5 3 *Φανοσθένη*] Xen. *Hell.* I 5,18—19 4 *Ἡρακλείδην*] *Ath. rep.* 41,3 5 *Men.* 93 C, 94 A 7 *Euth.* 271 C *ἀπῴκησαν δὲ ἐς Θουρίους φεύγοντες δὲ ἐκεῖθεν* 10 *Lach.* 179 C 11 *τῆς — φάσκων*] *ἡμέτερα δ' αὐτῶν ἔργα οὐδέτερος ἔχει λέγειν* Plato 15 *Νικίας*] cfr Diog. Laert. III 62 17 *εἰκαῖον*] cfr *Alc. I* 122 B *τῆς δὲ σῆς γενέσεως, ὦ Ἀλκιβιάδη, καὶ τροφῆς καὶ παιδείας ἢ ἄλλου ὁτουοῦν Ἀθηναίων, ὡς ἔπος*

2 *ἐπιγραφομένων* **A**: *-μένῳ* epitomator 7 ⟨*Εὐθύδημον*⟩ maluit Schweighäuser ⟨*καὐτὸν*⟩ *καὶ τὸν* Meineke *Διονυσιόδωρον* **A** 8 *ὀνομάζων* ex *ὀνειδίζων* corr. **A**, del. Kaibel 11 scil. *κακολογεῖ* 14 quae uncis inclusi, fortasse addidit e suo penore Phauorinus 16 *ὅτι*] *ἔτι* Casaubonus *δημονικαῖον* **A** : corr. Musurus 17 *εὐπρόκωπον* sec. Casaubonum *ἔτι τε πρόκωπον* sec. Kaibel post *κριτήν* add. **A**

῾Ελλήνων ἐχθροὺς Πέρσας. καὶ τὸν ἀδελφὸν δὲ τοῦ ᾿Αλκιβιάδου Κλεινίαν 506 D
μαινόμενόν τε ἀποφαίνει καὶ τοὺς υἱοὺς αὐτοῦ ἠλιθίους. Μειδίαν τε ὀρτυγο-
κόπον καὶ τὸν τῶν ᾿Αθηναίων δῆμον εὐπρόσωπον μὲν εἶναι, δεῖν δ' αὐτὸν
ἀποδύσαντας θεωρεῖν. ὀφθήσεται γάρ φησι περίβλεπτον ἀξίωμα περικεί-
μενος κάλλους οὐκ ἀληθινοῦ.
᾿Εν δὲ τῷ Κίμωνι οὐδὲ τῆς Θεμιστοκλέους φείδεται κατηγορίας οὐδὲ τῆς XI 115
᾿Αλκιβιάδου καὶ Μυρωνίδου, ἀλλ' οὐδ' αὐτοῦ τοῦ Κίμωνος. καὶ ὁ Κρίτων
δ' αὐτοῦ ⟨Κρίτωνος, ἡ δὲ Πολιτεία καὶ⟩ Σοφοκλέους περιέχει καταδρομήν,
ὁ δὲ Γοργίας οὐ μόνον ἀφ' οὗ τὸ ἐπίγραμμα, ἀλλὰ καὶ ᾿Αρχελάου τοῦ Μακε- E
δονίας βασιλέως, ὃν οὐ μόνον ἐπονείδιστον γένος ἔχειν, ἀλλ' ὅτι καὶ ἀπέ-
κτεινε τὸν δεσπότην.
Οὗτος δ' ἐστὶ Πλάτων, ὃν Σπεύσιππός φησι φίλτατον ὄντα [᾿Αρχελάῳ]

---

εἰπεῖν, οὐδενὶ μέλει, *Alcyon.* c. 3 ἐοίκαμεν ἡμεῖς τῶν δυνατῶν τε καὶ ἀδυνάτων ἀμβλυωποί τινες εἶναι κριταὶ παντελῶς, *Alc. I* 113 D οἶμαι μὲν ὀλιγάκις ᾿Αθηναίους βουλεύεσθαι πότερα δικαιότερα ἢ ἀδικώτερα κτλ., 118 B πέπονθας δὲ τοῦτο (ἀμαθίᾳ συνοικεῖν τῇ ἐσχάτῃ) οὐ σὺ μόνος, ἀλλὰ καὶ οἱ πολλοὶ τῶν πραττόντων τὰ τῆσδε τῆς πόλεως, 119 B δοκοῦσι γάρ μοι οἱ τὰ τῆς πόλεως πράττοντες ἐκτὸς ὀλίγων ἀπαίδευτοι εἶναι Λακεδαιμονίους — Πέρσας] *Alc. I* 120 E sqq 1 Κλεινίαν] *Alc. I* 118 F 2 αὐτοῦ] scil. Periclis filios Μειδίαν] *Alc. I* 120 A ὀρτυγοκόπον *Schol. in Luc. Iupp. Trag.* 48, Jacobitz p. 186, ὁ δὲ Μειδίας ὀρτυγοκόπος ἦν, ὡς Πλάτων Περιαλγεῖ (Kock I 630) *Schol. in Plat. Alc.I* 120 A εἰρωνικῶς. οὗτος ἐπὶ κύκλου τοὺς ὄρτυγας παριστὰς κόπτειν αὐτοὺς ἀλλήλους ἐδίδασκεν, cfr *Schol. in Arist. Aves* 1297, Suid. *s. v.*, Polluc. VII 136, IX 107 3 *Alc. I* 132 A εὐπρόσωπος γὰρ ὁ τοῦ μεγαλήτορος δῆμος ᾿Ερεχθέως, ἀλλ' ἀποδύντα χρὴ αὐτὸν θεάσασθαι 7 *Crit.* 45 AB, *Rep.* 329 C 11 9 ᾿Αρχελάου] *Gorg.* 471 A—C 12 Σπεύσιππος] *ep. Socr.* XXX 12 Bickermann-Sykutris: πυνθάνομαι δὲ καὶ Θεόπομπον παρ' ὑμῖν μὲν εἶναι πάνυ ψυχρόν, περὶ δὲ Πλάτωνος βλασφημεῖν, καὶ ταῦθ' ὥσπερ οὐ Πλάτωνος τὴν ἀρχὴν τῆς ἀρχῆς ἐπὶ Περδίκκου κατασκευάσαντος καὶ διὰ τέλους χαλεπῶς φέροντος, εἴ τι γίγνοιτο παρ' ὑμῖν ἀνήμερον ἢ μὴ φιλάδελφον (»als ob nicht gerade Plato zur Zeit des Perdikkas den Grund für deine Herrschaft gelegt hätte und es ihm nicht allzeit schmerzlich gewesen wäre, wenn irgend etwas Rohes oder Liebloses zwischen den Brüdern vorfiel.«). ἵν' οὖν Θεόπομπος παύσηται τραχὺς ὤν, κέλευσον ᾿Αντίπατρον παραγνῶναι τῶν ῾Ελληνικῶν πράξεων αὐτῷ καὶ γνώσεται Θεόπομπος δικαίως ⟨μὲν⟩ ὑπὸ πάντων ἐξαλειφόμενος, ἀδίκως δὲ τῆς παρὰ σοῦ χορηγίας τυγχάνων. Cfr Theopomp. *fr.* 294 Jac. = Diog. Laert. III 40, et *ep. Plat.* 5.

1 Κλεινίαν Valckenaar : καὶ Νικίαν **AE** 2 ἀποφαίνει **A** : ἀποκαλεῖ **E** αὐτοῦ **A** : αὖ τοῦ ⟨Περικλέους⟩ Valckenaar ὀρτυγοτρόφον Plato 6 Θεμιστοκλέους **A** : Περικλέους **E** 7 ᾿Αλκιβιάδου : τῆς Περικλέους Dobree Μυρωνίδου: Μιλτιάδου Casaubonus 8 ⟨Κρίτωνος — καὶ⟩ Wilamowitz 12 ᾿Αρχελάῳ] delendum : Περδίκκᾳ scribendum esse coni. Gomperz

506 E *Φιλίππῳ τῆς βασιλείας αἴτιον γενέσθαι. γράφει γοῦν Καρύστιος ὁ
Περγαμηνὸς ἐν τοῖς Ἱστορικοῖς Ὑπομνήμασιν οὕτως· Σπεύσιππος πυν-
θανόμενος Φίλιππον βλασφημεῖν περὶ Πλάτωνος εἰς ἐπιστολὴν ἔγραψέ τι
τοιοῦτον. ὥσπερ ἀγνοοῦντας τοὺς ἀνθρώπους ὅτι καὶ τὴν*
F *ἀρχὴν τῆς βασιλείας Φίλιππος διὰ Πλάτωνος ἔσχεν.*
*Εὐφραῖον γὰρ ἀπέστειλε τὸν Ὠρείτην πρὸς Περδίκκαν Πλάτων, ὃς ἔπεισεν
ἀπομερίσαι τινὰ χώραν Φιλίππῳ. διατρέφων δ' ἐνταῦθα δύναμιν, ὡς ἀπέ-
θανε Περδίκκας, ἑτοίμου δυνάμεως ὑπαρχούσης ἐπέπεσε τοῖς πράγμασι.'
τοῦτο δ' εἴπερ οὕτως ἀληθείας ἔχει, θεὸς ἂν εἰδείη.*

*Ὁ δὲ καλὸς αὐτοῦ Πρωταγόρας πρὸς τῷ καταδρομὴν ἔχειν πολλῶν ποιη-
τῶν καὶ σοφῶν ἀνδρῶν ἐκθεατριζόμενον ἔχει καὶ τὸν Καλλίου βίον μᾶλλον
τῶν Εὐπόλιδος Κολάκων. ἐν δὲ τῷ Μενεξένῳ οὐ μόνον Ἱππίας ὁ Ἠλεῖος
χλευάζεται, ἀλλὰ καὶ ὁ Ῥαμνούσιος Ἀντιφῶν καὶ ὁ μουσικὸς Λάμπρος.*
507 *Ἐπιλίποι δ' ἄν με ἡ ἡμέρα, εἰ πάντας ἐθελήσαιμι ἐπελθεῖν τοὺς κακῶς
ἀκούσαντας ὑπὸ τοῦ σοφοῦ. ἀλλὰ μὴν οὐδ' Ἀντισθένην ἐπαινῶ· καὶ γὰρ
καὶ οὗτος πολλοὺς εἰπὼν κακῶς οὐδ' αὐτοῦ τοῦ Πλάτωνος ἀπέσχετο, ἀλλὰ
καλέσας αὐτὸν φορτικῶς Σάθωνα τὸν ταύτην ἔχοντα τὴν ἐπιγραφὴν διά-
λογον ἐξέδωκεν.*
XI 116 *Ἡγήσανδρος δὲ ὁ Δελφὸς ἐν τοῖς Ὑπομνήμασι περὶ τῆς πρὸς πάν-
τας τοῦ Πλάτωνος κακοηθείας λέγων γράφει καὶ ταῦτα· 'μετὰ τὴν Σωκρά-
τους τελευτὴν ἐπὶ πλεῖον τῶν συνήθων ἀθυμούντων ἔν τινι συνουσίᾳ Πλά-
των συμπαρὼν λαβὼν τὸ ποτήριον παρεκάλει μὴ ἀθυμεῖν αὐτούς, ὡς ἱκανὸς*
B *αὐτὸς εἴη ἡγεῖσθαι τῆς σχολῆς, καὶ προέπιεν Ἀπολλοδώρῳ. καὶ ὃς εἶπεν
'ἥδιον ἂν παρὰ Σωκράτους τὴν τοῦ φαρμάκου κύλικα εἰλήφειν ἢ παρὰ σοῦ
τὴν τοῦ οἴνου πρόποσιν.'*

*Ἐδόκει γὰρ Πλάτων φθονερὸς εἶναι καὶ κατὰ τὸ ἦθος οὐδαμῶς εὐδοκι-
μεῖν. καὶ γὰρ Ἀρίστιππον πρὸς Διονύσιον ἀποδημήσαντα ἔσκωπτεν, αὐτὸς*

---

1 *FHG* Müller IV 357 6 *Εὐφραῖος, ὄνομα κύριον, Ὠρείτης δ' ἦν τῷ γένει, μετέσχε δὲ τῆς τοῦ Πλάτωνος διατριβῆς* Suidas *e Plat. ep.* 5, p. 321 C, cfr Dem. IX 59—62 12 *Menex.* 236 A, Hippias in *Menexeno* non memoratur
14 cfr Dion. Chrys. *or.* LV 12 Arnim: *οὐ τοίνυν οὐδὲ τοὺς περὶ Γοργίαν ἢ Πῶλον ἢ Θρασύμαχον ἢ Πρόδικον ἢ Μένωνα ἢ Εὐθύφρονα ἢ Ἄνυτον ἢ Ἀλκιβιάδην ἢ Λάχητα μάτην ἐποίει λέγοντας* 19 Hegesander *FHG* IV 412 *πρὸς πάντας*] Joh. Chrys. *hom. IV in Acta Ap.* *ζηλοτύπως πρὸς ἅπαντας διακείμενος*
27 *Ἀρίστιππον*] Diog. Laert. III 36

9 *εἴπερ οὕτως* codd. : *πῶς* mavult Peppink 14 *ἐπιλείποι* **A** *ἐπιλίπη* **E** : corr. Dindorf 15 *Ἀντισθένη* codd. : correxi 24 *εἰλήφειν* pessime : requirit *ἐδεξάμην* Kaibel

*τρὶς εἰς Σικελίαν ἐκπλεύσας, ἅπαξ μὲν τῶν ῥυάκων χάριν, ὅτε καὶ τῷ* 507 C *πρεσβυτέρῳ Διονυσίῳ συγγενόμενος ἐκινδύνευσεν, δὶς δὲ πρὸς τὸν νεώτερον Διονύσιον. Αἰσχίνου τε πένητος ὄντος καὶ μαθητὴν ἕνα ἔχοντος Ξενοκράτην, τοῦτον περιέσπασεν. καὶ Φαίδωνι δὲ τὴν τῆς δουλείας ἐφιστὰς δίκην ἐφωράθη. καὶ τὸ καθόλου πᾶσι τοῖς Σωκράτους μαθηταῖς ἐπεφύκει μητρυιᾶς ἔχων διάθεσιν. διόπερ Σωκράτης οὐκ ἀηδῶς περὶ αὐτοῦ στοχαζόμενος ἐνύπνιον ἔφησεν ἑωρακέναι πλειόνων παρόντων. δοκεῖν γὰρ ἔφη τὸν Πλάτωνα κορώνην γενόμενον ἐπὶ τὴν κεφαλὴν [μου] ἀναπηδήσαντα τὸ φαλακρὸν [μου] κατασκαριφᾶν καὶ κρώζειν περιβλέπουσαν. 'δοκῶ οὖν σε,* D *ὦ Πλάτων, πολλὰ κατὰ τῆς ἐμῆς ψεύσεσθαι κεφαλῆς.'*

*Ἦν δὲ ὁ Πλάτων πρὸς τῇ κακοηθείᾳ καὶ φιλόδοξος, ὅστις ἔφησεν 'ἔσχατον τὸν τῆς δόξης χιτῶνα ἐν τῷ θανάτῳ αὐτῷ ἀποδυόμεθα, ἐν διαθήκαις, ἐν ἐκκομιδαῖς, ἐν τάφοις', ὥς φησι Διοσκουρίδης ἐν τοῖς Ἀπομνημονεύμασιν. καὶ τὸ πόλιν δὲ θελῆσαι κτίσαι καὶ τὸ νομοθετῆσαι τίς οὐ φήσει πάθος εἶναι φιλοδοξίας; δῆλον δ' ἐστὶ τοῦτο ἐξ ὧν ἐν τῷ Τιμαίῳ*

---

1 *τρὶς εἰς Σικελίαν ἐκπλεύσας*] Diog. Laert. III 18, VI 25, Apul. *de dogm. Plat.* I 4, Philostr. *vit. Apoll. Tyan.* I 35, Max. Tyr. *Diss.* XXII 5, Tzetz. *Chil.* X 993, Suidas *s. v. Πλάτων* et *Αἰσχίνης* *ῥυάκων χάριν*] Diog. Laert. III 18, Olymp. *vita Plat.* p. 3,7 ed. Didot, Anonymi *vita Plat.* p. 7,51 ed. Didot 3 *πένητος ὄντος* Diog. Laert. II 61, Senec. *Benef.* I 8, cfr *Zeller* II: 1,4, p. 240 n. 5 *μαθητὴν ἕνα* Diog. Laert. II 63 *γνώριμος δ' αὐτοῦ φέρεται εἷς, Ἀριστοτέλης ὁ Μῦθος ἐπικληθείς* 4 *Φαίδωνι* cfr Cic. *nat. deor.* I 33,93 (*fr.* 235 Usener) *Phaedoni Socratico turpissime maledixerit* (sc. Epicurus) 11 Joh. Chrys. *hom. XVII in ep. ad. Rom., PGM* LX, p. 568 *τὰ μὲν ἄλλα παθήματα καταλύεται τῷ θανάτῳ, ἡ δὲ κενοδοξία καὶ μετὰ τελευτὴν βιάζεται καὶ φιλονεικεῖ τὴν αὐτῆς ἐπιδείκνυσθαι φύσιν ἐν τῷ τεθνηκότι σώματι. ὅταν γὰρ σήματα λαμπρὰ καὶ πᾶσαν αὐτῶν ἀναλίσκοντα τὴν οὐσίαν ἐπισκήπτωσι τελευτῶντες αὐτοῖς ἀνιστᾶν καὶ ἐν ταφῇ ἀσωτίαν πολλὴν σπουδάζωσι προαποτίθεσθαι* (vanitatis exempla praebent), Olymp. *in Phaed.* B 101 Norvin *ἔσχατος χιτὼν ἡ φιλοτιμία,* Euagr. *Hist. Eccl.* I 21, p. 31,6 Bidez-Parmentier *οὕτω τὴν κενοδοξίαν καταπατοῦσιν, ὃν τελευταῖον χιτῶνα, κατὰ Πλάτωνα τὸν σοφόν, ἡ ψυχὴ πέφυκεν ἀποτίθεσθαι,* Georg. Pisid. *de vanitate vitae, PGM* XCII, 1598 *ὡς οὐκ ἀκόμψως, ὡς δοκεῖ μοι, καὶ Πλάτων προσεμπεπάρθαι συγγράφει τῇ καρδίᾳ ὡς ἔσχατον χιτῶνα τῆς ἁμαρτίας,* Simplic. *in Epictet.* 48 *διὸ καὶ ἔσχατος λέγεται τῶν παθῶν χιτὼν ἡ φιλοδοξία,* Tac. *Hist.* IV 6, *etiam sapientibus cupido gloriae novissima exuitur* = Fronto p. 144 Naber, Epictet. *Diss.* I c. 25 *τὸ τελευταῖον χιτωνάριόν ἐστι τὸ σωμάτιον* 13 *FHG* II 196

8 [*μου*] duplex, Kaibel 9 *κρώζειν* Hemsterhusius, Dobree : *κρατεῖν* **A** *κράζειν* Jacobs 10 *ψεύδεσθαι* **A** *ψεύσασθαι* **E** : corr. Schweighäuser 12 *δόξης* **AE** : *φιλοδοξίας* Kaibel

507 E *λέγει. 'πέπονθά τι πάθος πρὸς τὴν πολιτείαν, ὥσπερ ἂν εἰ ζωγράφος ἐβούλετο τὰ ἑαυτοῦ ἔργα κινούμενα καὶ ἐνεργὰ ἰδεῖν, οὕτω κἀγὼ τοὺς πολίτας οὓς διαγράφω.'*

## 5. De scriptis et discipulis Platonis. ATHENAEVS XI 117—118, p. 507 E—508 E.

XI 117 *Περὶ δὲ τῶν ἐν τοῖς διαλόγοις αὐτοῦ λελεγμένων τί ἂν καὶ λέγοι τις; ἡ μὲν γὰρ ψυχὴ ἡ διαπλαττομένη ἀθάνατος ὑπ' αὐτοῦ καὶ κατὰ τὴν ἀπόλυσιν χωριζομένη τοῦ σώματος παρὰ πρώτῳ εἴρηται Ὁμήρῳ. οὗτος γὰρ εἶπεν ὡς ἡ τοῦ Πατρόκλου ψυχὴ*

*Ἄιδοσθε καθῆλθεν*
*ὃν πότμον γοόωσα, λιποῦσ' ἀνδροτῆτα καὶ ἥβην.*

*εἰ δ' οὖν καὶ Πλάτωνος φήσειέν τις εἶναι τὸν λόγον, οὐχ ὁρῶ τίν' ἐσχήκαμεν*
F *ἀπ' αὐτοῦ ὠφέλειαν. ἐὰν γὰρ καὶ συγχωρήσῃ τις μεθίστασθαι τὰς τῶν τετελευτηκότων ψυχὰς εἰς ἄλλας φύσεις καὶ πρὸς τὸν μετεωρότερον καὶ καθαρώτερον τόπον, ἅτε κουφότητος μετεχούσας, τί πλέον ἡμῖν; ὧν γὰρ μήτ' ἀνάμνησίς ἐστιν οὗ ποτε ἦμεν μήτ' αἴσθησις, εἰ καὶ τὸ σύνολον ἦμεν, τίς χάρις ταύτης τῆς ἀθανασίας;*

508 *Οἱ δὲ συντεθέντες ὑπ' αὐτοῦ Νόμοι καὶ τούτων ἔτι πρότερον ἡ Πολιτεία τί πεποιήκασιν; καίτοι γε ἔδει καθάπερ τὸν Λυκοῦργον τοὺς Λακεδαιμονί-*

---

1 *Tim.* 19 B, sed longe aliter Plato 5 *Phaed.* 64 E *ἀπολύων . . . τὴν ψυχὴν ἀπὸ τῆς τοῦ σώματος κοινωνίας*, cfr 67 A 6 *Ὁμήρῳ*] Heraclit. *quaest. Homer.* c. 17 (Oelmann p. 26,5) *πάλιν οὖν ὁ πρὸς Ὅμηρον ἀχάριστος ἐν τῇ Πολιτείᾳ Πλάτων ἐλέγχεται διὰ τούτων τῶν ἐπῶν τὸ περὶ τῆς ψυχῆς δόγμα νοσφισάμενος ἀπ' αὐτοῦ* (varia afferuntur). *ταῦτα τοίνυν ὥσπερ ἐκ πηγῆς τῶν Ὁμηρικῶν ἐπῶν εἰς τοὺς ἰδίους διαλόγους ὁ Πλάτων μετήρδευσεν*, [Long.] *Περὶ ὕψους* 13,3 *Πλάτων ἀπὸ τοῦ Ὁμηρικοῦ νάματος εἰς αὐτὸν μυρίας παρατροπὰς ἀποχετευσάμενος* 9 *Il. Π* 856 *ψυχὴ δ' ἐκ ῥεθέων πταμένη Ἀιδόσδε βεβήκειν ὃν πότμον γοόωσα, λιποῦσα δροτῆτα* (sic Clemm-Wackernagel) *καὶ ἥβην* Theophil. episc. Antiochen. *ad Autolyc.* II, *PGM* 6,1120 B de immortalitate animae disserens hunc versum affert (*βέβηκε*) 11 *μεθίστασθαι*] *Axioch.* 372 *ἡ ἐκ τοῦδε τοῦ χωρίου μετασταθεῖσα ψυχή* 12 *μετεωρότερον*] *Phaed.* 109 DE *καθαρώτερον*] *Theaet.* 177 A *ἐκεῖνος μὲν ὁ τῶν κακῶν καθαρὸς τόπος* 17 *Λυκοῦργον*] cfr Joseph. *c. Apion.* II 225 Niese

4 *λελεγμένων* **A** om. **E** : *κεκλεμμένων* Kaibel 6 *πρώτῳ* **AE** : *προτέρῳ* Kaibel 9 *ἁδροτῆτα* **A** sec. Casaubonum 12 *καὶ* primum **AE** : *ἢ* Wilamowitz

*ους καὶ τὸν Σόλωνα τοὺς Ἀθηναίους καὶ τὸν Ζάλευκον τοὺς Θουρίους, καὶ* 508 A
*αὐτόν, εἴπερ ἦσαν χρήσιμοι, πεῖσαί τινας τῶν Ἑλλήνων αὐτοῖς χρήσασθαι.*
*'νόμος γάρ ἐστιν', ὥς φησιν Ἀριστοτέλης, 'λόγος ὡρισμένος καθ' ὁμολογίαν κοινὴν πόλεως, μηνύων πῶς δεῖ πράττειν ἕκαστα.' ὁ δὲ Πλάτων πῶς; οὐκ ἄτοπον τριῶν Ἀθηναίων γενομένων νομοθετῶν τῶν γε δὴ γνωριζομένων, Δράκοντος καὶ αὐτοῦ τοῦ Πλάτωνος καὶ Σόλωνος, τῶν μὲν τοῖς νόμοις ἐμμένειν τοὺς πολίτας, τῶν δὲ τοῦ Πλάτωνος καὶ προσκαταγελᾶν;* B
*ὁ δὲ αὐτὸς λόγος καὶ περὶ τῆς Πολιτείας· εἰ καὶ πασῶν ἐστιν αὕτη βελτίων, μὴ πείθοι δ' ἡμᾶς, τί πλέον; ἔοικεν οὖν ὁ Πλάτων οὐ τοῖς οὖσιν ἀνθρώποις γράψαι τοὺς νόμους, ἀλλὰ τοῖς ὑπ' αὐτοῦ διαπλαττομένοις, ὥστε καὶ ζητεῖσθαι τοὺς χρησομένους. ἐχρῆν οὖν ἃ πείσει λέγων, ταῦτα καὶ γράφειν καὶ μὴ ταὐτὰ ποιεῖν τοῖς εὐχομένοις, ἀλλὰ τοῖς τῶν ἐνδεχομένων ἀντεχομένοις.*
*Χωρὶς τοίνυν τούτων εἴ τις διεξίοι τοὺς Τιμαίους αὐτοῦ καὶ τοὺς Γοργίας* XI 118
*καὶ τοὺς ἄλλους δὲ τοὺς τοιούτους διαλόγους, ἐν οἷς καὶ περὶ τῶν ἐν τοῖς* C
*μαθήμασι διεξέρχεται καὶ περὶ τῶν κατὰ φύσιν καὶ περὶ πλειόνων ἄλλων, οὐδ' ὥς διὰ ταῦτα θαυμαστέος ἐστίν. ἔχει γάρ τις καὶ παρ' ἑτέρων ταῦτα λαβεῖν ἢ βέλτιον λεχθέντα ἢ μὴ χεῖρον. καὶ γὰρ Θεόπομπος ὁ Χῖος ἐν τῷ Κατὰ τῆς Πλάτωνος διατριβῆς 'τοὺς πολλούς, φησί, τῶν διαλόγων αὐτοῦ ἀχρείους καὶ ψευδεῖς ἄν τις εὕροι ἀλλοτρίους δὲ τοὺς πλείους, ὄντας ἐκ τῶν Ἀριστίππου διατριβῶν, ἐνίους δὲ κἀκ τῶν Ἀντισθένους, πολλοὺς* D
*δὲ κἀκ τῶν Βρύσωνος τοῦ Ἡρακλεώτου.'*

---

3 *Ἀριστοτέλης*] *Rhet. ad Alex.* 1420 a 25 *καὶ γὰρ ὁ νόμος ἐστὶν ὡς ἁπλῶς εἰπεῖν λόγος κτλ* 8 *Πολιτείας*] Joh. Chrys. *in Matth.* I 4, *PGM* LVII 18 *Πλάτων ὁ τὴν καταγέλαστον ἐκείνην πολιτείαν συνθείς* 10 *διαπλαττομένοις*] Luc. *Ver. hist.* II 17 *Πλάτων δὲ μόνος οὐ παρῆν, ἀλλ' ἐλέγετο καὶ αὐτὸς ἐν τῇ ἀναπλασθείσῃ ὑπ' αὐτοῦ πόλει οἰκεῖν χρώμενος τῇ πολιτείᾳ καὶ τοῖς νόμοις οἷς συνέγραψεν*, cfr *Icaromenipp.* 781, Liv. XXVI 22,14 *si qua sit sapientium civitas, quam docti fingunt magis quam norunt*, Greg. Naz. *contra Iul.* I 44, *PGM* XXXV 568 B *τούτους, οἳ καὶ λόγῳ πλάττουσιν πόλεις τὰς ἔργῳ συστῆναι μὴ δυναμένας καὶ τὰς σεμνὰς τυραννίδας μονονοὺ προσκυνοῦσι* 15 *μαθήμασι*] cfr e. g. Sext. Emp. *adv. math.* I p. 215 *διὰ τὴν πρὸς τοὺς περὶ Πλάτωνα καὶ Ἀριστοτέλη καὶ τοὺς ὁμοίους δυσμένειαν πολυμαθεῖς γεγονότας ... ὁ Ἐπίκουρος ... ἐγένετο τῶν μαθημάτων κατήγορος.* 17 *Θεόπομπος*] *Fr Gr Hist* F 259, *FHG* I 325 19 *ψευδεῖς*] Origenes *c. Cels.* II 12, *PGM* XI, 817 21 *Βρύσωνος*] Arist. *hist. an.* VI 5, Plut. *Romul.* 9, *FHG* II 27, Suidas *s. v. Θεόδωρος, Σωκράτης*, cfr eclogam Ephippi infra, Alex. Aphrod. *in Aristot. metaphys.* I 9, p. 566 a 30 Br.

5 *πῶς οὐκ ἄτοπος* **AE** : corr. Kaibel 6 *Δράκοντος καὶ Σόλωνος καὶ αὐτοῦ τοῦ Πλάτωνος* Meineke 7 *αὐτοῦ Πλάτωνος* **E** 8 *ἐστιν* **AE** : *εἴη* Meineke 11 *οὖν ἃ πείσει* Musurus : *οὐ ἄπεισι* **A** *οὖν οὐ εἰσο* **E** *λέγειν* **E** 16 *οὐδὲ διὰ ταῦτα* **E**

508 D Ἀλλὰ τὰ κατὰ τὸν ἄνθρωπον ἅπερ ἐπαγγέλλεται καὶ ἡμεῖς ζητοῦμεν ἐκ
τῶν ἐκείνου λόγων, [ὅπερ] οὐχ εὑρίσκομεν, ἀλλὰ συμπόσια μὲν καὶ λόγους
ὑπὲρ ἔρωτος εἰρημένους καὶ μάλα ἀπρεπεῖς, οὓς καταφρονῶν τῶν ἀναγνω-
σομένων συνέθηκεν, ὥσπερ καὶ οἱ πολλοὶ τῶν μαθητῶν αὐτοῦ τυραννικοί
τινες καὶ διάβολοι γενόμενοι.

XI 119 Εὐφραῖος μὲν γὰρ παρὰ Περδίκκᾳ τῷ βασιλεῖ διατρίβων ἐν Μακεδονίᾳ
E οὐχ ἧττον αὐτοῦ ἐβασίλευε, φαῦλος ὢν καὶ διάβολος, ὃς οὕτω ψυχρῶς συνέ-
ταξε τὴν ἑταιρίαν τοῦ βασιλέως ὥστε οὐκ ἐξῆν τοῦ συσσιτίου μετασχεῖν, εἰ
μή τις ἐπίσταιτο γεωμετρεῖν ἢ φιλοσοφεῖν. ὅθεν Φιλίππου τὴν ἀρχὴν παρα-
λαβόντος Παρμενίων αὐτὸν ἐν Ὠρεῷ λαβὼν ἀπέκτεινεν, ὥς φησι Καρύ-
στιος ἐν Ἱστορικοῖς Ὑπομνήμασι.

Καὶ Κάλλιππος δ' ὁ Ἀθηναῖος, μαθητὴς καὶ αὐτὸς Πλάτωνος, ἑταῖρος
F Δίωνος καὶ συμμαθητὴς γενόμενος καὶ συναποδημήσας αὐτῷ εἰς Συρακού-
σας, ὁρῶν ἤδη τὸν Δίωνα ἐξιδιοποιούμενον τὴν μοναρχίαν ἀποκτείνας αὐτὸν
καὶ αὐτὸς τυραννεῖν ἐπιχειρήσας ἀπεσφάγη.

Εὐαίων δὲ ὁ Λαμψακηνός, ὥς φησιν Εὐρύπυλος καὶ Δικαιοκλῆς ὁ
Κνίδιος ἐνενηκοστῷ καὶ πρώτῳ Διατριβῶν, ἔτι δὲ Δημοχάρης ὁ
ῥήτωρ ἐν τῷ ὑπὲρ Σοφοκλέους πρὸς Φίλωνα, δανείσας τῇ πατρίδι ἀργύριον
ἐπὶ ἐνεχύρῳ τῇ ἀκροπόλει [καὶ] ἀφυστερησάσης τυραννεῖν ἐβούλετο, ἕως
συνδραμόντες ἐπ' αὐτὸν οἱ Λαμψακηνοὶ καὶ τὰ χρήματα ἀποδόντες ἐξέβα-
λον.

509 A Τιμόλαος δ' ὁ Κυζικηνός, ὡς ὁ αὐτὸς Δημοχάρης φησίν, χρήματα
καὶ σῖτον ἐπιδοὺς τοῖς πολίταις καὶ διὰ ταῦτα πιστευθεὶς εἶναι χρηστὸς παρὰ

---

4 Plut. *adv. Colot.* 32 p. 1126 C Πλάτων δὲ τῶν ἑταίρων ἐξαπέστειλεν Ἀρκάσι μὲν Ἀριστώνυμον διακοσμήσοντα τὴν πολιτείαν, Ἠλείοις δὲ Φορμίωνα, Μενέδημον δὲ Πυρραίοις κτλ. 6 Εὐφραῖος] supra p. 506 E, Plat. *ep.* 5, Demosth. IX 59, Suidas *s. v.* ex Harpocr. 10 *FHG* IV 357 12 Κάλλιππος ... συναποδημήσας] Plut. *Dion.* 28 p. 970 C, 54 p. 981 E sqq, Diog. Laert. III 46, sed negat Plato, *ep.* VII 333 E 16 Εὐαίων] Diog. Laert. III 46 Δικαιοκλῆς] cfr Numen. *ap. Euseb. praep. ev.* XIV 731 C. 17 Δημοχάρης] *fr.* 1 Baiter-Sauppe 22 Τιμόλαος] *Acad. philos. index Herc. col.* VI 12, p. 35 Mekler, Diog. Laert III 46

2 [ὅπερ] Dobree 5 διάβολοι γεγόνασι **E** 6 εὐφρατος **AE** : corr. Casaubonus 7 ἐβασίλευε et ὃς del. Kaibel 8 ἑταίραν **A** : corr. **E** 15 ἀπεσφάγη **E** : ἐπεσφάγη **A** 16 Εὐάγων **AE** : corr. e Diog. Laert. 17 ἐν ἐνηκοστῷ **A** ἐν εἰκοστῷ malim cum Musuro 19 καὶ ἀποστερήσας **A** καὶ ἀφυστερήσας **E** : corr. Casaubonus [καὶ] Wilamowitz 22 Τιμόλαος scripsi Τίμαιος codd.

*τοῖς Κυζικηνοῖς, μικρὸν ἐπισχὼν χρόνον ἐπέθετο τῇ πολιτείᾳ δι' Ἀρριδαίου.* 509 A
*κριθεὶς δε καὶ ἁλοὺς καὶ ἀδοξήσας ἐν μὲν τῇ πόλει ἐπέμενε παλαιὸς καταγε-
γηρακώς, ἀτίμως δὲ καὶ ἀδόξως διαζῶν.*

*Τοιοῦτοι δ' εἰσὶ καὶ νῦν τῶν Ἀκαδημαϊκῶν τινες, ἀνοσίως καὶ ἀδόξως
βιοῦντες. χρημάτων γὰρ ἐξ ἀσεβείας καὶ παρὰ φύσιν κυριεύσαντες διὰ
γοητείαν νῦν εἰσιν περίβλεπτοι, ὥσπερ καὶ Χαίρων ὁ Πελληνεύς, ὃς οὐ* B
*μόνῳ Πλάτωνι ἐσχόλακεν ἀλλὰ καὶ Ξενοκράτει. καὶ οὗτος οὖν τῆς πατρί-
δος πικρῶς τυραννήσας οὐ μόνον τοὺς ἀρίστους τῶν πολιτῶν ἐξήλασεν ἀλλὰ
καὶ τοῖς τούτων δούλοις τὰ χρήματα τῶν δεσποτῶν χαρισάμενος καὶ τὰς
ἐκείνων γυναῖκας συνῴκισεν πρὸς γάμου κοινωνίαν, ταῦτ' ὠφεληθεὶς ἐκ
τῆς καλῆς Πολιτείας καὶ τῶν παρανόμων Νόμων.*

*Διὸ καὶ* Ἔ φ ι π π ο ς *ὁ κωμῳδιοποιὸς ἐν Ναυαγῷ Πλάτωνά τε αὐτὸν* XI 120
*καὶ τῶν γνωρίμων τινὰς κεκωμῴδηκεν ὡς καὶ ἐπ' ἀργυρίῳ συκοφαντοῦν-* C
*τας, ἐμφαίνων ὅτι καὶ πολυτελῶς ἠσκοῦντο καὶ ὅτι τῆς εὐμορφίας τῶν καθ'
ἡμᾶς ἀσελγῶν πλείονα πρόνοιαν ἐποιοῦντο· λέγει δ' οὕτως·*

*ἔπειτ' ἀναστὰς εὔστοχος νεανίας*
*τῶν ἐξ Ἀκαδημείας τις ὑπὸ Πλάτωνα καί*
*Βρυσωνοθρασυμαχειοληψικερμάτων,*
*πληγεὶς ἀνάγκῃ, ληψολιγομίσθῳ τέχνῃ*
*συνών τις, οὐκ ἄσκεπτα δυνάμενος λέγειν,* D
*εὖ μὲν μαχαίρᾳ ξύστ' ἔχων τριχώματα,*
*εὖ δ' ὑποκαθιεὶς ἄτομα πώγωνος βάθη,*
*εὖ δ' ἐν πεδίλῳ πόδα τιθεὶς ὑπὸ σφυρόν*

---

6 *Χαίρων*] *Acad. philos. ind. Herc. col.* XI 7, p. 29 Mekler  12 Ephippi *fr.* II 257 Kock

1 *Ἀριδαίου* codd. : correxi  2 *καὶ ἀδοξήσας* del. Wilamowitz  *παλαιὸς* **AE** fort. *πλούσιος* Kaibel  *καὶ γεγηρακώς* **AE** : corr. Kaibel  16 *ἐπεὶ καταστὰς* **A** : corr. Iacobs  17 *Ἀκαδημίας* codd. : *-εία* scribendum esse confirmat Alexis *fr.* 93  *ὑποπλατωνικῶν* Wilamowitz  18 *βρύσων ὁ θρασ.* **A** : corr. Meineke *-λιψικερμάτων* Bergk  19 *λιψιγομισθω* **A** : corr. Hemsterhius *ληψιλογομίσθῳ* Meineke  22 *ὑποκαθιεῖσα τομα* **A** : corr. Scaliger  23 *πόδα* Scaliger: *πολλὰ* **A**  *ξυρὸν* **A** : *σφυρόν* Casaubonus *ἐπισφύρων* (vel *περισφύρων*) *κνήμης* Kaibel

509 D δήσας ἱμάντας ἰσομέτροις ἑλίγμασιν,
ὄγκῳ τε χλανίδος εὖ τεθωρακισμένος,
σχῆμ' ἀξιόχρεων ἐπικαθεὶς βακτηρίᾳ,
ἀλλότριον, οὐκ οἰκεῖον, ὡς ἐμοὶ δοκεῖ,
E ἔλεξεν 'ἄνδρες τῆς 'Αθηναίων χθονός.'

---

1 *δήσας* **scripsi** : *κνήμης* **codd.** *ἱμάντας* **scripsi** : *ἱμάντων* **codd. sec. Kaibel** *ἱματίων* **codd. sec. Casaubonum**

# COMMENTARY

## 1. *The Soldiership of Socrates.*

*τοιοῦτοί εἰσι*] We find the same demagogic mode of expression 220 E *τούτοις γὰρ τοῖς ἀνδράσιν* and 509 A *τοιοῦτοι δ' εἰσὶ καὶ νῦν*. No doubt these phrases were directly culled from the famous speech of Demochares in the spring of 306. The words of Demochares may have run thus: *ἀλλ' οὔτ' ἐκ θύμβρας λόγχη, οὔτ' ἐκ τοιούτων λόγων ἀνὴρ ἀγαθὸς γίνεται.* V 55, 215 C

The distinguished dinner-guests have been discussing *φιλόδειπνοι βασιλεῖς* (211 A) and are just listening to a learned discourse on the Peripatetic Athenion and his political adventures at Athens,[1] and the Epicurean Lysias of Tarsus (215 B). Thus, these words are pronounced as a definite opinion upon the doings and dealings of these men and, at the same time, as a sort of transition to the next person dealt with, Socrates.

We meet the same subject-matter Ael. *Var. Hist.* VII 14. It is probable that this material was put together by Hermippus in his work entitled *Περὶ τῶν ἀπὸ φιλοσοφίας εἰς ἀριστείας καὶ δυναστείας μεθεστηκότων*. Aelian's *Var. hist.* III 17 *ἐπολιτεύσαντο οὖν καὶ φιλόσοφοι* has handed down to us another extract of a similar kind, beginning with Zaleucus and ending with Carneades and Critolaus (Herodicus' time). Primarily the question was raised in the dispute between the Epicurean Colotes and the contemporary Academic philosophers. In his answer *Πρὸς Κολώτην* Plutarch bears testimony to the fact that many of the old philosophers and their followers were good soldiers[2] and successful political leaders.

*τρεῖς στρατείας*] The tradition about Socrates' three military expeditions can be traced throughout the whole ancient literature. We can follow the theme in its different stages of evolution.

[1] Wilamowitz, Athenion u. Aristion, SbAkBerlin 1923, p. 39—50.

[2] *adv. Coloten* 1126 C, cfr 1117 E.

215 C I. Potidaea 432/31.

1) P l a t o mentions the matter in the following passages:
*Apol.* 28 E καὶ ἐν Ποτιδαίᾳ καὶ ἐν Ἀμφιπόλει καὶ ἐπὶ Δηλίῳ.
*Charm.* 153 A—D. Socrates returns from Potidaea, only this sole fact is recorded (παραγενόμενος), no details.
*Symp.* 219 E—220 E συνεσιτοῦμεν ἐκεῖ (at Potidaea), Alcibiades confesses that he was rescued by Socrates, it is he who really has deserved the meed of valour, the ἀριστεῖα.
Plato's version of Alcibiades' ἀριστεῖα is supported by Isocrates' Περὶ ζεύγους 29—30.

2) A n t i s t h e n e s has, it would seem (216 C κἂν), added, that Socrates won the ἀριστεῖα also in the battle of Delium. This has later been misinterpreted so as to imply that Socrates won the ἀριστεῖα o n l y in the battle of Delium. Further Antisthenes has added the story of how Socrates was warned in the battle by his δαιμόνιον, a favourite subject of Antisthenes. The romantic story in the first Socratic letter may thus be traced back to a dialogue by Antisthenes, probably the *Alcibiades*.[1] It is well known that the Socratic tradition contains several similar double versions, which as a rule can ultimately be traced back to the different treatment of the subject in Plato and Antisthenes. Diog. Laert. III 8 justifies the supposition that Aristoxenus has also contributed to a sort of literary embellishment of the story.

3) P l u t a r c h, in his account in the *Life of Alcibiades* ch. 7, has not added any new facts to Plato's version. It seems to me that Dittmar[2] has made too much fuss about the fact that Plato uses the word σύσκηνος instead of συνεσιτοῦμεν, and the addition that Socrates gave up the ἀριστεῖα, βουλόμενος αὔξεσθαι τὸ φιλότιμον ἐν τοῖς καλοῖς αὐτοῦ, is quite typical of Plutarch's ever-moralizing way of inventing motives. Of Dittmar's supposed »gelehrte Urvita» I can absolutely find no trace in Plutarch's account. The story of Socrates' con-

[1] Hirzel, *Der Dialog* I 125 thinks of the *Archelaos*, to which Köhler in her edition (Philol. Supplb. XX: 2, 1928) agrees, Dittmar more probably of the *Alcibiades*, (*Aeschines* p. 84).

[2] *Aeschines* p. 86.

duct at Delium is, in view of Plutarch's usual methods, an exceptionally true version of *Symp.* 221 BC. **215 C**

4) D i o g e n e s in his account II 23, agrees with Plato, but talking of Potidaea he adds from Thucydides I 61,1 *ἐστρατεύσατο διὰ θαλάσσης*.[1] Wilamowitz took this to be the remains of a polemic against somebody having alleged that Socrates took the way through Thessalia. Wilamowitz is hardly right, in fact he shows the compilator too great an honour. These authors go to their work with a few facts picked up from well-known sources, in this case Plato and Antisthenes mingled with the relation of Thucydides. The further development depends on what final end they have in mind, whether they want to use the material to make a belletristic work, a biographic compilation or a speech; there is the tradition and there is the design. The story of how Socrates was found standing, lost in thought, during a whole night, is quoted everywhere.[2]

5) When the subject is alluded to by other authors, the dominating trait is: Socrates frightens the enemies by his manly demeanour. So in
Aelian. *Var. hist.* VII 14
Themist. *or.* XXIII p. 298 A
Ael. Aristid. *or. Πρὸς Πλάτωνα* I 120, *Πρὸς Πλ. ὑπὲρ τῶν τεττάρων* p. 324
Libanius *decl. I apol. Socr.* V p. 87 Foerster, *decl. II de Socr. silentio*, V p. 139
Joh. Chrys. *ἑρμηνεία εἰς τὸν προφήτην Ἠσαΐαν* II 5, *PGM* LVI, 33

[1] Wilamowitz, Hermes 40 (1905) p. 146: »In der Sokratesvita des Diogenes II 23 steht eine seltsame Notiz *ἐστρατεύσατο διὰ θαλάσσης*. Dass kann nur Polemik gegen jemanden sein der ihn durch Thessalien gehen liess. Der Dialog *Sisyphos* führt wirklich den Sokrates in Pharsalos ein: man sieht nun, wie das mit der Sokratesvita ausgeglichen und diese Ausgleichung widerlegt wird. Dem Verfasser des *Sisyphos* tat man mit beiden zu grosser Ehre an.» Really too sophisticated.

[2] Gellius *Noct. Att.* II 1 exaggerates, *stare solitus*, and Strabo XV 1, 60 shows that the orientalizing influence of the time of Aristoxenus accounts for the spread of this story.

215 C II. Delium 424/23.

Herodicus means that, if Socrates took part at all in the battle of Delium, which he doubts, he fled *ἀσχημόνως* like all the other Athenians. But only on one point do all our sources agree: the Athenians ran away, but Socrates did not run away headlong, but in a cautious and dignified manner. The *ἀσχημόνως* of Herodicus is thus his private calumnia.

1) The assertion of Antisthenes-Aristoxenus[1] to the effect that Socrates won the *ἀριστεῖα* at Delium is repeated by Simplicius *ad cap.* 31 *Epicteti: καὶ μὲν γὰρ Σωκράτης ἐν τῇ ἐπὶ Δηλίῳ μάχῃ τὰ ἀριστεῖα ἔλαβε καὶ διὰ τῶν πολεμίων ἀναχωροῦντι μόνῳ φασιν οὐδεὶς ἐτόλμησεν ἐπελθεῖν πάντων τοῦ ἀνδρὸς καταπλαγέντων τὸ φρόνημα.* Thus it must have been known and spoken of somewhere in the anecdotical literature. I suppose Simplicius had his information from the *History of Philosophy* by Porphyrius; consequently its origin would be Aristoxenean.
2) Cicero *de div.* I 54 tells us, from Antipater according to his own statement, how Socrates is kept by his *δαιμόνιον* from taking the same road as the other citizens trying to save themselves by flight. These were killed, says Plutarch,[2] but Socrates, Alcibiades and Laches were rescued thanks to the warning of the *δαιμόνιον*. In novelistic form the same story recurs *Epist. Socr.* I 9 and the ultimate source is, as has been previously observed, Antisthenes.[3]
3) Exaggerated and interpreted *in malam partem* the same story is told by Lucian in *Ver. hist.* II 23 and *Paras.* c. 43; an indignant scholiast cries out in disgust at the malignant distortion *μὴ συκοφάντει, κατάρατε, οὐχ οὕτω ἀλλ' ἀριστεύων διετέλει,* which proves how well-known the story was. That Socrates fled straight from Delion to the palaestra, is an invention by Lucian, brought about by a commingling of the version of *Symposion* and that of *Laches*, quite similar to the conta-

[1] Diog. Laert. III 8, Hirzel, *Der Dialog* I 190.

[2] *De genio Socratis* 581 E, see Volquardsen, Das Daimonium des S. u. seine Interpreten, p. 41. It seems probable that Plutarch and Cicero used the same source viz. the *Περὶ Μαντικῆς* by Antipater of Tarsus, the Stoic philosopher and teacher of Panaetius.

[3] Hirzel, *Der Dialog* I 190.

mination discussed below, where Xenophon was introduced. **215 C**
This is another typical example of the work done by these story-tellers.

4) In Strabo IX 2,7 is added the story of how Socrates rescued Xenophon at Delion, recurring in Diog. Laert. II 23, *Ξενοφῶντα ἀφ' ἵππου πεσόντα*. That this is a simple addition, a new store added to the old house, is clearly shown by the verbal congruence in the other details: *πάντων φευγόντων Ἀθηναίων αὐτὸς ἀνεχώρησε*. Xenophon was the favourite of the Atticistic age; this explains the addition. Compare how in Plato's original version Socrates rescued Alcibiades at Potidaea — it is not mentioned exactly how he managed to do it. At Delium Alcibiades passes by on horseback, covering the retreat of Socrates and Laches. These are the two original elements in this late contamination. Xenophon himself talks of the defeat at Delium *Mem.* III 5,4, yet without mentioning himself or Socrates.

III. Amphipolis.

It is very significant that tradition in this case is very meagre. In Plato just one bare fact has been discovered. Later compilers probably found no parallel tradition from Antisthenes. Consequently later tradition knows no more than Plato: Diog. Laert. III 22, Lucian *Paras.* c. 43, Aelian. *Var. hist.* VII 14, Aristides *or. ὑπὲρ τ. τεττάρων* 324, Libanius *decl. I apol. Socr.* V p. 87 Foerster.

It is in my opinion a rather convincing argument, that this complex of tradition about the soldiership of Socrates as a whole is to be regarded as a rearrangement of the few primary sources we ourselves still possess, namely Plato (the pure facts), Thucydides (*οὐ πεζῇ, διὰ θαλάσσης*) and Isocrates (*πανοπλίαν*); the seemingly new features are pure inventions of a tendentious or novelistic kind.

I have gone into this matter at some length, because the treatment of this subject »Socrates the soldier» is very typical of the sort of literature we are dealing with in this book. So I am anxious at once to let the church be where all can see it, and so reduce the various versions to their real value. In this literature the fourth century sources are the most important ones — they are surveyed in the last chapter of this book — and hints and allusions in the

215 C works of Plato and his contemporaries have been carefully collected, studied, commented on and taken as a starting-point for various slanderous allegations.

215 E *παρενέχρωσε*] *παρεγχρώννυμι* is used only here, yet Kaibel's suggestion *παρεγκρούειν* is not better, as this word occurs nowhere. There are many verbs composed of *χρώζω* (later *χρώννυμι*), *χρῴζω* or *χροΐζω*, all implying »an easy touch», especially with reference to the surface of something. In this connection *παρενέχρωσε* is a very choice expression.

F *ὡς Ἡρόδικος*] belongs of course to the whole sentence and not to the protasis only.

216 B *κεκοινωνηκότι*] Authors of the Herodicean stamp always proceed in this manner: first they paint the devil on the wall, then they make a violent assault. Of course Plato has never alleged that Socrates won the *ἀριστεῖα* at Delium. On the contrary Alcibiades says 221 A, that he helped Socrates during the flight.

*Κρίτωνι*] Herodicus leaves out some important words: *εἰ μή ποτε στρατευσόμενος*. Schmidt remarks:[1] »Haec ultima verba utrum in suo exemplo non invenerit Herodicus, an memoriae deceptus neglexerit, altioris est indaginis.» This is really a far too benevolent comment; the words are of course consciously omitted.

## 2. *Anachronisms.*

V 56—59 In order to understand the anachronisms in Plato's dialogues we must know the contemporary point of view in this respect.[2]

Historical tradition was mainly oral[3] and vague. There was no distinction felt between history and myth. The famous orators did

[1] *De Herodico Crateteo* p. VII.

[2] See A. Roemer, Über den liter.-aestet. Bildungsstand d. att. Theaterpublikums, Abh. d. Bay. Ak. 22 (1901), München 1905.

[3] Thuc. I 20 *οἱ γὰρ ἄνθρωποι τὰς ἀκοὰς τῶν προγεγενημένων . . . δέχονται*, cfr Burckhardt III 428, or p. 640 in the abridged edition of 1934.

not hesitate to serve up the most astonishing stories.[1] Of course they often had a certain purpose, of course there was sometimes a vast ignorance of elementary chronological facts, but the important fact is that people did not generally feel this lack of knowledge. V 56—59

The anachronisms of Plato[2] are comparatively few and a matter of secondary importance, as it is not at all his purpose to write history. Where, as in the *Protagoras*, he has clearly committed a number of chronological errors, he has done so in order to create an interesting, artistic background for the discussion supposed to have taken place in the house of Callias. This house was by far the best possible meeting place, Socrates had to be described as a young man listening to the »wise» old sophists, Alcibiades and Critias could not easily be represented as partaking in such a conversation after the peace of Nicias; it must be before the war. In the *Parmenides* the whole mise-en-scène is so openly and purely imaginary that in this dialogue nobody would really think of chronological questions — none but our Herodicus.[3]

Herodicus certainly did his best to unmask Plato. And here is a summary of his chronological inquiries.[4]

| | | | |
|---|---|---|---|
| 432/31 | ol.87/1 | Pythodoros | 234 F. Potidaea *προτερεῖ τῆς ἐπὶ Δήλιον μάχης* 216 C. Probably Plato has thought of this year for his Protagoras. Kirchner, *Prosop. Att.* 12389. |
| 431/30 | 2 | Euthydemos | 217 A. Kirchner 5515. The war begins. |

[1] Examples from Isocrates, Wilamowitz Hermes 25 (1890) p. 181, Lysias VI 10 about Pericles; Andocides I 107 makes a muddle of the battles of Marathon and Salamis and the expeditions of Datis and Xerxes; Lycurgus *Leocr.* 70 makes a lot of mistakes — not to speak of the *γένος δικανικόν*.

[2] Treated by E. Zeller, Über Anachronismen in den platon. Gesprächen, Abh. Ak. Berlin 1873, p. 80.

[3] Casaubonus remarks mildly: riserit fortasse divinus Plato laboriosiorum hominum conatus ad tam subtilem trutinam fictiones ipsius exigentium. Schweigh. III 2, p. 239.

[4] These chapters are treated by V. Contareni, *Variarum lectionum liber*, Trajecti ad Rh., 1754, c. 13 *Plato in Protagora ab Athenaei calumnia vindicatus*; by Schweighäuser in his commentary and by Kroschel, *De temporibus rerum quae in Platonis Protagora habentur*, Erfurt 1859. Various later scholars have discussed details in this essay of Herodicus.

| | | | | |
|---|---|---|---|---|
| V 56—59 | 430/29 | 3 | Apollodoros | 217 A. Plato was born, 217 B. K. 1375. |
| | 429/28 | 4 | Epameinon | (This is the correct form, see Jac. Apollodor. 306, Zeller II 1$^4$, p. 390, 1; Epameinondas according to Diod. XII 46, *Πλάτων δὲ ἐπ' Ἀμεινίου γέγονεν* DL III 3, the *argumentum Eurip. Hippol.* has *Ἀμείνωνος*.) Pericles dies, 217 E. According to Neanthes Plato was born this year. Kirchner 4758. |
| | 428/27 | ol.88/1 | Diotimos | Not mentioned by Herodicus. According to the most trustworthy tradition (Apollodorus), Plato was born in the first half of the year 427. Kirchn. 4366. |
| | 427/26 | 2 | Eukleides | (or Eukles), not mentioned by Herodicus. Kirchner 5709. |
| | 426/25 | 3 | Euthydemos | (or Euthynos). Hipponicus under Nicias *πρὸς Ταναγραίους* 218 B, compare Thuc. III 91. Kirchner 5655. |
| | 425/24 | 4 | Stratokles | Not mentioned by Herodicus. Kirchner 12927. |
| | 424/23 | ol.89/1 | Isarchos | Amipsias produces the *Κόννος*, in which Protagoras is not mentioned *ἐν τῷ τῶν φροντιστῶν χορῷ*, 218 C. Delion, where Socrates rescues Alcibiades. Armistice, *αἱ ἐνιαύσιαι σπονδαί*, 218 C. *Ἐχεχειρία ἐνιαύσιος* Thuc. IV 117. Hipponicus killed at Delion, Andoc. *c. Alc.* 13. Kirchner 7685. |
| | 423/22 | 2 | Ameinias | 218 D. Kirchner 670. |
| | 422/21 | 3 | Alkaios | Amphipolis, 215 D, 218 DE. Hipponicus is killed shortly before, and Eupolis produces the *Κόλακες*, in which play Callias is said to have inherited his father, 218 B. Protagoras is in Athens for the second time, between Isarchus and Alcaeus, i. e. at least this year, 218 B. Peace for 50 years, Thuc. V 25, Iustin. III, 7,13. Kirchner 572. |

| | | | |
|---|---|---|---|
| 421/20 | 4 Aristion | The pancration-victory of Autolycus is celebrated by Callias[1], Xenophon's *Banquet*, Eupolis produces the *Αὐτόλυκος*, 216 D. Pherecrates produces his *Ἄγριοι*, 218 D, at the Lenaea 420. Thuc. V 35, *ἐπιμειξίαι*. Kirchner 1732. | **V 56—59** |
| 420/19 ol.90/1 | Astyphilos | 218 DE. Plato's dialogue *Protagoras* is supposed to have taken place, if we take into consideration the production of the *Ἄγριοι*, 218 CD. At this time it was possible for Hippias to stay in Athens, 218 C, as the city had entered into an alliance with the Eleans, Thuc. V 47. Kirchner 2661. | |
| 419/18 | 2 Archias<br>3 Antiphon | Not mentioned by Herodicus.<br>Kirchner 2445, 1277. | |
| 417/16 | 4 Euphemos | 217 A. Agathon's victory, Plato's *Banquet*, Plato 14 years old, 216 F, compare Diod. XII 81. Kirchner 6034. | |

*ἴσως μηδὲ γεννηθέντα*] Unfortunately, this passage has played an important part in the discussion of Xenophon's birth-year. *Anab.* III 1,25 *ἀκμάζειν ἡγοῦμαι* does not say much, III 2,37 is only a comparison with the *πρεσβύτατοι στρατηγοί*; it is to be observed that the Greek language has no proper word for »middle-aged» besides *ἀκμάζειν*. III 4,42, too, has only relative importance. To take VI 4,25 and VII 3,46 as an argument that Xenophon was himself only 30 years old, is obviously not correct; he chooses the young, strong warriors for especially dangerous expeditions, but there is no word of his own age. The statement that he was rescued at Delium, on which fact Diogenes Laertius apparently based his *ἀκμή*, is, as has been shown above, a late addition. The fact that he died about 355 at an advanced age, 90 years old according to ps.-Lucian. *Μακρόβιοι*, proves that he was born in the year 440 or so, which **216 D**

[1] According to Xen. *Conv.* I 2 Autolycus won this victory at the Great Panathenaea, which were celebrated in the first month every third year of the Olympiad: this festival, then, ought to have taken place the preceding year. Cfr Hermann, *De tempore convivii Xenophontei*, P. Gött. 1844, p. 3, n. 2.

tallies very well with the passages in the *Anabasis*, where his ἀκμή is mentioned.

Herodicus' statement is as usual partly true — Xenophon could not have been more than about 17 years old at the time at which he supposed his banquet to have taken place; but there are other more important reasons to assume that his παραγενόμενος is pure fiction.[1]

**216 E** πάλιν ὁ Ξεν.] Xenophon always uses a particle, as in *Cyrip.* III 1,18. Aristotle has both πάλιν δέ (e. g. *Rep.* IV 3,12, 1291 a 14) and πάλιν καί (*de part. an.* III 1, 662 a 12, cfr 656 b 18). Later on πάλιν was used, just as we in the writings of Xenophon see ἐνταῦθα and ἐντεῦθεν without particles, especially so by Plutarch (e. g. *de aud. poetis* 33 A, 54 E, *de vit. pud.* 533 B).

Παυσανίας] In Plato's *Banquet* it is Phaedrus who speaks about στρατόπεδον ἐραστῶν τε καὶ παιδικῶν 178 E, in Xenophon's record it is Pausanias, quoted by Socrates. But in Plato also Pausanias touches upon the same subject with exactly the same examples, Thebes and Elis, 182 A. As to the subject-matter there is no difference at all between the two versions. Xenophon, whose work I regard as of later date, has simplified the story. Joel assumes on good reasons that Antisthenes[2] is the source of both narrations, and the testimonia show that it is a very popular subject. It is unnecessary to point out that the Sacred Band of Pelopidas[3] increased the popularity of this theme.

**217 A** τερατῶδες] repeated from 215 F, cfr 221 A. This word and τερατεία are very commonly used in a bad sense of philosophers.

**A B** λῆρός ἐστι τὸ Συμπόσιον] Also Aristides in the extract below uses the word ληρεῖν. I have inserted this passage from Aristides here, although I do not think that Aristides has preserved throughout the original wording of Herodicus. Yet is seems to me quite evident that the primary source of these chronological remarks on the *Sym-*

[1] See G. Rudberg, *Sokrates bei Xenophon*, Uppsala Univ. Årsskrift 1939: 2, p. 13.

[2] See the sound judgement of Geffcken, *Griech. Lit.-Gesch.* II 99 with note 64, and the literature in Christ-Schmid $\mathrm{I}^6$ 512, n. 8.

[3] ἱερὸς λόχος, Plutarch. *Pelop.* c. 19.

*posion* and the *Menexenus* (inserted below 218 E) must be the treatise of Herodicus. In both extracts we can recognize his malignant accents: (*Symposion*) εἰ μὴ ἄρα ἐν τῷ 'Ηλυσίῳ πεδίῳ[1] τὸ συμπόσιον συνεκροτεῖτο[2], (*Menexenus*) οὐδ' ἂν τὸ δαιμόνιον προύλεγεν αὐτῷ περὶ τῶν τοιούτων.

As to the chronology of the *Menexenus* and the *Symposion* I refer to Praechter's *Die Philosophie des Altertums*[12], p. 201—202, where the suggestion of Wilamowitz regarding the διοικισμός, *Platon* II[2] 177, is discussed and other literature recorded. Herodicus' observation is in this case quite correct. The διοικισμὸς 'Αρκάδων took place in 385/4; before this year Plato cannot have finished the *Symposion*. **Ael. Aristides II 371**

If Herodicus' essay was not the source of Aristides, where then did he get his chronological data? If these archonts were mentioned by Xenophon, whose works are freely used by Aristides, he could have collected his material there. As this is not the case, Haas[3] suggests that Aristides took over the chronological data from the 'Ατθίς by Androtion and then composed these chronological remarks himself. This is, however, not very likely. There is perhaps a quotation from Androtion's work in Aristides II 311, but as already Siebel has pointed out, there is probably something wrong about the name: this is presumably a passage from the 'Ατθίς by Andron.[4] Further it seems to me rather incredible that Aristides, who is always very dependent on his sources and whose own contributions are as a rule limited to rhetorical outbursts and declamations, should be the author of these weighty notes, so rich of information.

In my opinion, Aristides has taken over these remarks, originating in the essay of Herodicus, from some contemporary compilation; perhaps he drew upon some scholia to Plato's dialogues. His own additional rhetoric is manifest in the concluding remarks ποῦ σύ τοῦτ' ἐτήρησας κτλ.

[1] Cfr Lucian. *Ver. hist.* II 17.

[2] Herodicus uses this word also 182 A συγκεκρότηται τὰ σώφρονα συμπόσια, although this is no decisive argument.

[3] A. Haas, *Quibus fontibus Ael. Aristides in componenda decl. quae inscr.* Πρὸς Πλάτωνα ὑπὲρ τῶν τεττάρων *usus sit.* D. Greifswald 1884, p. 33.

[4] See *FHG* I 375 and Wellmann *RE* I 2160.

**217 C** *ἀκαιρίμαν*] It is obvious that Strabo (*τὸ πλῆθος τῶν συγγραφέων τῶν ταὐτὰ θρυλούντων* I 2, 14) and Lucian (*ἐπὶ τῷ ἀριθμῷ τῶν βιβλίων σεμνυνόμενοι hist. conscr.* 32) used the same anthology.

*ἀκαίρως*] It is true that Alcidamas wrote *περὶ τῶν τοὺς γραπτοὺς λόγους γραφόντων*. But *ἄγραφος* in the meaning of »ex tempore, from memory» is very late (Procl. *in Parm.* p. 553 S.) On the contrary the reading *ἀκαίρως* gives the whole phrase it meaning: Herodicus wants to lay stress on the fact that Plato's chronological errors were no mere blunders. Moreover the rhetorical point in *ἀκαιρίμαν — ἀκαίρως* is lost, if we read *ἀγράφως*. For the rest the text is in good order, and I cannot see that Kaibel is right when he as usual suspects his pretended epitomist for having shortened and spoilt the text.

*ῥητῶς*] Of course it is Herodicus who links these two quite disparate passages together.

**E** *'Επαμείνωνος ἐφ' οὗ*] Archelaus succeeded his father Perdiccas in 413[1] and was murdered in 399, whilst Pericles died in 429. Something, therefore, must have fallen out after *'Επαμείνωνος*. Casaubon's suggestion is not good. I should prefer something like this: *⟨ἀφ' οὗ ἑκκαιδέκατός ἐστιν ἄρχων Κλείταρχος⟩ ἐφ' οὗ*. The lacuna might perhaps be explained by the homoearchon *ἀφ' οὗ — ἐφ' οὗ*. Yet it is rather uncertain if Herodicus has mentioned exactly this archon.

**F** *διαψηφισμός*] More details in Xen. *Mem.* I 1, 18, *Hell.* I 7,15 and 25, *Axioch.* 368 E. The material is used in the Peripatetic biographic literature: Diog. Laert. II 24, Ael. *Var. hist.* III 17 and by Libanius, see Markowski, *De Libanio Socratis defensore*, Breslauer Phil. Abh. 40 (1910) p. 69 with further references.

Somebody has afterwards added a few words in defence of Socrates[2]: *τοῦτο* (typical addition!) *ὁ Σωκράτης . . . πάντα ποιήσειν*. It is incredible that Athenaeus himself should have been able to insert this, as it does not agree with the general tendency of his work,

[1] See Gutschmid, *Kl. Schriften* IV 138.

[2] This, I suppose, is the reason why C. F. Wegener, *De aula Attalica*, Hauniae 1836, p. 156 presents Herodicus as »defensor Socratis».

neither do we recognize his particularly affected and ornate language. I suppose the words were added by Phavorinus, as will be shown at some length in the sequel.

*ἐν τῷ Πρωταγόρᾳ*] *συμπαρεῖναι* with the dative only, in the meaning »come to help», Xen. *Hell.* IV 6, 1, *alias.* 218 C

*τοῦ 'Ἐλαφηβολιῶνος*] I have not found another example of the name of a month with the article unless *μηνός* is added.

The armistice was concluded *ἅμα ἦρι* 423, Thuc. IV 117, and came into force at once, IV 118, probably in the month of *'Ἐλαφηβολιῶν* (April).

*ὁ δὲ τὸν διάλογον*] The text is corrupt. Plato speaks of the Eleans coming to Athens in the company of Protagoras, and this was impossible unless the one-year armistice was in force, says Herodicus, i. e. 423. If Plato then assigned (*ὑφίσταται*) his dialogue to this year, which, according to Herodicus, he must have done if he could have an Elean staying in Athens, his statement *πέρυσι* is false, because the *Ἄγριοι* were produced in 420. If, on the other hand, we accept *πέρυσι*, well, then we have to read *οὐχ ὑφίσταται τὸν διάλογον γενόμενον* (viz. at the time of the armistice). To understand the words *παρὰ τὴν ἱστορίαν* it is necessary to substitute a negative. D

Herodicus' argumentation is however erroneous. The Eleans did not, as a matter of fact, take part in the 50 years' peace, but the state of war was probably only a formality, and according to Thucydides V 35 *ἐπιμειξίαι ἦσαν τοῖς 'Ἀθηναίοις καὶ Πελοποννησίοις* even before the Eleans concluded the 100 years' treaty with Athens in 419, Thuc. V 47. All references except this allusion to the *Ἄγριοι*, show that Plato was thinking of the years immediately before the Peloponnesian war. Protagoras' first visit to Athens was in the year 444/3, when Pericles asked him to write a constitution for the city of Thurii, Diog. Laert. IX 50.

*μή*] may be explained as hypothetic = *εἰ μὴ ἔμενεν ἡ ἐχεχειρία, πολέμιαι ἂν ἦσαν* (Kühner-Gerth II: 2, p. 201, n. 3), but we find *μὴ συμφωνῶν* 218 E and *μὴ διακρίνας* 217 C. The negative force of *μή* was felt stronger and the use of it increases already in Hellenistic Greek. E

Ael. Aristides II 370 The *Menexenus*, it will be remembered, is a parody of the annual funeral orations in Athens, in which, as Socrates remarks 234 C *καὶ τὰ προσόντα καὶ τὰ μὴ περὶ ἑκάστου ἔλεγον*. Chronological facts are consciously quite neglected; Aspasia and Socrates discuss the happenings of the year 387. Historical events are manifestly distorted and misinterpreted.[1]

The »great»[2] battle of Corinth was fought in the summer of 394, the year of Eubulides according to Diod. XIV 85. The »battle» of Lechaeon, the port of Corinth, which ended in a total defeat for the Athenians and their allies, took place in spring 391. But Plato only speaks of the »treachery» of Lechaeon; he probably thought of the events told by Xenophon *Hell.* IV 4,7 ff., when Praxitas defeated the Athenians. Thus Herodicus is quite right when he assigns these events to the year 394—93, when Eubulides was archon. Including Laches, archon 400/399, Eubulides is the seventh archon, and including Eubulides, archon 394/93, Theodotus is the eighth archon. In this year, 387/86, the peace of Antalcidas was concluded. The *Menexenus* is of course written some time later.

### 3. *The pretended jealousy between Plato and Xenophon.*

One of the learned dinner-guests has asked for a larger goblet, and after some erudite remarks on the word *κρατήρ* Pontianus quotes a speech by Socrates from Xenophon's *Banquet*, ch. II 24—27, telling how Philippus, after having finished an ample dessert asks for a *μεγάλη φιάλη* (this word has previously been discussed Ath. p. 504), whilst Socrates advises him rather to drink several small cups of wine. The chain of association is the usual one in Athenaeus, i. e. a mechanical arrangement of loosely connected catch-words and quotations: 1) different kinds of wine-cups, 2) *φιάλη*, 3) the passage from Xenophon, 4) the *ζηλοτυπία*.

504 E *τοῦ καλοῦ Ξενοφῶντος*] Here is a sure sign of Athenaeus' workmanship. Even Herodotus and Thucydides use *λαμπρός* of persons, but of course in the form *ἀνὴρ ἐὼν λαμπρότατος* (VII 154) or *λαμπροτάτους γενομένους* (I 138). In Plato the type *Ἱππίας ὁ*

[1] See Wendland, *Die Tendenz des Platonischen Menexenus*, Hermes 25 (1890), p. 183.
[2] Demosth. *Lept.* 52.

σοφός and Ἰσοκράτης ὁ καλός is very common. In the first century **504 E**
A. D. the method of sandwiching the adjective begins, simply in order to add colour to the style, and we get these vile ὁ χαρίεις Ἀγάθων, ὁ ἱερώτατος Ἱπποκράτης, ὁ μελιχρὸς Ἀναχρέων, ὁ γραμματικώτατος Ἀρίσταρχος, ὁ μουσικώτατος Ξενοφῶν and so on. From this use was developed the manner of referring to a well-known writer or philosopher as ὁ θεῖος (Homer), ὁ σοφός (Plato), cfr 507 A, a mark of honour nowadays reserved chiefly for film-stars.

ζηλοτυπία] The story of Plato's and Xenophon's jealousy is a product of the peripatetic biography[1] deficient of real back-ground. Of course they were quite different sort of men, but probably they did not even meet, certainly not after the expedition to Asia. The following points of concordance or discordance are usually referred to.

1) They both wrote Symposia and Apologies. There is of course, as Rudberg[2] has shown, a slight trace of controversy in these writings. It is by the way rather surprising that Herodicus did not make use of the passage in the *Protagoras* 347 CD, interpreting it as a criticism of Xenophon. The fact that Xenophon's *Banquet* was written after the *Protagoras* would surely not have hindered him.
2) In the case of the στράτευμα ἐραστῶν Xen. VIII 32 and Plato 178 E and 182 A there is no difference of matter, as has been shown previously, only the parts are distributed in a different way.
3) They have different views on Ἀφροδίτη οὐράνια and πάνδημος (Xen. VIII 9), as Gellius XV 2 = Macrob. II 8 point out[3], but there is no polemic.
4) In the *Phaedo* Plato does not include Xenophon among those present — but how could Xenophon have been present? From Asia he did not at all return to Athens. Xenophon is, as a matter of fact, not at all mentioned by Plato; the scholiast who comments on *Alc.* I 123[4] is wrong. Xenophon did not go παρὰ

[1] A. Boeckh. *De simultate quae inter Platonem et Xenophontem intercessisse fertur*, Berlin 1811, also in *Kl. Schr.* IV 1—34, Berlin 1874. Other literature in Geffcken *Griech. Lit.-Gesch.* II, Anmerkungen p. 7 n. 38.

[2] G. Rudberg, *De tempore Conuiuii Xenophontei adnotatiunculae*, Strena philol. Upsaliensis, Upsala 1922.

[3] Cfr Lucian. *Fugitiv.* c. 18, Epictet. *sent.* 53.

[4] Περὶ ἀνδρὸς ἀξιοπίστου] περὶ Ξενοφῶντός φασι λέγειν αὐτόν· οὗτος ἐν τῇ Ἀναβάσει ἱστόρησε τὰ Περσῶν, Κύρῳ συνανελθὼν ἐπὶ τὸν ἀδελφὸν Ἀρτοξέρξην.

**504 E** *βασιλέα*. Plato is just mentioned once by Xenophon, *Mem.* III 6,1.

5) The story of the controversy regarding Cyrus arises from a misinterpretation of the words *ἧφθαι παιδείας*. The meaning will be quite clear, if we compare *Leg.* 967 *τῶν τοιούτων ἅπτεσθαι*, occupy oneself with, cleave to, be sincerely interested in something. The point of the discussion in *Leg.* 694 is this: »Cyrus was not at all interested in giving his children a good education. So the Persian realm lost all its splendour during the reign of the cruel and uneducated Cambyses.» There is not a word about the education of Cyrus, the main subject of Xenophon's writing.[1]

6) Plato is far from praising (*ἐγκώμια*) Menon, on the contrary he gives us the picture of a vain and conceited young man; Xenophon presents us with a bold exaggeration of the same character, certainly not without a personal note of disgust at this type of man. In the *Life of Thucydides* by Marcellinus the motif of jealousy is freely used: Herodotus, Timaeus, Philistus are censured and *Ξενοφῶν δὲ Μένωνι λοιδορεῖται τῷ Πλάτωνος ἑταίρῳ διὰ τὸν πρὸς Πλάτωνα ζῆλον.*

The whole story of this *ζηλοτυπία* is a typical literary invention[2] based on misinterpretations and half-truths, grouped around a kernel of truth and supported by a series of disconnected quotations, which are sometimes even touched up to be made more convincing.

*ἐκβάλλει — εἰσάγει*] The comparison is as usual badly distorted. The customs prevailing at the symposia were a very popular theme[3], and the starting-point was regularly the writings of Xenophon and Plato, especially the *Laws*. Thus we find an extract in Gellius XV 2 = *Leg.* 648 B, 649 B, 671 B, plagiarized by Macrobius II 8,4, and a piece of the Greek version in Athen. 186 B.

**F** *Περὶ ψυχῆς*] Cfr 506 B *Περὶ ἀνδρείας*. The prevalent opinion is that the double titles of the Platonic dialogues were introduced by

[1] See H. Raeder, *Platons philos. Entwicklung*, 1905, p. 196, Wilamowitz, *Platon* II 181, and summing up Praechter p. 207.

[2] Notice the word *τεκμαιρομένοις ἡμῖν* 504 E. It is notorious that the Socratics often wrote on the same themes and topics (*ὑποθέσεων* 504 E).

[3] See J. Martin, *Symposion*, Die Geschichte einer literarischen Form, Paderborn 1931 (Studien-Drerup XVII: 1).

the Alexandrinian *πινακογράφοι*, Schmid-Stählin I$^6$ 1, p. 643 n. 10. **504 F**
The oldest references to the *Περὶ ψυχῆς* are found in *Ep. Plat. 13*, 363 A, and Callimachus *ep.* 23.[1]

*παρατυχόντων*] Xenophon could not have returned from his sacking of Asiatides, *Anab.* VII 8,23, and in his description of the death of Socrates *Mem.* IV 8,4 he does not pretend that he was present himself. The *παραγενόμενος* in the *Conv.* I 1 is a sort of guarantee of authenticity, *σφραγίς*, which has often become a pure literary cliché.[2]

*ὁ μὲν Ξενοφῶν — ὁ δὲ Πλάτων*] Something is wrong in the text
of Athenaeus. If we read *Ξενοφῶν — διηγησαμένου — ὁ καλὸς* **505 AB**
*Πλάτων*, we must presume 1) a very bad anacoluthon, but in spite of the fact that Athenaeus is often extremely careless in excerpting his sources, I dare not assume such a gross error, 2) a textual defect. Kaibel explains the fault by his well-known theory that our Athenaeus is a badly epitomized edition of the original work of Athenaeus in 30 books.

Elsewhere[3] I have tried to show the shortcomings of this theory and a renewed study of the question has made me more and more convinced that Kaibel was wrong. Our Athenaeus is the original *ὑπόμνημα* of Athenaeus, and his work is essentially a series of loosely connected extracts from different authors. In copying his authors Athenaeus is very capricious; it is easy to prove that he has sometimes shortened his sources rather carelessly, but we must accept his text mainly in the form in which it is handed down to us. Kaibel and all those who take his theory for granted, always, as soon as they miss something in the text, have recourse to pretended lacunae; it cannot, of course, be disputed that there a r e lacunae but these are as a rule a consequence of the carelessness of Athenaeus himself or the copyists. Many of the so-called lacunae based on Kaibel's theory of the epitomized edition are, I am afraid, often nothing but unfruitful conjectures.

[1] See E. Nachmanson, *Der griech. Buchtitel*, Göteborgs Högskolas Årsskrift XLVII 1941: 19, p. 11.

[2] See G. Rudberg, *Sokrates bei Xenophon* (cited above p. 50) p. 11.

[3] *De Athenaei Dipnosophistarum indole atque dispositione*, Apophoreta Lundström, Göteborg 1936. The first books are, as will be remembered, handed down to us only in the late epitome.

It may be observed here that the manuscript **E** is an epitome of a better and older MSS than **A**; it is therefore reasonable to consider its readings, but we must always suspect intentional corrections.

The whole sentence in 505 AB is written in what we call hypomnematic style: look at the expression *προδοσίαν, ὅτι*, the double asyndetic *ὡς*. Further there are some signs pointing to abbreviations having been made by the hand of Athenaeus, viz. the quotation from Stesichorus, introduced by the words *ὁ καλὸς Πλάτων*, and the word *μονονουχί*, which we find in various passages by Athenaeus' own hand, e. g. 224 B and 19 B. It is possible that the anacoluthon arose in the course of this abbreviation, when from the *ὁ μὲν — ὁ δὲ* construction Athenaeus slipped to the absolute genitive, but I have preferred a slight correction of the text. The *φαίνεται* of **E** seems too good to be true.

**505 B** *χαλεπός, ἀσελγής*] do not at all tally with the description of Xenophon. Typical calumnia.

*ὁ . . . κακολογήσας*] the same expression 505 C *ὁ . . . εἰπών*.

**B C** *πρὸ γὰρ αὐτοῦ*] is a highly controversial point. In my opinion Athenaeus cannot have used the original work of Herodicus. I find it very probable that the extracts from Herodicus were made by Phavorinus (the time of Trajan and Hadrian) in his great compilation *Παντοδαπὴ ἱστορία*[1] and Phavorinus' book was to some extent used by Athenaeus. We can unmistakably trace Phavorinus in four passages here.

a) 218 A. Somebody must have added this defence of Socrates to the work of Herodicus. I have already before pointed out that it is incredible that Athenaeus did this himself. It is not in accordance either with his style or with his general interests. Upon the whole, Athenaeus has mostly been overrated. He is just an ordinary compiler and his sources are, generally speaking, not original works of older times but other compilations from the first century A. D. or later with one, likewise general exception: his interest in piquant

[1] There has been much discussion around Phavorinus. The chief contributions (Rudolph, Bapp, Nietzsche, Usener, Gabrielsson) and other literature together with a summary of the different problems by Wentzel *RE* VI 2078 (1907).

details, curiosities and *παράδοξα*, which is the signature of his mode **505 BC**
of making his excerpts, has also led him to studies of his own in certain minor Hellenistic authors, such as Hegesander[1], but — and I wish to lay stress on this as very important for everybody who seeks information in Athenaeus — it is extremely seldom that he makes any addition of his own.

Thus 218 A is an addition made by someone interested in the history of philosophy and initiated in the literature in question. That is all we can say with certainty here.

b) 505 A. The verbal conformity in some parts of this passage and Gellius XIV 3 cannot be accidental. As Maass and after him Rudolph[2] have shown, Phavorinus is the source of Gellius, and this seems to be generally accepted. It seems probable, though still not quite certain, that Athenaeus too copied Phavorinus.

c) 506 C. *ὁ γὰρ δεύτερος — Νικαιεύς* clearly proves itself a later addition and Diogenes III 62 gives us definitely the name — Phavorinus. Moreover it has been handed down as a quotation from the very little known biographer Nicias. We find the same type of addition in Athen. 162 E = Diog. Laert. VII 36.

d) 504 BC = Diog. Laert. III 48 is the final and convincing proof. It is evidently an addition made by a learned polyhistor, interested in *εὑρήματα* and everything thus points to Phavorinus. As it is extremely improbable from what I have said above and from all we know about Athenaeus' methods and character, that he himself made these four important additions, the only possible conclusion is: Phavorinus made the excerpts from Herodicus (perhaps we may go one step further, as I am going to show below) and Athenaeus transcribed him, either his *Παντοδαπὴ ἱστορία*, which seems more likely, or his *'Απομνημονεύματα*.

*Νικίας ὁ Νικαιεύς*] There are no conclusive arguments as to the **505 C**
age of this author, but R. Philipson, *RE* Suppl. VII 569 (1940), is certainly wrong. Sotion is the well-known biographer, whose *ἀκμή* lies between 200 and 170 B. C.[3], not Seneca's teacher. Athenaeus,

[1] See Hackmann, *De Athenaeo Naucratita*, D. Berlin 1912, and other literature in my above-mentioned paper *De Athenaei indole*.

[2] Maass, Phil. Unter. III 77, Rudolph, Philol. Suppl.-bd VI (1891) p. 122.

[3] Good summing-up by J. Stenzel *RE* II. Reihe, III: 1 p. 1235 (1927).

i. e. his source, probably Phavorinus, apparently knew the *διαδοχή* of Sotion only through Nicias.[1] And, as I have shown, this passage does not belong to Herodicus; it is, therefore, of no use to us if we can fix the time of the last-mentioned author at about 145 B. C. Nicias remains a riddle.[2]

**505 C** *μιμητικὴ ποίησις*] A *locus conclamatus* in the discussion of the notion of *μίμησις*. The literature is recorded by A. Gudemann, *Aristoteles' Poetik*, 1934, p. 80 and 87. I shall summarize some important points — although I am afraid I am not possessed of Ithuriel's spear.

a) The text is in good order. The fragment from Aristotle's *Περὶ ποιητῶν* has innumerable times been stretched on the bed of Procrustes. For my part and in accordance with Castelvetro[3] and Bernays,[4] I urge that nothing should be altered in the text handed down. *οὔκουν* is absurd, moreover it is mostly followed by *γε* in the Attic.[5] *μὴ φῶμεν* is the same deliberative subjunctive as in Plato in similar cases, e. g. *Phileb.* 35 E. Outside the dialogues we never find this form of question in Aristotle. As soon as we realize that we have to deal with a detached quotation from a d i a l o g u e, where the notion of the word *μίμησις* was discussed at some length, the text is clear and fully intelligible. The mimes of Sophron and

[1] Wilamowitz, *Antigonos* p. 32 and Susemihl I 505. The same is true of Sosicrates, 163 F = Diog. Laert. VI 13 and 422 E = Diog. Laert. VI 90.

[2] Usener in his paper *Die Unterlage des Laertios Diogenes*, SbAkBerl. 1892, comes to the conclusion that Nicias work was finished »gegend Ende der Neronischen Zeit». This would help to explain why Phavorinus had a predilection for this work. But one might as well vindicate the reverse, that is to say that we know Nicias only through Sotion, and as a matter of fact I find this more probable.

[3] Castelvetro, *Poetica d'Aristotele vulgarizzata e sposta*, Basel 1576, p. 20, only adds a mark of interrogation after *μιμήσεις*.

[4] J. Bernays, *Grundzüge der verlor. Abh. des Aristoteles über Wirkung der Tragödie*, Abh. d. hist.-philos. Ges. in Breslau I 1857, p. 187. »Sollen wir demnach leugnen, dass die nicht einmal metrischen, aber schon durch ihren Namen als Nachahmungen auftretenden Werke des Sophron oder die Dialoge des Alexamenos von Teos, die ersten sokratischen welche geschrieben wurden, Prosa und dennoch Nachahmungen (consequently poetical works, i. e. in the sense of the word that has been the subject of discourse in this dialogue) seien.» Cfr Plat. *Rep.* 606 E *ἐν μιμήσει κωμῳδικῇ ἢ καὶ ἰδίᾳ* (prose, as 366 E *ἴδιοι λόγοι*).

[5] Denniston, *The Greek Particles* 422.

the Socratic dialogues belong to an *εἶδος*,[1] for which a general name **505 C**
was lacking. »Socratic« in this context denotes the *εἶδος* of the dialogues, i. e. their literary type, and does not allude to the subject-matter or imply that the author was one of the disciples of Socrates. In this sense one may justly say that Sophron's mimes and the Socratic dialogues are both *λόγοι* and *μιμήσεις*.[2] Plato's dialogues are *μεταξὺ ποιήματος καὶ πεζοῦ λόγου*, Diog. Laert. IV 38 from Aristoteles.

Jahn objects in his discussion of the passage[3] that it should not be doubtful whether we have a right to accept Sophron's mimes as *μιμήσεις* or not. Jahn, who reads the passage *οὔκουν οὐδὲ ἐμμέτρους τοὺς καλουμένους Σωκράτους μίμους μὴ φῶμεν εἶναι λόγους ἢ μὴ*[4] *μιμήσεις τοὺς Ἀλεξαμενοῦ*, seems entirely to have overlooked its character as part of a dialogue, in which the Aristotelean notion of *μίμησις* was elaborately worked out.

b) Notice the confused series of arguments and the interruption in the text. Herodicus' aim is to calumniate Plato. Plato has rejected mimetic poetry, though he has himself written mimes, of which, however, he is not the inventor. Then comes the addition about Aristotle, probably picked up by Phavorinus in some Hellenistic catalogue of *εὑρήματα*.[5] Phavorinus was especially interested in *εὑρεταί*.

It may be added that the discussion on *μίμησις* in Plato *Rep.* 393 D is totally different from the esthetical theory of *μίμησις* in Aristotle. According to Plato *διήγησις* and *μίμησις* are quite different things.

*κἀν ἄλλοις*] corresponds to 505 B *ἐν μὲν τῇ Πολιτείᾳ*. **218 E**

*Χαιρεφῶντος*] There is in this connection a story about Apollonius Molo, which must be definitely put an end to. The *schol. Nub.* 144 runs as follows:

[1] *Poet.* 1447 b 10.

[2] To Gudeman's list of literature add J. M. S. McDonald, *Character-Portraiture in Epicharmus, Sophron and Plato*, Sewannee Tenn. 1931, where the material is collected.

[3] Hermes II (1867) p. 237.

[4] Bernhardy *Gr. Lit.-Gesch.* II 2, 471 has also inserted this, but gives quite another interpretation.

[5] See A. Kleingünther, *Πρῶτος εὑρετής*, Philol. Suppl. 26 (1933).

218 E *σοφὸς Σοφοκλῆς, σοφώτερος δ' Εὐριπίδης,*
*ἀνδρῶν δὲ πάντων Σωκράτης σοφώτατος.*

*τοῦτον τὸν χρησμὸν ὁμολογῶν ἐν τῇ κατὰ φιλοσόφων ψεύδεσθαί φησι τὴν Πυθίαν· τοὺς γὰρ Πυθικοὺς χρησμοὺς ἑξαμέτρους εἶναι.*

Menagius in his commentary on Diog. Laert. II 37 has reluctantly suggested the reading *ὁ Δημοχάρης* instead of the unintelligible *ὁμολογῶν*. Dübner, in his edition of the scholia, has boldly altered the text as follows: *τοῦτον Ἀπολλώνιος ὁ Μόλων ἐν τῷ κατὰ φιλοσόφων ἐψεῦσθαί φησι· τοὺς γὰρ Πυθικοὺς κτλ.* Though recorded in Bekker's edition of the scholia, Menagius' conjecture — which is at least a very ingenious suggestion — has been almost forgotten, whilst Dübner's arbitrary substitution has become the basis of a theory about Molo, which we find in all handbooks.[1] Molo was according to Diog. Laert. II 34 an *obtrectator Platonis* and wrote a book *Κατὰ φιλοσόφων*.

Well, let us now see how Diogenes has it: *ἀλλά τοι Μόλων ἀπεχθῶς ἔχων πρὸς αὐτόν, Οὐ τοῦτο, φησί, θαυμαστὸν εἰ Διονύσιος ἐν Κορίνθῳ, ἀλλ' εἰ Πλάτων ἐν Σικελίᾳ.* Anyone who is familiar with this kind of literature sees at once that the primary fact in this passage is the witty quotation, known to us also from Cicero *ad Att.* IX 9,1 *de optimatibus, sit sane ita ut vis, sed nosti illud Διονύσιος ἐν Κορίνθῳ.* Presumably Cicero had this directly from his acquaintance with Molo. The words *ἀπεχθῶς ἔχων* is a commentary, added by the person who wrote down or collected this apophthegma. This way of »interpreting» witty bon-mots is quite typical of ancient biographical literature. Animosity and hostility are felt everywhere.

Molo's book is a pure invention like so much else in this literature. Cicero would have known of it.

The reading of the mss is *ἐν τ ῇ κατὰ φιλοσόφων* and we have to understand *κατηγορίᾳ, κατατριβῇ* or (more probable) *καταδρομῇ (τῶν) φιλοσόφων*. The possibility that it is a quotation from the famous speech of Demochares in 306 cannot be denied.

218 F *πυνθανόμενον*] instead of *πυνθανομένῳ*; other examples of the same kind in Kühner-Gerth § 495 c, p. 111 f.

[1] See e. g. *RE* II 143.

### 4. *The calumny of the philosophers.*

*Ξανθίππῃ*] Besides the oral tradition, of which we know nothing, the following contemporary references are known to us: 1) Plato *Phaed.* 60 A *γιγνώσκεις γάρ*,[1] 2) Xenophon *Conv.* II 10 *γυνὴ τῶν οὐσῶν, οἶμαι δὲ καὶ τῶν γεγενημένων καὶ τῶν ἐσομένων χαλεπωτάτη*, follows the simile of the horse; perhaps some traces may be recognized in *Mem.* II 2. **219 AB**

This is all. There is nothing in Aristophanes or the other authors of comedy. We can follow the gradual development of the tradition: 1) *χαλεπή*, Plato, Xenophon, Herodicus, Diog. Laert. II 37, Galen. *de an. perturb.* c. 8, (*Scripta minora* Marquardt I p. 31), Gell. I 17. 2) *περιχέασα*, DL II 37, Herodicus, Seneca *de const. sap.* 18. 3) *ἱμάτιον*, DL II 37, Marc. Ant. XI 28, Ael. *VH* VII 10. 4) *insuesco*, Gell. I 17, Plut. *de inimic.* 90 E, *de cohib. ira* 461 E. And of course the Christian Fathers have embroidered this profitable theme, e. g. John Chrysostom, *Hom. XVI in Ep. I ad Corinthios.*

*Ἀσπασία μέντοι*] by this particle an exceptionally good example is introduced. **C**

The theme of Aspasia in Socratic literature is exhaustively treated by H. Dittmar, *Aeschines*, Phil. Unters. 21 (1912).

Plato's ironical representation of Aspasia in the *Menexenus* is the starting-point of all the stories about Aspasia as a *διδάσκαλος τῶν ῥητορικῶν*. All slander about her as the great courtesan of her time originates in the old comedy, but there are besides *Acharn.* 515 f. only a few fragments left of Eupolis' *Δῆμοι* 98 K., *Φίλοι* 274 K. and Cratinus' *Χείρονες* 241 K. These are the two main sources.

As an *ἐρωτοδιδάσκαλος* in a good sense Aspasia is presented in the fragment of Aeschines' dialogue *Aspasia*, which Cicero has handed down to us *De invent.* I 51, and in Xenophon's *Oec.* III 14 *Ἀσπασία σοι ταῦτα πάντα ἐπιδείξει*. It is a typical motif in the dialogues of the Socratics — and so there must be some kernel of truth in it — that Socrates always went to specialists in order to learn something: he is seen trying to acquire professional knowledge from bootmakers, architects, politicians, but also from Diotima, Aspasia

[1]) In the same sense about Apollodorus *ὁ μανικός*: *οἶσθα γάρ που τὸν ἄνδρα καὶ τὸν τρόπον αὐτοῦ.*

219 C and Theodote, the paramour of Alcibiades. This is a constant trait in all the later Socratic literature, and when in the time of the second sophistic school these Socratic themes once more become popular, the anecdotes are resuscitated but often interpreted *in malam partem;* still later, they are quite distorted, e. g. Synes. *Dion.* 59 A *Σωκράτης Ἀσπασίᾳ προσεφοίτα κατὰ χάριν τοῦ τὰ ἐρωτικὰ παιδευθῆναι,* or Max. Tyr. XVIII 46 *ἀλλὰ καὶ διδάσκαλος ἐπιγέγραπται τῆς τέχνης* (*sc. τῆς ἐρωτικῆς*) *Ἀσπασίαν τὴν Μιλησίαν καὶ Διοτίμαν τὴν Μαντινικήν.* In the rhetor-schools the theme was used, as Marcellinus quotes, as *παράδειγμα ἀπιθάνου*[1]. *Περικλῆς τῇ Ἀσπασίᾳ συνόντα Σωκράτη κρίνει μοιχείας.*

In the Hellenistic novelistic poetry the motif was gratefully adopted, the most famous example being Hermesianax *fr.* 2, 89—94:

*οἵῳ δ' ἐχλίηνεν ὃν ἔξοχον ἔχρη Ἀπόλλων*
*ἀνθρώπων εἶναι Σωκράτη ἐν σοφίῃ,*
*Κύπρις μηνίουσα πυρὸς μένει ἐκ δὲ βαθείης*
*ψυχῆς κουφοτέρας ἐξεπόνησ' ἀνίας*
*οἰκί' ἐς Ἀσπασίης πωλεύμενος οὐδέ τι τέκμαρ*
*εὗρε λόγῳ πολλὰς εὑράμενος διόδους.*

Hermesianax is one of the oldest representatives of the Peripatetic interpretative technique, inaugurated by Aristotle. But even Chamaeleon used this new method to wring the most abstruse biographical details out of the old literature.[2]

In Herodicus' poem about Aspasia some words in the *Symposion* 217 A and 219 D together with *Menexenus* 235 A ff. may be regarded as the origin and starting-point. But the relations between Socrates and Alcibiades are, as Dittmar rightly observes, just reversed: Socrates is here the languishing mawkish lover, who nearly cries his eyes out from emotional weakness; Hellenistic sentimental eroticism of the usual kind throughout. Already in the *Alcibiades I* the relations between the two men are set forth in that light.

We do not know the author of the poem, probably it is Herodicus himself. With regard to the contents, form and language it agrees wholly

[1] *Schol. in Hermog. Στάσεις,* Rhet. Gr. Walz IV 189, 33.

[2] In an edition of the fragments of Chamaeleon in preparation I propose to enter more fully into the matter.

with the usual Hellenistic epigram and elegy. A comparison with 219 C
e. g. Leonidas of Tarent shows, however, that it is an amateur who has tried his skill with his pen. In a quite incredible manner the language is crammed with Homeric phrases: *οὐκ ἔλαθες δηχθείς Od.* 19,91, *θηχθεὶς φρένα Il.* 5,493, *μηδ' ἀπιθήσῃς Il.* 1,220, *ὅπως ἤκουσα* (temp.) *Il.* 12,208, *Od.* 3,393, *τίπτε δεδάκρυσαι Il.* 16,17, *τίπτε — ἦ Il.* 1,203 and so on. The metaphors are dull, overloaded and artificial, and in these few lines there occur certain repetitions.

*σῶμα λιπαίνω ἱδρῶτι*] An accusative of the same kind in Soph. *Aias* 10 *κάρα στάζων ἱδρῶτι*. The immortal motif from Sappho in beggar's garb!

*γόος*] in the meaning of »tear», is elegiac usage in imitation of D
Homer, but *βλεφάρων γόος* is artificial; similarly *βλεφάρων ἰσοτυπεῖς βάσιες Anth. Pal.* V 27.

*κάτοχος*] is active and is followed up by *αἱρήσεις* which, as a matter of fact, is a clumsy pleonasm after *κατόχοιο* and *καθέξεις*. The Muses are the most patient servants of Greek poetry; by means of an infinite variety of epithets the poet takes them in his service for every purpose imaginable. Plato talks contemptuously of this *Μοῦσα ἡδυσμένη*, *Rep.* 607 A. We meet the word in an active sense in a passage in Suidas (from Procopii *anecd.* c. 1) *κάτοχος ἤδη τῷ πόθῳ τούτου γεγενημένη καὶ διαφανὴς ἐρωτόληπτος οὖσα*, and in Plut. 431 B, who tells us that Cato Minor was *κάτοχος καὶ μνημονικός*. The oldest reference is perhaps in Hermippus' *Δημόται* I 230 Kock. Otherwise the passive sense is dominating: *κάτοχος ἐκ Μουσῶν*, inspired by the Muses, Pollux IV 52. *'Οπτήρια* is explained by Pollux II 59 *εἴρηται δὲ καὶ ὀπτήρια τὰ δῶρα τὰ παρὰ τοῦ πρῶτον ἰδόντος νυμφίου τὴν νύμφην δεδομένα*, cfr Eurip. *Ion* 1127.

Thus Aspasia counsels Socrates — a very artificial device indeed — to snare Alcibiades with the bewitching power of music, and in the form of music »send a bridegroom's gift of his soul into the ears of the beloved».

*λινοστατούμενος*] This metaphor is common in the Hellenistic epigrams, cfr Meleager, *Anth. Pal.* V 177.

219 E *στέρνοις ἐνναίων σκηπτὸς πόθου* (*πόθος* codd.) *ὄμμασι θραυσθείς*] »the lightning of passion dwelling in your breast and being crashed by your eyes.» This sounds like sheer wish-wash, unworthy of even a third-class poet. Two or three metaphors have been contaminated: 1) *στέρνοις ἐνναίων κρύφιος πόθος ὄμμασι λάμπων*, 2) *ἔρως ἔσκηψεν εἰς αὐτόν*, cfr Alciphr. I *ep.* 13, 3) *ἐθραύσθη ἡ ἐλπίς, ἡ ψυχὴ αὐτοῦ*, cfr *Aves* 466. But still it is difficult to believe that a copyist put together this muddle. I am afraid the author of this poem and his turbid imagination must be blamed for the »lightning dwelling in your breast».

Casaubonus tried to explain the words in the following way: *πόθος ἐνναίων στέρνοις, θραυσθεὶς ὄμμασιν* (= *ἐξ ὀμμάτων*, but where do we find a parallel to this strange usage) *παιδὸς ἀνικήτου, σκηπτός* (= *ὥσπερ σκηπτός*). I cannot find this explanation sound. To *σκηπτὸς πόθου*, on the other hand, there is a parallel in Aesch. *Pers.* 715 *σκηπτὸς λοιμοῦ*. The lightning is a favourite motif in Hellenistic love poetry; beside natural metaphors such as *γλυκεροῦ βλέμματος ἀστεροπαί* we find very strained expressions, as when the fair one's *πυγή* is called *ἀστεροπὴ μελέων*, *Anth. Pal.* V 35.

*τίθασόν σοι ποιῆσαι*] is a common expression, e. g. *Anth. Pal.* V 178.

*τριάκοντα ἐτῶν*] The date of Alcibiades' birth is unknown.[1] His father Clinias was killed at Coronaea 446. Herodicus makes it out to be the year 450 and attributes the congress of the philosophers in the *Protagoras* to 420/19, 218 CD. See Toepffer in *RE* I 1516 and above p. 49.

*τῶν κωμικῶν κακήγοροι μᾶλλον*] This is of course not true, but —
220 A and this is still worse — Herodicus knew it *ὥς τις καὶ ἄλλος*. We have only a few undisputed fragments of his great work *Κωμῳδούμενοι*, but we are able to compare what Plato, according to Herodicus, had to say about Chaerephon with the list of invectives of the comedy, handed down to us by *schol. in Apolog.* 20 A: *Χαιρεφῶν οὗτος ὁ Σωκρατικὸς ἰσχνὸς ἦν καὶ ὠχρός*, (cfr 188 C from *Nub.* 103) *τὸ δὲ ἦθος συκοφάντης καὶ κόλαξ, πρὸς δὲ καὶ κλέπτης καὶ αὐχμηρός, τὴν δὲ περιουσίαν πένης. Εὔπολις μὲν οὖν ἐν Πόλεσι διὰ τὴν χροίαν πύξινον αὐτὸν*

[1] »Natus videtur a. 417 vel 416», Kirchner *Prosop.* 598.

καλεῖ, Ἀριστοφάνης δ' ἐν Ὄρνισι νυκτερίδα, ἐν δὲ Τελμισσεῦσιν εἰς συ- 220 A
κοφάντην ἀποσκώπτει, Κρατῖνος Πυτίνῃ εἰς αὐχμηρὸν καὶ πένητα, Εὔπολις δ' ἐν Κόλαξιν Καλλίου κόλακα λέγει, Ἀριστοφάνης δ' ἐν Δράμασι κλέπτην, ἐν δ' Ὥραις νυκτὸς αὐτὸν παῖδα καλεῖ. Perhaps this record is an extract from just the above-mentioned work of Herodicus! But even the Epicurean Colotes knew how to use this arsenal in his fight against the Academy.

εἴ γε] The particle signifies that the author restricts the reach of his assertion to the examples referred to. This usage of εἴ γε is very common in Hellenistic literature and Denniston, *The Greek Particles* p. 141, gives some examples from older literature.

Τηλαυγεῖ] This dialogue is commented on by Dittmar ch. VI, p. 213. Herodicus characterizes the persons introduced, the filthy Pythagorist Telauges, who against all good custom paid the fuller a half-obol a day to be able to borrow a homely ἱμάτιον on festive occasions, whilst for every-day use he wore a κῳδίον[1], a man who fastened his plain sandals with half-rotten leather straps; further Critobulus, coquettish[2], amoral[3], and sordid[4].

καὶ † τελεσαντα τὸν ῥήτορα] The passage has been emendated many B
times and Pohlenz discusses it at length in Dittmar's *Aeschines*, p. 230—1. Of course we must keep together τὸν δὲ Τηλαυγὴν — οὐ μετρίως διαγελᾷ and some kind of attribute must have been inserted. Without totally neglecting the text-tradition we cannot overlook ῥήτορα. Thus καίπερ εὐτελέστατον or τελειότατον seems to fit in well.

Ἀσπασίᾳ] See Judeich *RE* II 1719 and Dittmar passim.

κοάλεμος] is Hipponicus III (Natorp Philol. 51 (1892) p. 490), son of Callias II λακκόπλουτος, who was himself the wealthiest man of his time, and father of the well-known »rich» Callias. This Hippo-

[1] The Athenians generally used the sheepskin as a mattress.

[2] Bruns, *Liter. Porträt* p. 391.

[3] ἀμαθία *Protag.* 357 DE.

[4] ῥυπαρότης τοῦ βίου, cfr Dittmar p. 235.

220 B nicus was killed at Delium 424, cfr. Ed. Meyer *Forsch.* II 29. Plutarch *Cim.* 4 tells us that the grandfather of Cimon was called *κοάλεμος δι' εὐήθειαν* = *ματαιόφρων, μωρός, ἠλίθιος, ἀνόητος* according to the lexica. Cfr Numen. ap. Euseb. *Praep. Ev.* XII 651 A.

*Καλλίας*] The dialogue is treated by Dittmar ch. V, p. 186. Callias III inherited an enormous fortune from his father Hipponicus III in 423/2 (218 D) and his prodigality and extravagance were a favourite tittle-tattle in the old comedy[1].

There is a double sense in *διαφορά*, dissimilarity in manners and disagreement leading to quarrel. The dialogue obviously treated the subject from both points of view.

Dittmar has pointed out that Anaxagoras, in the writings of Aeschines, played a role similar to that of Socrates in the plays of Aristophanes. The meanness of the disciples was used as an argument in displaying the wickedness of the master.

*'Αξιόχῳ*] Dittmar p. 159.

C *ἐν θατέρῳ Κύρων*] Herodicus apparently knew of two writings with the title of *Κῦρος*. Diogenes records no less than four, namely in vol. IV *Κῦρος*, in vol. V *Κῦρος ἢ περὶ βασιλείας*, in vol. X *Κῦρος ἢ ἐρώμενος* and *Κῦρος ἢ κατάσκοποι*. In the last case, however, the text is uncertain, see Dittmar p. 70. The account of the contents of the dialogue must be distorted in the same way as in the other reports of Platonic dialogues. A comparison between Ath. 534 C[2] and the other fragments in Winckelmanns edition shows us that Antisthenes has certainly criticized Alcibiades, but the charge of incest is surely to be regarded as one of this author's typical calumniatory contaminations

[1] Ed. Meyer *Forsch.* II 28: »Das Haus des Kallias ist bekanntlich wie kein anderes attisches Geschlecht mit Hohn und Bosheiten überhäuft worden.»

[2] We learn from Satyrus that Alcibiades was *ἰσχυρός, ἀνδρώδης, ἀπαίδευτος, τολμηρός, ὡραῖος, ἐφ' ἡλικίας ἁπάσης*, how in Ionia he surpassed the Ionians in extravagances, in Thebes the Boeotians in physical exercises; in Thessalia he was a judge of horse-flesh, in Sparta he was more Spartan than the Spartanes themselves, in Thracia he drank the Thracians under the table etc. All this can be proved to be exaggerations of statements found in the writings of the contemporaries. See Wilamowitz *Kydathen* p. 74.

of a) Antisthenes' descripton of the conditions in Persia, b) his 220 C
criticism of Alcibiades[1].

In his third chapter »*Die Alkibiadesdichtung der Sokratiker*» Dittmar treats the rich tradition with his usual thoroughness and sagacity, using and quoting the whole literature. By the aid of numerous fragments and notices he paints a vivid and coherent picture of the Cyrus-dialogues of Antisthenes. The manner he avails himself of the meagre information found in Herodicus is, however, so typical of his fanciful combinations, that I think it worthy of a closer scrutiny.

In the first place it should be pointed out, that the glimpse we are given in the present passage of *θάτερος τῶν Κύρων* must not be regarded as a bona fide account of its contents. We are justified in suspecting, that it is a deliberate misrepresentation of the same kind as the other distortions of Plato's dialogues. In my opinion every attempt at getting hold of the exact contents of Antisthenes' *Cyrus* by a forced interpretation of Herodicus' wording is doomed to fail from the outset. Under no circumstances can we rest assured that the interpretation is honest and correct. But that is what Dittmar does. He regards the words of Herodicus as a reliable source of information.

Dittmar's combinations are very interesting and there is a good deal of sound learning in his great reconstruction of the literary work of Aeschines. But sometimes I am afraid he is building castles of cards. His book is a projection of the famous work of Wilamowitz on Antigonus of Carystus, and even if Erwin Rohde's hard judgement[2] on this admirable book must be much modified, I am sorry to say I must state it seems me to be applicable to Dittmar's *Aeschines* to the full.

The peripatetic writers of biography patiently collected scraps of information and notices from the comedy, the Socratics, the rhetors

[1] I share the now prevalent opinion that Dümmler in his dissertation *Antisthenica*, reprinted in *Kl. Schriften* I (Leipzig 1901), and in his book *Akademika* (Giessen 1889), has drawn far too many conclusions from the scanty remains of the literary work of Antisthenes. Also Joel's attempt in *Der echte u. d. Xenophontische Sokrates* to reconstrue the dialogue of Antisthenes from *Alc. II* has not found approval; from my point of view this reconstruction suffers from exactly the same deficiencies as Dittmar's reconstruction of *Cyrus*.

[2] *Kleine Schriften* p. 356.

**220 C** and from the various polemical pamphlets of the philosophic schools. Thus for instance we have a modest remnant of such a collection about the family of Callias in the extensive scholion to Lucian's *Iupp. Conf.* 16, p. 57 Rabe, where among other things we read *αὐτῇ δὲ τῇ θυγατρὶ αὐτοῦ ἐπεμίγη Ἀλκιβιάδης παρὰ τοὺς νόμους*[1], and from Satyrus we have a rather extensive fragment (Ath. 534) in a more novelistic form. It is useful to compare them; such are the sources our author has used above all.

I return to the passage in Herodicus. »Die Notiz lehrt mancherlei», says Dittmar p. 77. In my opinion it teaches us neither more nor less about the *Κῦρος* of Antisthenes than for instance the statement that Plato had said *ὅτι Ξανθίππη χαλεπὴ ἦν γυνή, ἥτις καὶ νιπτῆρας αὐτοῦ κατέχει τῆς κεφαλῆς*, that is to say there is a kernel of truth with a liberal admixture of fanciful calumny. Only in combination with parallel tradition, whose primary sources are known to us, such information is of any use.

**D** *Πολιτικός*] This is the only fragment left of this dialogue, which is not recorded in the extensive list of writings, Diog. Laert. VI 15, at least not under this title. It is likely that, like Plato in the *Gorgias*, Antisthenes too wished to settle an account with the Athenian democracy. At least on this one point the two ever-quarrelling Socratics have been unanimous. According to Wilamowitz, *Aristoteles u. Athen* p. 183, Aeschines too wrote dialogues of this kind; I can, however, find no tradition about such a work.

*καταδρομὴν περιέχει*] The same expression 506 D.

*Ἀρχέλαος*] In vol. X in the list of Diogenes VI 15; this is the only fragment left, but possibly Ath. 216 B may be added[2]. Dümmler maintains that the *καταδρομὴ Γοργίου* in Dio Chrys. *or.* XIII ultimately goes back to the dialogue of Antisthenes.

*Ἀσπασία*] In vol. V in the list of Diogenes. Wilamowitz identified this Archestratus with one who at Notion succeeded Alcibiades in

[1] Olympiod. *Comm. in Alc. I.* (ed. Creuzer) p. 173 the story is still worse treated, see Dittmar p. 77 n. 10.

[2] Hirzel, *Der Dialog* I 125.

the command[1], and he has likewise, but on very uncertain grounds, **220 D** identified Euphrenor with the *πρεσβευτὴς πρὸς τοὺς Καμαριναίους* of the year 415[2]. The latter however seems to be identical with the archon Euphemus 417/16 mentioned by Herodicus 217 AB.

*οἴκημα*] Aesch. I 96 and otherwhere in the meaning of brothel. *μικρὰ οἰκήματα* cannot mean anything but »small houses», as Plut. *Per.* 171 B uses it in this sense.

*Σάθωνα*] In vol. VI in the list of Diogenes. *Σάθων ἢ περὶ τοῦ ἀντιλέγειν* is the first great polemic work directed against Plato, Dümmler *Akad.* p. 202. The meaning of the word is explained *Schol. in Theocr.* IV 62 C (Wendel) p. 153 and more profusely by R. Fenk, *Adversarii Platonis*, Jena 1913, p. 80.

*τούτοις γὰρ*] This seems to be a passage from the speech of Demo- **E** chares, dealt with below.

*οὐ δημηγόρος*] Of course it would also be possible to interpret *δῆμος* as »democracy». At all events the whole sentence must be understood as a phrase from the passionate speech of Demochares in 306.

*ἐργαστηρίων*] [Demosth.] *c. Naer.* 67, *or.* 59, 1367 (of *πόρναι*) *ὁπόσαι ἂν ἐπ' ἐργαστηρίου καθῶνται*, compare *οἴκημα* above. Luc. *de salt.* 25 says: *ἀλλὰ καὶ εἰς τὰ διδασκαλεῖα τῶν αὐλητρίδων ἐφοίτα καὶ παρ' ἑταίρας γυναικὸς οὐκ ἀπηξίου σπουδαῖόν τι ἀκούειν τῆς Ἀσπασίας*, not to speak of the filthy calumny of the Christian Fathers. Cfr Ath. 569 F.

*πόθων θέλγητρα*] This affected expression, no doubt borrowed **F** from some poet, discloses the workmanship of Athenaeus from *τοιαῦτα γὰρ — κατασιωπήσομαι*.

Athenaeus seldom quotes long continuous passages. If he finds something worth quoting but too extensive, he divides it into several parts by inserting other things. I suppose he does this also in order

[1] Xen. *Hell.* I 5, 16 and Kirchner *RE* II 459, n. 10.

[2] Thuc. VI 75, Wilamowitz *Aristot. u. Athen* I 69, n. 40, cfr Dittmar p. 13 n. 42.

220 F to conceal his immediate sources, which he hardly ever refers to. We can often catch him rounding off his stories. That is to say, a rounding off in a literary sense does not occur; as a rule he enumerates some interesting glosses or names, cementing the whole with a lot of high-sounding words, veiled, poetical, i. e. artificial, phrases or obvious quotations of proverbs or household words. In this case we meet the favourite phrase *ἐπιλίποι ἄν* and a quotation adapted to the purpose.

It is interesting to observe that Athenaeus, the Oxyrynchos Papyrus and Parisinus 1811 read *πλήθει — ἀτοπίᾳ*, whilst Galenus and codd. **BT** read *πλήθη — ἀτοπίαι*.

Nico, *ἡ Αἴξ καλουμένη* — we can guess the reason why — is often mentioned by Athenaeus, 582—584, *ἡ 'πιβόητος Νικώ* Asclepiades *Anth. Pal.* V 150.

Callistrate is mentioned only here and such is the case with Pythonicus.

The more famous is Philaenis *ἡ ἀναισχυντογράφος*, Ath. 335 CD, 457 D, Timaeus ap. Polyb. XII 13, whom Suidas quotes s. v. *βοτρυοσταγῆ ἔρνη* and *Δημοχάρης*, further Lucian *Amor.* 28 with *schol.* *ταύτην τὴν Φιλαινίδα ἣν Φιλοκράτης ὁ 'Αθηναῖος κωμῳδοποιὸς* (unknown)[1] *ἐξεπόμπευσεν ὡς ἑταιρίστριαν καὶ τριβάδα*, *Pseudol.* 24, *Dialog. Mer.* 6,1. Suidas s. v. *'Αστυάνασσα* gives us an idea of this writer of obscenities, who was unusually lewd even for those outspoken times.

505 C *Διαβάλλει*] Basilius has probably used the same source as Herodicus, viz. the speech of Demochares rearranged in some biographic compilation.

*Πολιτείᾳ*] 562 CD is quoted more exhaustively in Ath. 433 F together with a lexical notice on the word *δίψα* and 443 F as a commentary on *οὐ χρὴ νῦν μεθύειν*. As usual it has been torn out of its context and interpreted *in malam partem*.

D *Γοργίας*] There are many good stories about Gorgias, distinguished by the remarkable fact that they all place him in a favourable light

[1] Aeschrion *fr.* 60 (Ath. 335 B) is a eulogy of *Φιλαινὶς ἡ 'πιβόητος*, by which he wishes to clear her from the calumny of a certain P o l y c r a t e s.

as a sensible and witty man without bad intentions[1]. Thus there is **505 D** for once no vilifying calumny, perhaps in order that he might serve as a foil to the *obtrectatio Platonis*. The story given here is another version of the story about Socrates, Diog. Laert. III 35, surely a late invention.

*ἰαμβίζειν*] Hesych. *λοιδορεῖν, κακολογεῖν* in Archilochian sense.

*παρὰ Πλάτωνος*] Rossi has cut out these words, because Socrates **E** is the interlocutor in the Gorgias. But still he cannot be justified to do that or to insert *παρὰ Σωκράτους*, for even the contemporaries clearly understood that Plato expressed his own opinions in Socrates' name. Whether Gorgias really uttered these words or they were put in his mouth by later biographers, it is natural that he should say: »Such discussions I have never had with Plato».

*Φαίδονα*] A typical duplicate.

*Τίμων*] The *Silloi* were written about 280 and commented on by Sotion about 200 B. C. Etymological jests are very common in his witty verses, cfr *fr.* 30 Diels *πλατίστατος*, *fr.* 34 D. *πλατύνεαι* in the double sense of *πλατωνίζειν* *fr.* 35 D. *πλατορημοσύνη*.

*θαύματα*] intentionally ambiguous. With the epic sense is associated the meaning »puppet-show» Plat. *Rep.* 514 B and »mountebank gambols» Xen. *Conv.* II 1, VII 3. Herodicus of course also suggests chronological *θαύματα*.

*Παρμενίδῃ*] In the dialogue Parmenides the whole discussion must **F** obviously have presented to every listener the appearance of pure fiction. As everybody must have understood that these thoughts could not in reality have been uttered by Socrates, the setting too could be arbitrarily arranged. This dialogue and the *Menexenus* are the only ones where the anachronisms are introduced quite deliberately.

[1] Blass, *Att. Beredsamkeit* I 49, Diels, *Vors.* 76.

**505 F** *Τίμαιον*] corrected by Ionsius, *De script. hist. philos.* p. 36. The epitome too presents *Φαῖδρον*, but as Macrobius has fortunately translated this passage, we can see that he used a manuscript which was better than ours, for it is hardly credible that he corrected the tradition. *Φαῖδρος* is impossible; even if he were *ἐρώμενος Σωκράτους* (Plato says nothing), this is no anchronism. Owing to bad disposition some of the facts are partly repeated from 217 D.

**506 A** *Δυσμενὴς ἦν*] The passage from Dionysius contains some points of concordance, which seem to imply that he was acquainted with the Pergamene anti-platonic tradition. First those are enumerated whom Plato derided (cfr 505 C — 506 A), then Plato is accused of *φιλοτιμία*. It is not at all impossible that Dionysius read the treatise of Herodicus or the *Homeric Problems* of Heraclitus.

*Ἐν τῷ Ἴωνι*] Plato's description of the poets 534 A ff. as *οὐκ ἔμφρονες ὄντες* has been distorted in the most ridiculous manner. In 541 CD Plato gives examples of how the Athenians chose even non-Athenians for military commanders, repeated by Aelian XI 5 *τίσιν ἐχρῶντο οἱ Ἀθηναῖοι πρὸς τὰς ἀρχάς*. When our author quoted this passage in this manner, this can be explained only by the circumstance that he could assume that none of his readers would know the original work of Plato — and this happened in Pergamon about 140 B. C.

*ἐν δὲ τῷ Μένωνι*] As is well known Socrates refers to Themistocles, Aristides, Pericles and Thucydides in order to show how distinguished fathers did not succeed in making their sons equally distinguished. Our author has consciously made the same mistake as Anytus 94 E *ὦ Σώκρατες, ῥᾳδίως μοι δοκεῖς κακῶς λέγειν ἀνθρώπους*. Plato's and Xenophon's *Menon* are compared 505 B; also see the commentary on 507 A *Ἀντισθένην*.

**B** *ὀψιμαθεῖς*] Not Plato — he probably refers to Antisthenes — but Isocrates uses this word in his censure of the Eristics, among whom he also counted Plato. *Προπηλακίζειν* is a favourite expression of Plato's. *Τὴν ἐκ Χίου φυγήν* is a bold distortion of Plato's words.

*Περὶ ἀνδρείας*] For the title see the commentary to 504 F. The hypomnematic style is obvious, the predicate *κακολογεῖ* is lacking. 506 B

*εἰς φῶς λέγεσθαι*] a contamination of *εἰς φῶς ἐλθεῖν, ἄγειν, πέμπειν.*

*ὁ γὰρ δεύτερος — Νικαιεύς*] This is a later addition by Phavo- C
rinus, see the commentary to 505 C. The *First Alcibiades* was, in spite of the opinion of Friedländer and others[1], not written by Plato. Regarding the date of the *Second Alcibiades* it seems to me that Bickel[2], whose thesis is generally accepted, did not attach enough importance to tradition in this passage. If we know Nicias only through Sotion, which is not improbable[3], and he ascribed this dialogue to Xenophon, it can hardly belong to the school of Arcesilas. For if it was written in the school of Arcesilas, this would be in the second half of the third century, and if Nicias is prior to Sotion, he too lived at that time and would hardly have assigned a contemporary work to Xenophon. Now, it must be confessed, the time of Nicias is disputed. The philosophical subject-matter of the dialogue points towards 300. If the dialogue was written at that time, Nicias, living about 225, could easily have accepted it as an old work and assigned it to Xenophon.

*τὰ μὲν οὖν ἄλλα σιωπῶ, πολλ' ἂν ἔχων εἰπεῖν*] is the usual form of this aposiopesis. But even in Demosthenes we find bold anacoloutha in connection with this rhetorical figure, e. g. *Olynth.* 3,27.

*εἰκαῖον κριτήν*] The words are not found in Plato or in *Alc. I.* *Εἰκαῖος* of a person is not at all found before Polybius. It would be possible to interpret them as a reflection of *Alcyon* 3 *ἐοίκαμεν κτλ.* but as I have made probable, the notice about the *Alcyon* is a later

[1] Recently C. Vink, *Platos Eerste Alkibiades*, Amsterdam 1939, has contributed to the discussion. He admits how difficult it is to understand the treatment of the *δαιμόνιον*. Above all: the absence of irony, this feature so predominant in Plato's style, makes it impossible to believe the dialogue to be a work of the master himself.

[2] Archiv f. Gesch. d. Philos. 17 (1904) p. 460.

[3] Compare above p. 505 C. A. Brinkmann, *Quaest. de dialogis Platoni falso addictis*, D. Bonn 1891, curiously enough assigns Nicias to the time of Sulla and the dialogue *Alcyon* to »saec. III vel saec. II ineunte«.

addition. The fact is here as so often before, that the author unscrupulously introduces into Plato's text a sense that suits his purposes. Truth, untruth and half-truth are mixed together.

After *κριτήν* our manuscripts add *εὐπρόκωπον* according to the old editions, *ἔτι δὲ πρόκωπον* according to Kaibel. This must be a gloss, added under the influence of the following *εὐπρόσωπον*. The right word, according to *Alc. I* 119 B, would have been *καὶ ἀπαίδευτον*.

**506 D** *τοὺς υἱοὺς αὐτοῦ*] The conjecture of Valckenaer is of course all right, but probably our careless author really wrote *αὑτοῦ*.

*ὀρτυγοκόπον*] as in 220 F. Olympiodorus and Herodicus present the same reading, whilst the codd. **BT** have *ὀρτυγοτρόφον*. Plato in his comedy *Περιαλγής* (Kock I 630) gives Meidias this nickname, and the commentaries of the old scholiasts are found *Aves* 1297 and *Schol. Lucian. Iupp. trag.* 48, where the textual tradition, as is usual in the scholia, is very bad.

*ἀποδύσαντας*] In his customary fashion Herodicus sharpens Plato's *ἀποδύντα χρὴ αὐτόν θεάσασθαι* and moreover he adds out of his own resources a luscious phrase *ὀφθήσεται — ἀληθινοῦ* which is easily revealed as non-platonic. To make the quotation more trustworthy, however, Herodicus (certainly n o t Athenaeus) adds the little word *φησί* to the phrase he himself has coined, in order to swindle his readers. Similar additions are treated 219 B (*νιπτῆρας*) and 220 F (the catalogue of hetaeras).

*ἐν δὲ τῷ Κίμωνι*] The passage is a mystification. There is no dialogue at all mentioned with this title, nor is Myronides mentioned by Plato, although his victory at Oenophyta is recorded in the *Menexenus* p. 242. Nevertheless two reasons make me assume that Herodicus really wrote the words handed down: no copyist can reasonably have introduced these names, and the words *α ὐ τ ο ῦ τοῦ Κίμωνος* refer directly to *ἐν τῷ Κίμωνι*. If we take into consideration the great number of absurdities Herodicus has laid before his readers, it does not seem at all impossible that he should have gone so far as to forge the name of this dialogue. The lapsus in 505 F *Φαῖδρον* instead of *Τίμαιον* is not comparable and moreover we have an indirect tradition there.

For his calumnia Herodicus has used *Gorgias* 503 C *τί δέ; Θεμι-* 506 D
*στοκλέα οὐκ ἀκούεις ἄνδρα ἀγαθὸν γεγονότα καὶ Κίμωνα καὶ Μιλτιάδην καὶ Περικλέα τουτονὶ τὸν νεωστὶ τετελευτηκότα*, and the epitomist has corrected *Θεμιστοκλέους* to *Περικλέους*, knowing his Plato. But we ought not to correct Herodicus here. Casaubon and after him others read *ἐν δὲ τῷ Γοργίᾳ οὐδὲ τῆς Θεμιστοκλέους φείδεται κατηγορίας οὐδὲ τῆς Περικλέους καὶ Μιλτιάδου*. It is hard to imagine how so many mistakes could have arisen. Only Plut. *de gloria Athen.* 345 E Myronides and Alcibiades are mentioned together.

If we look at the list of forged Platonic dialogues in Diog. Laert. III 62, it is of course possible that the *Cimon* might have existed. So Hermann thought that *'Ακέφαλοι η'* meant »eight dialogues without title», see Pavlu, Wiener Studien 34 (1912) p. 63. Souilhé, in his edition of the suspected dialogues, reminds us of the fact that Doxopater (Waltz Rhet. II) quotes a dialogue of the name of *Themistocles* and that Arabic sources quote other apocryphic dialogues[1].

Yet, in my opinion, the *Cimon* existed only in the imagination of Herodicus.

*καταδρομήν*] compare 220 DE.

*ὃν οὐ μόνον*] Hypomnematic style, compare the aposiopesis 506 C E
and 505 F.

*ὃν Σπεύσιππός φησι*] *'Αρχελάῳ* (413—399) is a gloss to *Φιλίππῳ* and must be cut out or substituted by *Περδίκκᾳ*. By chance the text is confirmed by a letter from Speusippus, preserved among the Socratic epistulae[2], whose authenticity has been convincingly proved by Sykutris. The circumstances are the following.

King Amyntas of Macedonia had three sons. Alexander II was killed after three year's reign by a Macedonian nobleman, Ptolemaeus Alorites (*ἀλλότριος τοῦ γένους* Dexipp. ap. Syncell. 263 B), who for some years reigned as protector. He was put to death by

[1] Also see Zeller II 1[5], p. 437 n. 1.

[2] E. Bickermann u. J. Sykutris, *Speusippos' Brief an König Philipp.* Ber. Sächs. Ak. Wiss. 80 (1928). New edition by L. Köhler, *Die Briefe des Sokrates und der Sokratiker*, Philol. Suppl. 20, 1928.

506 E Perdiccas III about 365, who in his turn was succeeded by the third brother Philippus II in 359. Perdiccas and Philip seem to have got on well together, which was really very unusual in the Macedonian royal household. During his stay in Thebes Philip became acquainted with Plato, whose political influence and authority outside Athens at this time can hardly be overrated, and who was consulted by various Greek and barbarian rulers in matters of politics. Through his disciple Euphraeus Plato sent a message to Perdiccas in order to induce him to give Philip a province of his own. When Perdiccas was slain in a battle against the Illyrians in 360, Philip is already in possession of a certain power and at once assumes the government. Philip always sustained friendly relations to Plato and the Academy, and after Plato's death Philip bestowed on him funeral honours (ὑφ' οὗ καὶ ἐπιτιμηθῆναί φησιν αὐτὸν Θεόπομπον Diog. Laert. III 40).

In the *Hypomnemata* of Carystius, a contemporary of Herodicus and one of the most irresponsible authors of the biographic literature, the whole story is distorted. In the letter from Speusippus is alleged that Theopompus talked blasphemously of Plato. Carystius simply inserts Philip's name instead of Theopompus' — and hocus-pocus a new calumnia is created. Had not the letter from Speusippus been preserved, it would not have been so easy for us to disclose the forgery.

The only astonishing thing in this connection is that Herodicus really expresses his doubt as to this story.

εἴπερ] A bad expression; the interrogative εἴπερ also *Gorg.* 515 B, Diod. XVI 2.

καταδρομὴν] The same phrase 220 D, 506 D.

Ἱππίας] Hippias is not mentioned in the *Menexenus*, and the other two are in any case not »treated scornfully».

507 A Ἐπιλίποι δ' ἄν με ἡ ἡμέρα] This rhetorical figure is very old and occurs in various forms, e. g. *Menex.* 239 ὅ τε χρόνος βραχὺς ἀξίως διηγήσασθαι. We find the phrase in Lysias (12,1), Isocrates (1,11), Demosthenes (18,296) and also in Cicero *de nat. deor.* 3,32 *dies deficiat si velim enumerare*; in Hellenistic literature it is a hackneyed

expression (Plut. *Cic.* 42) and later too (*Ep. Hebr.* 11,32, Aelian *Nat. An.* 8,7). In Athenaeus I have found it 1 B and 20 C, here, and 220 D. **507 A**

*τοῦ σοφοῦ*] see the commentary to 504 E.

*Ἀντισθένην*] Though all mss. including the epitome in this passage read *Ἀντισθένη* — otherwise always *ην* in similar names — I suppose the original author wrote or at least spoke *Ἀντισθένην*, for else this would be the only hiatus in the chapters 114—115, 506 A—507 A. It is interesting to observe how inconsequent the language is in this respect. If Herodicus had written the whole pamphlet by himself as a result of his own investigations, he would certainly not have worried about hiatus. So the hypomnematic style prevails in the chronological part, and in ch. 55—61 many cases of hiatus are found. But there is no hiatus in ch. 62 (*πεφύκασι*) — 63 (220 E *Ξενοφῶν*), certainly because this passage was taken over from some intermediate source [1]. The rest of the essay can roughly be divided into two groups: in 112—113, 116—117 there are a few cases of hiatus, in 114—115 and 118—120 none. There is no use in making too much fuss of this irregularity, but two conclusions may be drawn: a) the author has not taken care in working his material out, b) our suggestion that there are considerable, although concealed remains of the speech of Demochares in Herodicus' essay, is confirmed.

*Σάθωνα*] see the commentary on 220 D.

*Ἡγήσανδρος*] Hegesander's work *Ὑπομνήματα* must be contemporary with the *Διαδοχαί* of Sotion and is written in the first quarter of the II century B. C. It contained the usual compilation of piquancies and anecdotes. It is impossible to decide if this excerpt was made by Herodicus or Athenaeus. The former seems to me most reasonable with regard to the similarity of contents, the latter is possible because Hegesander's book was one of the few primary sources of Athenaeus.

The anecdotic material in question is treated by Zeller, *Phil. d. Griech.* II: 1$^4$ p. 427.

[1] This also explains why there are so many iterations.

**507 AB** The exact extent of the quotation from Hegesander can be discussed. Among the other fragments of his writings there is only one, *fr.* 32 *FHG* IV 419, dealing with the κότταβος-play, that is written in a reasoning, descriptive style. All other fragments are typical anecdotes in the form of apophthegms[1]. From stylistic reasons it is, therefore, hardly credible that the direct quotation from Hegesander extends beyond πρόποσιν.

Hegesander *fr.* 18, *FHG* IV 417, in Athenaeus 544 C, tells us how Antiphon joked with Aristippus, when the latter visited Dionysius the Elder in Sicily[2]. What though the mise-en-scène is quite another here, with our knowledge of the methods of Herodicus it is at least permissible to suspect that his Ἀρίστιππον ἔσκωπτεν is a distortion of Hegesander's story.

**C** *ῥυάκων χάριν*] This is the usual word, whilst Diogenes uses the less common κρατήρων and after him Olympiodorus θεασάμενος τοὺς κρατῆρας τοῦ πυρός.

*Φαίδωνι*] »eine greifbare Lüge», Zeller II: 1⁴ p. 428 n. l. Probably it is Epicurean calumnia shifted on to Plato.

*ἐνύπνιον*] This is obviously a duplicate story, made up through imitation of a well-known word of Socrates, Diog. Laert. III 35, and the dream so often referred to in later literature, Diog. III 5: *λέγεται δ' ὅτι Σωκράτης ὄναρ εἶδε κύκνον νεοττὸν ἐν τοῖς γόνασιν ἔχειν, ὃν καὶ παραχρῆμα πτεροφυήσαντα ἀναπτῆναι ἡδὺ κλάγξαντα· καὶ μεθ' ἡμέραν Πλάτωνα αὐτῷ συστῆναι, τὸν δὲ τοῦτον εἰπεῖν εἶναι τὸν ὄρνιν* repeated by Apul. *de dogm. Pl.* I 1, Paus. I 30,3, Orig. *c. Cels.* VI 8, Olymp. *v. Pl.* 4, *Prolegg. in Pl.* 1, Suidas s. v. *Πλάτων*, cfr Plut. *de soll. an.* 22,3, Tertull. *de an.* c. 46. In Origen it occurs in this form: *ὁ δὲ βουλόμενος κατηγορεῖν ὡς τερατείας ἱστορουμένης περὶ Πλάτωνος καὶ Σωκράτους ἐκθήσεται καὶ τὸν συνιστάμενον Σωκράτει καθ' ὕπνον κύκνον καὶ τὸν διδάσκαλον εἰπόντα ἐπὶ τῇ συστάσει τοῦ νεανίσκου, Οὗτος ἄρα ὁ κύκνος ἦν*[3]. The adaption to the form of an apophthegm is typical.

[1] On this type of tradition see G. Rudberg, *Zur Diogenestradition*, Symb. Osl. 14 (1925) p. 23.

[2] So too *schol. in Luc. Menipp.*, p. 273 Jacobitz, p. 172 Rabe.

[3] *Contra Cels.* VI 8, *PGM* XI 1301 A.

*Διοσκουρίδης*] Another apophthegm by this writer is quoted about **507 D**
Solon, Diog. Laert. I 63. Its tendency makes it credible that he is the well-known disciple of Isocrates and enemy of Plato. *Ἐν διαθήκαις* is apparently an abridgement of the original version. If it was shortened by Herodicus or Athenaeus is impossible to decide. The sense is clear: even after death many people show their vanity. They write pompous testaments, they arrange magnificent burials and provide for splendid mausolea. The passage quoted from John Chrysostom offers a good commentary.

*δόξης χιτῶνα*] Si non é vero é ben trovato. The model is the Homeric *λάινον ἕσσασθαι χιτῶνα*, other usages *ἀποδὺς τὸν τῆς ἀρετῆς χιτῶνα* Apollophanes ap. Ath. 281 D, and Julian. *Orat.* 2 p. 96 C *τὸν ἔσχατον τὸν τῆς φιλοτιμίας χιτῶνα ἀποδύσασθαι.* The story originates in Stoic moral philosophy and it is possible that the story of Plato's witty answer to Antisthenes, Diog. Laert. II 36 *ὁρῶ σου διὰ τοῦ τρίβωνος τὴν κενοδοξίαν* served as a model.

*ζωγράφος*] Herodicus as usual unrestrainedly manipulates Plato's **E**
words.

## 5. *Plato's writings and disciples.*

*διαπλαττομένη*] cfr 508 B.

*ἀνάμνησις*] Herodicus has given the word a sense contrary to the **F**
one in Plato.

*ἔστιν*] »even if it is really better», not *εἴη*. **508 B**

*τοὺς Τιμαίους*] Compare Plat. *Conv.* 218 AB; it is an imitation of the exemplifying plural of proper names.

*μαθήμασι*] The branches of science, especially mathematics, out- **C**
side ethics and politics. In spite of the fact that the censure of the writings of Plato is expounded here in an utterly abridged, not to say rudimentary form, the disposition is obvious: 1) *τὰ ἐν τοῖς μαθήμασι*, 2) *τὰ κατὰ φύσιν*, 3) *τὰ κατ᾽ ἄνθρωπον*.

508 C *Θεόπομπος*] His pamphlet was the most famous contribution in the great controversy about the meaning of rhetorics between the Isocratean disciples and the Academy. A fragmentary catalogue of a library in Rhodes from about the year 100 B. C.[1] bears evidence of how well-known it was. Possibly two other fragments can be identified as belonging to this pamphlet; one is nr F 275, which is a very unphilosophical contribution to the debate between Plato and Antisthenes on the possibility of defining the Simple and Uncomposed;[2] the other is F 359, which contains a simple argument against the theory of Ideas. The accusation of plagiarism (*κλοπή*) belongs to the standard invectives.[3] Bryson is mentioned by Iamblichus *Vita Pyth.* 23 as one of those youngsters who were instructed by Pythagoras in his old age, cfr below 509 c. Aristotle rebukes an utterance of his.[4] The fragment of Ephipphus 509 C shows us that the calumnia had followed the usual route by way of the comedy.

D *ζητοῦμεν*] Herodicus remarks that Plato has written no systematic ethics.

*πολλοὶ τῶν μαθητῶν*] To belittle a great man by showing up the incompetence of his disciples is an ancient method of warfare. So Aeschines in his dialogue *Callias*, Ath. 220 B, demonstrated that Prodicus and Anaxagoras were worthless teachers because they had inferior disciples.

E *Εὐφραῖος*] mentioned above in the commentary to 506 E. After a long sojourn in Macedonia he deserted Philip in 342 and put himself at the head of the anti-macedonian party at Oreos[5], where he was slain in 341 when that city was occupied by Parmenio.

*γεωμετρεῖν*] A standing argument, most amusingly used by the master storyteller Plutarch in *Dio* 13, p. 963 C *φορὰ δέ τις ἦν ἐπὶ*

[1] *Fr Gr Hist* 115, T 48.

[2] E. Rohde, Rhein. Mus. 48 (1893) 114. According to Diog. Laert. VI 14 Antisthenes was the only Socratic whom Theopompus approved of. They met in their common hatred of Plato.

[3] E. Stemplinger, *Das Plagiat in der griech. Literatur*, Leipzig 1912. In 507 E Kaibel has suggested the reading *κεκλεμμένων* but I do not think he is right.

[4] *Rhet.* III 2, 13. Praechter, *Phil. d. Altertums*[12] p. 462.

[5] Demosth. IX 60, cfr U. Kahrstedt, *Forsch. zur Griech. Gesch.* 1910, p. 72.

*λόγους καὶ φιλοσοφίαν ἁπάντων καὶ τὸ τυραννεῖον ὥς φασι κονιορτὸς ὑπὸ πλήθους τῶν γεωμετρούντων κατεῖχεν.*

*Κάλλιππος*] We learn from the same source ch. 54, that Callippus **508 E**
*οὐκ ἀπὸ παιδείας ἀλλ' ἐκ μυσταγωγῶν καὶ τῆς περιτρεχούσης ἑταιρείας γνώριμον αὐτῷ* (sc. *Δίωνι*) *γενέσθαι καὶ συνήθη*. Unscrupulous as usual Herodicus makes him a disciple of Plato.

*Εὐαίων*] He was according to Diog. Laert. III 46 a native of Lam- **F**
psacus and disciple of Plato. The Academic Eurypylus, of Cos like his namesake the fabulous king, has written about him and is quoted by Dicaeocles (III cent. B. C.), whose words are preserved through Numenius in Eusebius' *Praep. Evang.* XV 731 C *Δικαιοκλῆς*[1] *ὁ Κνίδιος ἐν ταῖς ἐπιγραφομέναις Διατριβαῖς*. The anti-platonic tendency of the *Διατριβαί* is evident in both fragments preserved.

*ἀφυστερησάσης*] *καὶ ἀφυστερησάσης* is the text of the epitome. With personal subject the verb is rather common, for instance Polyb. XXII 5,2. But what would be the sense of it in this passage? The context postulates »as he did not get his money back in time». Although I have found no parallel to the phrase (*τῆς πόλεως*) *ἀφυστερησάσης* in this sense, I hesitatingly accepted this reading.

*Τιμόλαος*] All the manuscripts have *Τίμαιος*, Diog. Laert. III 46 **509 A**
has *Τιμόλαος*, and this form also occurs in Philodemus, if we accept Spengel's interpretation of the papyrus. In the margin of *col.* VI 12 there is a notice, which although very difficult to decipher, seems to contain the words *Τίμαιον λέγουσιν αὐτὸν ἐν τῷ* (something illegible; it is hardly allowed to suggest *Πρὸς τὸν Φιλοσωκράτην*).

*ὁ αὐτὸς Δημοχάρης*] justifies the opinion that the whole passage about the disciples of Plato was taken over from the speech of Demochares.

*Ἀρριδαῖος*] not *Ἀρριβαῖος* as Droysen conjectured, see Kaerst *RE* II 1249 and Beloch III: 1 p. 100.

*τοιοῦτοι δ' εἰσί*] compare the commentary to 215 C.

[1] *Διοκλῆς* is the reading of the MSS., corrected by Wilamowitz, *Antigonos* p. 313.

509 A *καὶ νῦν*] »still». This word cannot possibly be regarded as anything but a remainder from the speech of Demochares, and I cannot understand why Wilamowitz in his discussion of the passage, *Antigonos* 196, brackets this word. Further it should be stressed that the Academics are being assaulted, not only the successors of Aristotle. I am of course aware that, at this early time, no great difference was made between *'Ακαδημαϊκός* and *Περιπατητικός*[1], between the Academy and the Lyceum. Wilamowitz thinks that only Aristotle's followers were prosecuted and he had some difficulty in explaining the ecloga from Alexis' *"Ιππος* (II 327 K) preserved by Athenaeus 610 E together with a short account of the decree proposed by Sophocles.

*Τοῦτ' ἔστιν 'Ακαδήμεια, τοῦτο Ξενοκράτης.*
*Πολλ' ἀγαθὰ δοῖεν οἱ θεοὶ Δημητρίῳ*
*καὶ τοῖς νομοθέταις, διότι τοὺς τὰς τῶν λόγων,*
*ὥς φασι, δυνάμεις παραδιδόντας τοῖς νέοις*
*ἐς κόρακας ἐρρίφασιν ἐκ τῆς 'Αττικῆς.*

Alexis has, it will be remembered, made merry over Plato and the Academy in many comedies, *'Αγκυλίων*, DL III 27, *Μεροπίς*, ib. III 27, *'Ολυμπιόδωρος*, ib. III 28, *Παράσιτος*, Ath. 421 D, *Μίκκων*, Ath. 354 D, and probably many others. He reached the age of about 100 years; some of the comedies were written in Plato's lifetime, presumably in the 'fifties, but there is one fragment showing that he produced plays as late as 288. In one play *Δημήτριος ἢ Φιλεταῖρος* he shows himself as a great admirer of Demetrius. In the ecloga quoted above Demetrius Poliorcetes and the committee of the *νομοθέται* are praised because they expelled the philosophers who taught the youth the »power of eloquence». Every Athenian knew from his own history and his own experience that *λόγου δύναμις τυγχάνει ψυχαγωγία οὖσα*.[2] The great public does not care about subtleties. One hundred years earlier Socrates had to run the gauntlet; he was elected a representative of all contemporary philosophers and sophists, on to his shoulders was thrown the animosity against all the others, not only the celebrities but also the petty geniuses,

[1] See my paper *Aristoteles och idéläran*, Eranos 35 (1938) p. 144.
[2] *Phaedr.* 271 CD.

and he had to pay with his life. Thus it is no wonder that now **509 A** the Academy, the worthy Xenocrates together with the actual head of the Lyceum, Theophrastus, who was in reality very popular among the Athenians, were put in the loop-hole.

I am convinced that the first *τοῦτ᾽ ἔστιν ᾿Ακαδήμεια, τοῦτο Ξενοκράτης* concluded an exposition of the shortcomings of the contemporary philosophers in general; then follows an expression of gratitude towards Poliorcetes, who released the city of these seducers of the youth. This view is confirmed by the fact that the contemporary head of the Academy and many of its adherents were men of quite another intellectual and moral standard than the old heroes, Plato, Xenocrates and Speusippus, and afterwards very badly slashed by the peripatetic biographers.

In 306 Polemo was scholarch. According to the slander reported by Diogenes he had in his youth been dissolute and extravagant. IV 16 *νέος δ᾽ ὢν ἀκόλαστός τε καὶ διακεχυμένος ἦν οὕτως ὥστε καὶ περιφέρειν ἀργύριον πρὸς τὰς ἑτοίμους λύσεις τῶν ἐπιθυμιῶν ἀλλὰ καὶ ἐν τοῖς στενοποῖς ἔκρυπτεν κτλ.* Antigonus wrote a vivid description of his lechery preserved by Philodemus.[1] Antigonus is no liar; there must be some truth in the story. Polemo's contemporary was Clearchus of Soloi, in later litterature styled Peripatetic, but this should not deceive us. He belonged to the Academy and wrote a *Πλάτωνος ἐγκώμιον*, but is better known through his compilations full of erotic and biographic piquancies. Further there is the queer Heraclides of Pontus, who according to Diogenes V 86 *ἐσθῆτι τε μαλακῇ ἐχρῆτο καὶ ὑπέρογκος ἦν τὸ σῶμα.*

All these late Academics — and there were certainly many *dii minores* — were *διὰ γοητείας περίβλεπτοι*, ostentatiously conspicuous through their legerdemain. They quarrelled with and plagiarized one another.

The hatred of Demochares and the Athenian mob was thus directed against the Academy as well as the Peripatetic school. According to our sources a l l philosophers were temporarily expelled from Athens.

*ἀνοσίως βιοῦντες*] Philodem. col. XV 20, p. 56 Mekler: *ἔφη δ᾽ ἐν ἄστει τόθ᾽ ὑπάρχειν παρ᾽ ἐνίοις ἀσώτοις σιτήσεις, ἵν᾽ ἀκολασίας ἀφιστῶσιν τοὺς ἐφήβους τῆς ᾿Ακαδημίας τε καὶ κώθωνος ἀποχῆς κτλ.*

[1] *Academ. Philos. Index Hercul.* p. 47 Mekler.

509 B *Χαίρων*] Here too Philodemus transcribes Antigonus, *col. XI*, p. 28 Mekler: . . . *Πελληνέως τοῦ Χαίρωνος, ἐπειδήπερ οὐθὲν ἐνποδών ἐστι, παραθετέον ἃ κατεχώρισεν Ἕρμιππος ἐν τῷ Περὶ τῶν ἀπὸ φιλοσοφίας εἰς ἀριστείας καὶ δυναστείας μεθεστηκότων. Χαίρων δ' ὁ Πελληνεὺς ἐν Ἀκαδημείᾳ μὲν παρὰ Πλάτωνι καὶ Ξενοκράτει οὐκ ἔμεινεν ἀλλὰ νενικηκὼς δὶς πάλην* (tells of his victories). *αὐτὸν δὲ μετὰ τούτου καὶ τῶν ἐμ Πελοποννήσῳ στρατιωτῶν κατασχόντα τὴν πατρίδα τοὺς μὲν πολίτας ἐγβαλεῖν, τοῖς δούλοις δὲ τὰ κτήματά τε τῶν δεσποτῶν καὶ τὰς γυναῖκας δοῦναι. Φαινίας δ' αὐτὸν λέγει φιλότιμον ἐμ πλεονεξίᾳ γενόμενον καὶ τῆς Ὀλυμπικῆς νίκης οὐ κατ' ἀξίαν τύραννον ἀναφανῆναι θεατρικόν. ἐπιχειρῆσαι δέ τινες αὐτὸν λέγουσι καὶ πόλιν κτίσαι Χαιρώνειαν* (not the famous one) *ἐγγὺς τῶν καλουμένων Μεγαρικῶν κτλ.* In this report there are several sources discernible: a) Chaeron was a disciple of Plato and Xenocrates, whom he however deserted; he brought about a violent change in government in Pellene and gave the property and the women of the aristocrats to the slaves. This comes from Demochares' speech. b) His various athletic victories, also recorded by Pausanias VII 27,7. c) The report of Phaenias; probably in his work entitled *Τυράννων ἀναίρεσις ἐκ τιμωρίας*. Phaenias was a contemporary of Demochares and belonged to the same literary coterie as Theophrastus, Dicaearchus and Aristoxenus.[1] d) The anonymous report on the foundation of Chaeronea, perhaps from Antigonus. Philodemus explicitly states that he has taken over the whole material from Hermippus, who *κατεχώρισεν* all this. This word, meaning »enter in a register», is very typical; just so Hermippus recorded his material which he gathered where he could.

*παρανόμων Νόμων*] betrays the insipid rhetor, as Wilamowitz re-marks. These oxymora at first appear in Aeschylus[2] who exaggerates the use of them — it was apparently a fresh invention — more sparsely in Sophocles, Euripides and Aristophanes[3] and are afterwards always a popular although very dangerous instrument of *ψυχαγωγία*.

[1] Stuart, *Epochs of Greek and Roman Biography* p. 133, on good reasons regards these four men as pioneers in the field of literary biography.

[2] *πόρος ἄπορος, πόλεμος ἀπόλεμος, νᾶες ἄναες, χάρις ἄχαρις, παῖδες ἄπαιδες.*

[3] *Oed. tyr.* 1213 *ἄγαμον γάμον*, *Hec.* 948 *γάμος οὐ γάμος* *Plut.* 969 *βίος ἀβίωτος* (imitated by Accius in *Medea*, *vita invita*).

Who inserted this very suitable ecloga from Ephippus? Hegesander, Herodicus, Phavorinus or Athenaeus? 509 C

Athenaeus in his great work added a considerable number of similar eclogas from the writers of comedias. His assertation 336 D, however, must be regarded as a gross exaggeration: *πλείονα τῆς μέσης κωμῳδίας ἀναγνοὺς δράματα τῶν ὀκτακοσίων καὶ τούτων ἐκλογὰς ποιησάμενος*. The old and middle comedy was studied, interpreted and excerped by numerous scholars from about 200 B. C. Great lexica of *Κωμῳδούμενοι* were arranged, anthologies were compiled and extracts for various purposes were made by numerous writers. With Didymus, in the reign of Augustus, the great compilations of various contents, arranged *κατὰ στοιχεῖον*, i. e. in alphabetical order, came into existence: we know titles and possess fragments of many of these huge compilations, comparable to the great encyclopædias of our time. Athenaeus first and foremost used these encyclopædias as sources, not the original works. If he deals with e. g. wine and wine-drinking he searches his lexica for suitable extracts. So he often makes lucky hits, which put him in a very favourable light as a man of great reading and wit.

But the surrounding words which he must add to introduce the ecloga or to find a transition betray him. In passages where he himself indisputably handles his pen, his prose is affected, crabbed and rich in hiatus. I cannot find another example of a commenting introduction by his hand like the one here.

So I do not think Athenaeus has added this ecloga. It can hardly be Phavorinus — who has added some other notes — because he is always anxious to defend Plato. Thus in the end we have to choose between Herodicus, who always displays a rather bad taste, and the witty Hegesander. I suppose it is the latter; Herodicus has taken it over from his *Ὑπομνήματα*.

*ἀργυρίῳ συκοφαντοῦντας*] is a paraphrase of *πληγεὶς ἀνάγκῃ*.

*ἠσκοῦντο*] cfr Luc. *Imagin.* 11 *νεὼς* . . . . . *ἠσκημένος*.

*τέχνῃ συνών*] ought to be combined, cfr *ἡδοναῖς συνεῖναι* Plat. *Rep.* 586 B.

**509 C** ὑπὸ Πλάτωνα] so of inferiors in a military sense, Xen. *Cyrip.* V 3,47, a στρατηγός ought to know all τῶν ὑφ' ἑαυτὸν (in our editions erroneously often ἑαυτῷ) ἡγεμόνων ὀνόματα cfr I, 5,3.

ὑποπλατωνικός] as Meineke and -ων as Wilamowitz recommend, would, I suppose, mean »something a little (or nearly) Platonic», cfr ὑπαττικός Tim. *Sill.* 25,3 Diels (50 W.).

Βρυσωνο-] »hunting for copper like Bryson and Thrasymachus». Bryson from Heraclea is presumably the father of the famous argument of the τρίτος ἄνθρωπος. Alex. Aphrod. p. 84,16 Hayduck says that Polyxenus (thus not Bryson, as is alleged by Natorp *RE* III 927 and others) introduced this argument, but this Polyxenus was a disciple of Bryson. Thrasymachus is hardly the Chalcedonian but the Megarian, of whom Diog. Laert. speaks II 113, as is suggested by Th. Bergk, *Fünf Abh. z. Gesch. der griech. Philos. und Astr.*, Leipzig 1883, cfr Bäumker Rhein. Mus. 34 (1879) p. 64.

Herwerden *Anal. crit.* 36,7 suggests rather too ingeniously ὑπὸ Πλατωνικοβρυσωνοθρασυμαχειοληψικερμάτου πληγεὶς ἀνάγκης. These enormous words belong to the old comedy, especially to the language of Aristophanes, who concludes his Ecclesiazusae with a huge monstrum of a word, probably record of the world.

In popular opinion Plato and his disciples were put on a level with the sophists who received payment for their instruction, and with the eristics; Isocrates did his best to create disdain of the Platonic school, οἱ περὶ τὰς ἔριδας διατρίβοντες, *c. soph.* 291. So θρασυμαχειο- probably has a double sense. It contains the name of a well-known sophist and it alludes to the fights of the eristics.

**D** The refined clothing and pompous demeanour of the Academy — of course exaggerated in reverse proportion to age and wisdom among the younger Academics — was the common talk of the contemporary public, as the following passage from Antiphanes shows[1]:

*A.* ὦ 'τάν, κατανοεῖς τίς ποτ' ἐστὶν οὑτοσί
ὁ γέρων; *B.* ἀπὸ τῆς μὲν ὄψεως Ἑλληνικός.
λευκὴ χλανίς, φαιὸς χιτωνίσκος καλός,
πιλίδιον ἁπαλόν, εὔρυθμος βακτηρία,
βαιά τε πέζα. τί μακρὰ δεῖ λέγειν; ὅλως
αὐτὴν ὁρᾶν γὰρ τὴν Ἀκαδήμειαν δοκῶ.

[1] Athen. 544 A, II 23, Kock.

ὑποκαθιείς] cfr *barbam promittere.* **509 D**

ὑπὸ σφυρόν] The preserved text runs as follows: ὑπὸ ξυρὸν κνήμης ἱμάντων ἰσομέτροις ἑλίγμασιν. There must be some bad corruption which is very difficult to correct without considerable emendations. In ὑπὸ ξυρόν one has tried to find a participle, but none of the words suggested fit to the metre, neither the word one misses here, ὑποσφίγγων. Other suggestions are ὑποξυρῶν (impossible throughout) or ὑποξύων (a little better) κνήμας ἱματίων ἑλίγμασι. But three objections can be raised against this solution: a) the man is draped in a χλανίς[1], consequently very elegantly attired. b) Thus it is impossible to equip him with two ἱμάτια. c) The folds of clothes cannot reasonably be styled ἑλίγματα, which refers to some kind of knots, net work, or plaited work.

In ξυρόν we might be inclined to find the word indicating the broad leather strap across the foot, ζυγόν, but we get no nearer an acceptable solution this way, as κνήμης remains unexplained. In this word I for my part see an original gloss to σφυρόν. This gloss has displaced the original participle which is now lost. Until a better solution is presented, I suggest to read

ὑπὸ σφυρόν
δήσας ἱμάντας ἰσομέτροις ἑλίγμασιν.

There is no connecting δέ as in v. 11 σχῆμ' ἀξιόχρεων ἐπικαθείς βακτηρίᾳ.

ἀλλότριον] τὸ σχῆμα. He appeared as a stranger like the old man in Antiphanes' ecloga quoted above.

[1] Defined as λεπτὸν ἱμάτιον by Hesych., Arist. *Eccl.* 848, Ephipp, *fr.* 19, II 261 K.

## III. THE TREATISE *ΠΕΡΙ ΣΥΜΠΟΣΙΩΝ*

Even a cursory perusal of the chapters V 1—20 shows that we have before us remnants of writings by the same author who wrote the essay *Πρὸς τὸν Φιλοσωκράτην*. Just as so often elswhere in the work of Athenaeus, his name is mentioned towards the end and, as it were, occasionally and by the way: 192 B *φησὶν ὁ Ἡρόδικος*. A closer inspection reveals the following typical traits, in the presentation of which I follow the order adopted in my edition of the fragments.

1) The purpose is to make a comparison of convivial customs, as depicted by
   a) Homer,
   b) Plato, Xenophon and Epicurus,
   c) as prevalent in the author's own time (193 A *οὐχ ὥσπερ ἡμεῖς*, 193 C *οἱ δὲ νῦν*, 185 C *τῶν δὲ νῦν δείπνων*, 191 E *καὶ νῦν δὴ νόμος*).

   There is an additional note 191 F *καὶ παρ' Αἰγυπτίοις*.

2) There is a clear anti-platonic tendency throughout the whole treatise:
   a) 177 A, 192 A. In Plato all kinds of guests are invited to the banquet, and there is a general disorder and confusion. Homer on the contrary teaches us what people should be invited.
   b) 178 CD. Plato has misinterpreted Homer, *Conv.* 174 B; the Homeric heroes are no cowards.
   c) 180 A. Plato's banquet is a revel, a *συμπόσιον* in the true sense of the word, with immoderate drinking, while the heroes in Homer are abstemious.
   d) 182 A. Plato's banquet is frequented by sneerers and mockers (*μυκτηρισταί*); in Homer we always find a selected party of distinguished men.

e) 187 C-F. The general tone of conversation in Plato is rude, boorish and uneducated, rich in abusive words against individuals or against Athens. Paederasty is censured. Yet Homer was expelled from the Ideal State (compare 505 B); a proverb of Demochares is quoted (compare 215 C). On the contrary the young men in Homer are paragons of virtue.

3) We often meet a magisterial *διδάσκει Ὅμηρος*, 185 B, 186 F, 177 C, 179 B bis, 179 E, 191 D. Besides there are other expressions such as *πολλῷ κάλλιον ἐποίησε*, and so on. It is on the whole evident that to the author of this treatise Homer is the Great Teacher.

4) There are many verbal concordances between this treatise and the essay *Πρὸς τὸν Φιλοσωκράτην*.
{187 C *τὸν Ἀλκιβιάδην παράγει λέγοντα ὅτι πασχητιᾷ*
{219 B *Ἀλκιβιάδῃ συνεκοιμήθη*
{506 C *τὰ κατ' Ἀλκιβιάδου λεχθέντα σιωπῶ*
{182 A *τὸν περὶ Ἀλκιβιάδου λόγον σιωπῶ*
187 D ∼ 505 B, 188 D ∼ 508 D.

The style is simple. Its characteristic features are easier to perceive than to describe. I should call it a natural, unpretentious *ἀφέλεια*. Paratactic co-ordination is the rule and only the most common particles occur, *καί, δέ, ἀλλά* and especially *γοῦν*[1]. Subordinate clauses are rare; there are few temporal clauses but proportionally more relative clauses; the author particularly loves *ὅπερ*[2] and makes an immoderate use of *καίπερ*. The author's negligence is manifest; there are often unnecessary repetitions, a common thing in hypomnematic works of literature.[3]

One section of the treatise is a very good guide as to the time of its composition. It is 185 C *τῶν δὲ νῦν δείπνων προνοοῦντες οἱ νομοθέται κτλ.*, and it is therefore necessary to insert a short comment on this chapter here.

[1] 107,8; 108,1,5; 110,3,9,13; 115,12; 116,6; 117,13; 123,6; 124,4.
[2] 107,1, 10, 12; 118,1.
[3] *δεῖ γάρ* 116,11,13. *ἀλλ'* 119,4,5. *ὁμιλοῦσι* 123,5,14. *καὶ νῦν — καὶ παρ'* 124,8.

Among the Heliasts a certain committee, appointed by drawing lots, performed the duties of sworn *νομοθέται*;[1] they revised laws and ordinances so far as this was not done on the first assembly of the year. The Athenian people was from time immemorial as *σύσσιτοι* closely joined in religious guilds and confraternities of different kinds; *φράτορας ἑστιᾶν* was a regular duty. We know vey little in detail about these guilds.[2] The members were called *θιασῶται, ὀργεῶνες* or *ἐρανισταί*, and *ἑστίασις* was the general form of these meetings.[3] Most ancient are the *φυλετικὰ δεῖπνα* mentioned here, which formed part of the *ἐγκύκλιοι λειτουργίαι*, according to Demosth. *Lept.* 21. If only the members of a *φρατρία* gathered — they called themselves *γεννῆται* — the banquets were called *φρατρικὰ δεῖπνα*.[4] From the noble families of the Eupatrides spread the custom of coming together in order to celebrate common banquets, and probably it is these banquets accessible to the great public that were called *δημοτικά*[5]. The term *ὀργεωνικά* must of course be derived from *ὄργια*, the partakers of wich were called *ὀργεῶνες* and their festivals were called *ὀργεωνικαὶ σύνοδοι*[6]. Whether the *ὀργεών* was bound to a certain secret rite, a certain trade or class in society or not, remains undecided. Finally *θίασος*, it is true, originates in the Bacchic cult, but later on it is the most common word for religious guilds in general and for the banquets accompanying the cult.[7] The different guilds had their names from the object of the cult. Thus we have the *Εἰκαδεῖς*[8], *Σαραπισταί, Ἡροϊσταί, Διονυσιασταί* and so on.

[1] Demosth. *in Timocr.* 27, Andoc. *Myster.* 84.

[2] Collected in the well-known books by E. Ziebarth, *Das Griechische Vereinswesen*, Leipzig 1896, and F. Poland, *Gesch. des griech. Vereinswesen*, Leipzig 1909.

[3] Read the chapter »Rechtliche Stellung der Philosophenschulen» in Wilamowitz, *Antigonos* p. 264.

[4] Compare Dionys. Hal. II 23.

[5] The meaning of this word is evolved by Aristotle *Pol.* VI 2,8 p. 1317 b 40 sqq.

[6] *IG* $2^2$, 2361, 14, III A. D.

[7] Cfr Plut. *Quaest. Graec.* 44 p. 301 F *τῷ Ποσειδῶνι θυσίαν ἄγουσι τοὺς καλουμένους θιάσους, ἐν ᾗ καθ' αὑτοὺς ἀφ' ἡμέρας ἑκκαίδεκα μετὰ σιωπῆς ἑστιῶνται, δοῦλος δ' οὐ πάρεστιν.* Of Cleomenes Plutarch says 821 A *ἐν γυναιξὶ καὶ θιάσοις καὶ κώμοις συνέχοντος ἑαυτόν.* The use of the word in this general sense is early.

[8] With a witty distortion the Epicureans were called *Εἰκαδισταί*, because they commemorated their founder's death on the twentieth of Gamelion, Ath. VII 53, 298 D. See Dittenberger's *Sylloge* III p. 246 ff.

Now in this chapter we hear of the σύνοδοι of the followers of the three well-known Stoic philosophers, Diogenes of Seleucia, called the Babylonian, who participated in the famous embassy of philosophers to Rome in 156/55, further his successor as scholarch, Antipater of Tarsus, and finally Panaetius of Rhodes, who succeeded Antipater in 129. About 150 B. C. all these philosophers lectured at the same time in Athens, Diogenes more than 80 years old[1] and Panaetius about 35 years old, thus at his ἀκμή. This must be a *terminus post quem* for our treatise. Panaetius died in 112, and shortly afterwards Poseidonius won his great fame as *princeps Stoicorum* by completely remodelling the philosophy of the school. After about the year 100 B. C. it is by no means probable that followers of the three old philosophers, who had now been dead for a long time and whose doctrines were already obsolete, met at regular σύνοδοι.[2]

It must however be particularly stressed, that Herodicus here uses the word σύνοδοι, a term of very general sense, to imply that followers of the three great philosophers gathered for meetings. It is not mentioned whether these meetings were coupled with any kind of cult. Yet it is impossible to suppose that they met to celebrate the memory of the three teachers, as was the case with the Epicureans. This is moreover emphasized by the comparison with Theophrastus. His nearest disciples used to meet regularly, while he was scholarch in the Lyceum, and in his testament he provided that certain disciples, who were mentioned by name, should have the right to dispose of his property and his home.[3] For their meetings he prescribed certain rules, συμποτικοὶ νόμοι.

To sum it up, it seems to me most likely that these σύνοδοι took place at the time when the fame of the three philosophers was at its height and followers and personal disciples were still alive, that is to say between 150 and 130. Since Herodicus uses the word in this

[1] Pseud.-Luc. *Macrob.* 20; in Cicero's *Cato Maior* 23 it is presumed that he has just died, but it is of course impossible to use this literary fiction to support an exact statement of his death.

[2] M. Müller, *De Seleuco Homerico*, D. Gött. 1891, p. 11, and after him Gudeman in *RE* VIII 973 and other authors of handbooks mean, that since these banquets are not mentioned by Cicero, it is not probable that they survived the catastrophe of the year 86 B. C. But this is a negative argument of no value at all. Furthermore Müller and his followers have wrongly understood σύνοδοι as *collegia*.

[3] See the *testimonia ad locum*.

description, he talks of contemporary occurrences. The epigram against the Aristarcheans seems to have been written some time after 146. Thus both these determinations of time point towards the same period; this treatise and the epigram can be assigned to the year 145 B. C. At any rate I conclude without hesitation, that the treatise *Περὶ συμποσίων* was written between 150 and 140.

---

The chapters V 1—20 in Athenaeus are not a continuous and coherent treatise by Herodicus without any additions. The question is not so easy. There are some sections, the style and contents of which seem to betray another author or another source. I now follow the order in Kaibel's edition of Athenaeus.

1) *The prooemium of Athenaeus, p.* 403,20—404,5.

In a paper on the character of Athenaeus[1] I have tried to define his methods of work from a more general point of view. Here I shall only call to mind how he usually composes his introductions and clusters of quotations. As I have previously pointed out, Athenaeus very seldom used the original works of a classical author. His principal sources were the great compilations, lexica and the hypomnematic literature from Didymus onwards up to his own time. How does he work out an introduction?

Before him he has spread out the material he intends to excerpt. He selects a few catchwords and stock phrases suitable for his theme, mixes them into some simple introductory words, and chooses — apparently with great skill — some suitable verses from a comic poet or other current quotations which contain or allude to the catchwords. I stress »apparently», for there is no reason to believe that Athenaeus himself, as he wishes to give out 336 D, read through hundreds of comedies and personally excerpted and collected these quotations. He has at his disposal the great grammatical lexica of his time and there he looks up the catchwords in question and finds the wanted eclogues and poetical excerpts. He has familiarized himself with this style and this manner of work to such a degree,

[1] Cited above p. 57.

that he can hardly write a single sentence himself without either borrowing some rare words (220 F *πόθων θέλγητρα*) or interlarding his text with quotations (222 D *καὶ ἡμεῖς*).

Athenaeus dedicates his book to Timocrates[1] who is apostrophized now and then in his prooemia and in the text; he also makes up a rudimentary dialogue between the learned banqueters. Kaibel, and with him many others, thought that our existing copy of the work of Athenaeus is an abridged edition of the original work, which was supposed to contain comprehensive dialogic parts. This hypothesis however is decidedly wrong. We are in many cases able to see how totally indifferent Athenaeus was to the outward form of his work; the most typical example is 556 B, where we can observe how Athenaeus himself — for nobody would dare to vindicate that this be the work of an epitomist — deliberately mingles the three styles and the three conceptions on which his great work is built up: a) the frame-dialogue, i. e. the pretended dialogue, often in epistolary form, between himself and Timocrates, b) the rudimentary inner dialogue between the banqueters, and c) the purely narrative style.[2]

We may compare the prooemium of book XIII. Again we find Timocrates as well as one of the banqueters, Larensius *ὁ ἑστιάτωρ*, and some quotations in narrative style in preparation of the coming theme; as catchwords *περὶ γαμικῶν καὶ ἑταιρῶν λόγος*. Compare also the speech of Cynulcus IV 45—50 or the prooemium of book VI.

Here in the prooemium of book V we have the usual ingredients:

a) Timocrates is apostrophized, frame-dialogue.
b) Masurius is represented as speaking, inner dialogue.
c) The theme is given in a couple of catch-words, *λόγος περὶ συμποσίων* and *τὰ χρησιμώτατα* (compare the repeated *διδάσκει* of Herodicus) *ἅπερ ὁ θεῖος* (the epithet is typical of the style of Athenaeus, see the commentary to p. 504 E) *Ὅμηρος παρεισήγαγε*.
d) A suitable quotation from Agathon.

[1] Since everything in Athenaeus is artificial and over-refined one is tempted to ask, if he has not invented this person after the model of the Epicurean, Plut. *adv. Colot.* 31, 1125 D *οὐδὲν οὖν δεῖ τοὺς Ἕλληνας σῴζειν, ἀλλ' ἐσθίειν καὶ πίνειν, ὦ Τιμόκρατες, ἀβλαβῶς τῇ σαρκὶ καὶ κεχαρισμένως*.

[2] *Παρέθετο* (narrative style) *δὲ περὶ τῶν γυναικῶν ψήφισμα Ἱερώνυμος ὁ Ῥόδιος ὅπερ σοι διαπέμψομαι* (frame-dialogue) *εὐπορήσας τοῦ βιβλίου. ἀντεῖπε .... Παναίτιος* (inner dialogue). See *op. cit.* (above p. 57) p. 239.

2) *P.* 407,24 — 410,21.

Both chapters 4—5 contain a discussion of *Il. B* 408—409, and it is a very intricate question to decide to whom the different sections belong. Müller, in his dissertation cited above p. 93, thinks that it is an addition made by Athenaeus himself, who would then have independently excerpted all these sources and compiled these chapters. This is quite unreasonable, especially when we consider what we know of the methods of work of Athenaeus.

I distinguish the following sections.

a) *Ἐδίδαξεν δ' Ὅμηρος — ἄφιλον.* This section indubitably belongs to the treatise of Herodicus and corresponds to 406,15 *ἐκδιδάσκει τίνας κλητέον.* It must be observed that the whole section from 186 F *ἔπειτα* to 177 C *αὐτόματος — Μενέλαος* deals with the five continuous verses *Il. B* 404—408.

b) *Πλάτων δὲ* — end of ch. 5. This section is coherent for the quotations from Bacchylides and the proverbs are firmly anchored. The scholium to *Conv.* 174 B can apparently be traced back to this combination of quotations, but unfortunately the date of this scholium is not known, although it is certainly late. Nevertheless it is not probable that the scholiast obtained his material through Athenaeus; there are at least no other traces of such a use. According to my opinion, therefore, Athenaeus found the whole of this passage, that is to say the whole treatise by Herodicus including its later additions, in some later grammatical or lexical compilation. The scholiast of Plato has probably hit upon the same source, which is quite natural, as scholia in general are nothing but extracts from these relatively late compilations.

The problem of the authorship of this section cannot be solved that way. If we look at the contents, it seems to me very credible that Herodicus is the author. He could not reasonably find anything in Plato, the object of his hatred, about *τίνας οὐ δεῖ καλεῖν.* As a matter of fact he has construed this »prescription» of Homer in order to get an opportunity of criticizing Plato. In this case the insertion of the quotation from Homer serves as a foil to what he really wants to say himself — the calumny of Plato and the other philosophers. The quotation from Bacchylides[1] he has inserted in

[1] In the same way he quotes Aristophanes 179 B and — if it belongs to the treatise — Pindar 191 F.

order to show that *αὐτόματοι* are the same as *δίκαιοι φῶτες* and not *χείρονες*. Proverbs are used as arguments also 187 A.

Although I dare not deny the possibility that what we see stored in this section is later grammatical wisdom, I want to lay stress on the fact that there are good reasons to believe that Herodicus is the author and that it originally formed part of his treatise on convivial customs.

c) The remaining section, 408,5—409,7, deals with verse *B* 409. In my opinion it contains Seleucus' discussion of this passage and is a polemic against Aristarchus. To understand that, we must look at the scholium to *B* 408—409. **A** has nothing, **B** and **T** give us the following explanation.

408. *τὸν γὰρ* (**B** peius *δὲ*) *ἀδελφὸν οὐδὲ ἐκάλεσεν, ἀλλ' αὐτόματος ἦλθεν.*

409. *ᾔδεε γὰρ κατὰ θυμὸν ἀδελφεὸν ὡς ἐπονεῖτο· ἅμα δὲ διδάσκει συμφέρεσθαι* (**T** *συμπεριφέρεσθαι*, cfr *συμπεριφερόμενος* 177 D) *τοῖς ἀδελφοῖς ἐν ταῖς αὐτῶν σχολαῖς. καὶ ἵνα μὴ δόξῃ ἐπιλελῆσθαι* (cfr *ἐπιλαθέσθαι* 177 E) *αὐτοῦ ὁ ἀδελφός, αὐτόματος ἔρχεται, ἀπαλλάσσων ἐκεῖνον ὡς πονούμενος τοῦ ἐγκλήματος.*

The conformity with our passage is obvious. We have before our eyes the exegesis of Aristarchus and this is also confirmed by 177 E *μᾶλλον Ἀριστάρχου κατακούων τῶν Ὁμηρικῶν ἐπῶν*. But who »understood the passage better than Aristarchus«?

The Aristarchean conception of the passage is critized by S e l e u c u s: if Menelaus, as Homer says (so this *φησὶν* must be interpreted), knew that Agamemnon was occupied, he would of course have arrived without an invitation. The added verse is unnecessary (*γελοῖον*). Thus Seleucus interprets the passage just as Aristarchus does, but he regrets that the latter has not drawn the obvious conclusions of his interpretation and rejected this verse as spurious. As a support he relates the opinions of Athenocles and Demetrius. There the commentary on *B* 409 ends, and with the quotation from Plato we come back to the theme *τίνας οὐ κλητέον*.

3) *P.* 413,24—417,2.

The first words of the chapter evidently belong to the treatise of Herodicus; with the clumsy *οὗ ἐν τῇ γαμοποιίᾳ* begins an obvious insertion, whose author criticizes the verses *δ* 17—19

*τερπόμενοι· μετὰ δέ σφιν ἐμέλπετο θεῖος ἀοιδός*
*φορμίζων· δοιὼ δὲ κυβιστητῆρε κατ' αὐτούς*
*μολπῆς ἐξάρχοντες ἐδίνευον κατὰ μέσσους*

as transposed from Σ 604 (*μετενεγκόντες ἐκ τῆς Ὁπλοποιίας*). So also the scholia state: *φασὶ τοὺς γ' στίχους τούτους μὴ εἶναι Ὁμήρου ἀλλὰ τοῦ Ἀριστάρχου.* But Dindorf, who mistakenly reads *τοὺς ε' στίχους*, tells us that the scholium in **MT** was written in such a manner that the suspicion arises, that some reader of our passage in Athenaeus may afterwards have inserted this observation among the old scholia. At any rate it is of secondary value.

Müller has shown that the section 413,24—417,2 was written by Seleucus and has also discussed its textual difficulties.[1] The contradiction between 188 B *ἐν γαμικῷ συμποσίῳ διατρίβοντες* (compare 185 B) and the tendency of this section, which is to show that there is no reference at all to wedding ceremonies, clearly indicates that this section was added after the composition of the treatise of Herodicus. This contradiction also makes it extremely improbable that it was Seleucus who himself inserted this observation in the text of Herodicus.[2] Apart from other circumstances it is reasonable to assume that he would have inserted a similar reservation also in 188 B. A third unknown person, hardly Athenaeus himself, effected the amalgamation by changing *Ἐν δὲ τῇ γαμοποιίᾳ* to *οὗ ἐν τῇ γαμοποιίᾳ*.

Seleucus makes three remarks in his criticism of the text of Aristarchus:

a) *εἰς τὸ τοῦ Μενελάου συμπόσιον ἐμβαλὼν οὓς οὐ προσήκει στίχους*, namely δ 17—19.

b) *τῆς Λακώνων παιδείας ἀλλότριον ἐποίησε.*

To this belongs also the general reflexion *διάφορος ἦν ἡ μουσικὴ παρὰ τοῖς Ἕλλησι*, which Müller picks out as a separate addition.

c) *τοῦ Κρητικοῦ χοροῦ τὸν ᾠδὸν ἐξεῖλεν*, by taking away 604 *μετὰ δέ σφιν ἐμέλπετο θεῖος ἀοιδὸς φορμίζων*. The consequence was that Aristarch misinterpreted *ἐξάρχοντες* which must be read *ἐξάρχοντος* sc. *τοῦ ᾠδοῦ*.

[1] M. Müller, *De Seleuco Homerico*, D. Göttingen 1891.

[2] This was the opinion of H. v. Arnim, *Phil. Unters.* XI 123.

The wole section is coherent, free from alien additions, was written by Seleucus and inserted by some unknown grammarian after the time of Seleucus, e. g. Pamphilus or Phavorinus.

4) *P.* 421,2—423,9.

In the treatise of Herodicus the verse δ 74 was quoted in its original form. The learned grammarian who excerpted Herodicus for his compilation — be it Pamphilus or Phavorinus or someone else — and who was the immediate source of Athenaeus, inserted the commentary of Seleucus on this verse; it is easy to see the junction in the words *περὶ δὲ τῶν κτημάτων*. Seleucus' commentary on δ 74 contains mainly the following points:

a) Defence of his own suggestion *Ζηνός που τοιαῦτα δόμοις ἐν κτήμασι κεῖται* starting from the sense of *αὐλή*.[1]

b) Discussion of *αὐλή*, *αὐλών* (*ἀρσενικῶς* or *θηλυκῶς* with citations); it finishes with the juxtaposition of *δόμοι* and *κτήματα* δ 79, 190 A.

c) *Ἀλλὰ γὰρ ἐπανιτέον ἐπὶ τὸ συμπόσιον ἐν ᾧ Ὅμηρος ἐπιδεξίως ἀφορμὴν εὗρεν λόγων, ὥστε κτήμασι κτῆσιν συγκρῖναι φίλου.* These words have been thoroughly misinterpreted. It is S e l e u c u s who, after his etymological digression, returns to *τὸ τοῦ Μενελάου συμπόσιον* (compare 181 C) and goes on with his commentary.

d) Menelaus declines the comparison with Zeus and in a very gentle manner displays his *φιλάδελφον ἦθος*; compare with this analysis the words of Seleucus 182 A *Ὅμηρος ὥσπερ ἀγαθὸς ζωγράφος*. Helena's *φιλεργία* and *σωφροσύνη* are further analysed; she is here showing quite other sides than the usual ones: *οὐ χλιδῶσα γὰρ οὔτε θρυπτομένη διὰ τὸ κάλλος εἰσάγεται.*

The whole section is written by Seleucus and shows us clearly what a good author we have lost in this interpreter of Homer. He looks at the text in a quite unprejudiced way and takes up a critical attitude towards the Pergamenes as well as Aristarchus. Obviously he is a clever scholar with a good education and great skill. His etymological contributions are numerous and as a rule bear witness of his sound judgment. His attempts at psychological interpretation and understanding of the text are unique in antiquity. It is not only formal grammatical questions or questions of mythology, geography and antiquities that have awakened his interest — of the

[1] This is in fact a very sensible reading.

Homeric cosmography of the Pergamenes there is not a hint — but he has really tried to understand the poetical figures and their deportment in Homer and discover the psychological motives behind the dry words of the poem. In a refreshing and salutary manner he therefore shows off against the other commentators of Homer.[1]

5) *P.* 429,13—20 *Διαμαρτάνουσι δὲ — ἀπαρκεῖ.*

At first sight one is inclined to regard this as an addition by Seleucus. If we compare the treatise *Περὶ τοῦ τῶν ἡρώων καθ' Ὅμηρον βίου*, of which there are considerable remainders in the first book of Athenaeus[2], we find that the section on *τροφαί* p. 429,6—13, corresponds to 11 B *ὅτι τροφαῖς ἐχρῶντο οἱ ἥρωες*, and p. 429,20, *ἀπαλλαγέντων* corresponds to 12 A *μετὰ δὲ τὴν ἀναχώρησιν αἱ δμωαὶ ἀπὸ μὲν σῖτον πολὺν ἥρεον καὶ τράπεζαν καὶ δέπα.* The intermediate *διαμαρτάνουσι — ἀπαρκεῖ* is clearly an addition, if we start from this comparison. The question of how to judge of this section is closely connected with our apprehension of the chapters V 19—20 as a whole.

These two chapters, which I regard as an introduction to the supposed treatise of Herodicus *Περὶ συμποσίων*, is a short summary of the cynic-stoic *communis opinio περὶ τοῦ τῶν ἡρώων καθ' Ὅμηρον βίου.* This is evident from the numerous parallels in the testimonia. We find the same material in Plutarch, the pseudo-Plutarchean treatise *De vita et poesi Homeri*, in Dion of Prusa and sparsely in the Aristarchean corpus of scholia.[3] There are reasons to believe that Herodicus wrote this abridged account as an introduction for his calumny of Plato — and this reasonable supposition is im-

[1] Müller's collection of the fragments and his discussion of them is a good piece of work but in many respects now unsatisfying. It would be a very profitable task to collect and make a new edition of the remains of the writings of this interesting grammarian. See K. Bapp, *Beiträge zur Quellenkritik des Athenaeus, II. Seleucus*, in Commentationes Ribbeck, Leipzig 1888, p. 258.

[2] See A. Brunk, *De excerptis Περὶ τοῦ τῶν ἡρώων καθ' Ὅμηρον βίου ab Athenaeo servatis.* D. Greifswald 1887.

[3] On Aristarchean doctrine of *ἔθος* see Ph. Hofmann, *Aristarchs Studien de cultu et victu heroum im Anschluss an Lehrs*, D. München 1905, and A. Roemer, *Aristarchus*, Leipzig 1911. Aristarch gives a plain description of accessible facts, the Pergamenes idealize.

pressively corroborated by the words 192 D *ὅπερ*[1] *συμβάλλων τις πρὸς τὰ τῶν φιλοσόφων συμπόσια κοσμιώτερον ἂν εὕροι*. To those who regard these words as an addition by Athenaeus himself, I should like to put the question: where are the parallels? Is it possible to produce a single passage, where one is able to show with certainty that Athenaeus is so skilful, attentive and to the fore, as one is always inclined to make him? Isn't it on the contrary an indisputable fact that, at every turn, we can witness his numbness, laxity and carelessness in regard to the outward form and consistency of his compilation? Athenaeus is through and through the least original of all imitative compilers, and for this we ought to be especially grateful towards him. In this lies the greatest value of his work[2], and we do not regret the loss of his opinions, omissions or additions; it is a great advantage for us that he did not try to improve the authors quoted. When once in a while he remembers — it is very rare indeed, and the many repetitions and apparent contradictions in his work need not be exemplified — that he has taken up something before, his excerpting becomes very negligent, as is shown by 192 A *ὁσάκις—προειρήκαμεν ἤδη*.

Just in this badly mutilated section, abridged by Athenaeus, p. 429,6—430,2, the disputed insertion *διαμαρτάνουσι — ἀπαρκεῖ* occurs. The scholia show that it contains a common Alexandrian conception. In *Od.* *α* 139—141 these verses are in their right place, for Mentes arrived *ἐξ ἀρχῆς*, but. *Od.* *δ* 55 *τὰ περὶ τῆς ταμίας* must be rejected as out-of-place, for Telemachus and Pisistratus arrived at the house of Menelaus when the banquet had already commenced (*ἐπεισεληλύθασι*). By the way this is a rather silly remark, which does not at all fit in with the type of exegesis that we have found to be typical of Seleucus; if on the other hand, this explanation is regarded as Aristarchean, this is only true in the sense that it is included in the petrified *corpus scholiorum* which bears his name.

I cannot see any irrefutable objection to the presumption that Herodicus himself inserted this observation, which is so intimately connected with his treatment of the convivial customs. It is al-

[1] This *ὅπερ* is a typical feature in Herodicus' style.

[2] On this ground the opposite is true of the *Συμμίκτων ἱστορικῶν ὑπομνημάτων λόγοι* of Pamphila, *Photius cod.* 175.

together consistent with the abridged account of *συμποσίου ἀγωγῆς παρὰ τοῖς ἀρχαίοις*, which he placed as an introduction to his comparative study of banqueting manners.

---

As to the disposition of the supposed treatise *Περὶ συμποσίων* it is wise to state from the beginning that it is out of the question to do anything but make a more or less well-founded attempt at rearranging the scattered parts of this treatise. Hence it would seem most advisable to publish the text just as it stands in Athenaeus. But against this may be argued that the order of the text in Athenaeus evidently is intentionally inverted. This is a typical feature in compilations of this kind, the authors of which distribute their stuff under different catchwords and in such a manner that they conceal their immediate sources, although they generously quote the original ones.

The works of Herodicus seem to have passed through several hands before they finally found their way to Athenaeus. I hazard the following hypothesis, which must however be taken for what it is worth — a presumption as to how it could have been done.

Didymus, in the time of Cicero, wrote a work with the title *Συμποσιακά*, also called *Σύμμικτα*. There is a considerable portion of this work in Athenaeus, which M. Schmidt in his collection of the fragments of Didymus has overlooked. Chapter IV 15 deals with the convivial customs of the Spartans; in chapter 16 Polemo is quoted; then he goes on p. 139 C *ταῦτα μὲν ὁ Πολέμων, πρὸς ὃν ἀντιλέγων Δίδυμος ὁ γραμματικὸς . . . φησὶ τάδε*. This quotation extends at least as far as 141 F (so Kaibel and Cohn *RE* V 470), but probably it does not end before chapter 30, p. 148 D. A long series of different convivial customs is enumerated and discussed in detail. It seems to me very probable that also the excerpts from the treatise of Herodicus were originally made by Didymus, especially as *schol. Ran.* 1028 proves that Didymus knew some work by Herodicus.[1]

Afterwards Didymus' work was used by a later grammarian, e. g. Pamphilus[2], who inserted the observations of Seleucus. Didymus

[1] See below p. 126 and M. Schmidt *Didymi fragmenta*, 250,17 and Steinhausen *Κωμῳδούμενοι* p. 48 n. 2.

[2] J. Schönemann, *De lexicographis antiquis*, Hannover 1886.

and Pamphilus have probably already disturbed the order of the original work, and Athenaeus, to be sure, makes it worse. In the case of the essay *Πρὸς τὸν Φιλοσωκράτην* it is obvious that he deliberately distributed the fragments in different books.

Thus the only thing we can do is to look at the contents of the fragments and try to find an acceptable disposition, thereby taking the risk of altering or even improving the original author.

I. *Περὶ συμποσίου συναγωγῆς παρὰ τοῖς ἀρχαίοις* 192 B—193 C.

This is an abridged account of old post-Zenodotean theories on the life and customs of the Homeric heroes. The contents of this treatise, as far as Homeric customs are regarded, is common property of many authors. The parallel passages from the scholia and other sources which I have added to the edition of the text, show the dissemination of these remarks. I have urged that this treatise is mainly a work by Herodicus, who himself collected the material. This view is strengthened by a comparison of the different versions of this particular chapter.

192 B.

*Πᾶσα δὲ συμποσίου συναγωγὴ παρὰ τοῖς ἀρχαίοις τὴν αἰτίαν εἰς θεὸν ἀνέφερε, καὶ στεφάνοις ἐχρῶντο τοῖς οἰκείοις τῶν θεῶν καὶ ὕμνοις καὶ ᾠδαῖς καὶ δοῦλος οὐδεὶς ἦν ὁ διακονήσων, ἀλλ' οἱ νέοι τῶν ἐλευθέρων ᾠνοχόουν, ὡς ὁ τοῦ Μενελάου υἱὸς καίτοι νυμφίος ὑπάρχων καὶ ἐν αὐτοῖς τοῖς γάμοις. παρὰ δὲ τῇ καλῇ Σαπφοῖ καὶ ὁ Ἑρμῆς οἰνοχοεῖ τοῖς θεοῖς καὶ τἄλλα δὲ πάντα παρεσκεύαζον τοῖς δειπνοῦσιν ἐλεύθεροι.*

40 C *Σέλευκος δέ φησι τὸ παλαιὸν οὐκ εἶναι ἔθος οὔτ' οἶνον ἐπὶ πλεῖον οὔτ' ἄλλην ἡδυπάθειαν προσφέρεσθαι μὴ θεῶν ἕνεκα τοῦτο δρῶντας.*

18 B *καὶ Μενελάου δὲ τελοῦντος γάμους ὁ νυμφίος Μεγαπένθης οἰνοχοεῖ.* The same error as in 192 B.

T-schol. *Α* 470 and *ο* 141 *ἀρχαῖον ἔθος οἰνοχοεῖν τοὺς νέους· οἰνοχοεῖ δὲ υἱὸς Μενελάου.*

424 E *ᾠνοχόουν τε παρὰ τοῖς ἀρχαίοις οἱ εὐγενέστατοι παῖδες ὡς ὁ τοῦ Μενελάου υἱός·* (*ο* 141) *ᾠνοχόει δ' υἱὸς Μενελάου κυδαλίμοιο.* Thus not at his own wedding.

T-schol. *Υ* 234 *ἔθος γὰρ ἦν, ὡς καὶ Σαπφώ φησιν, νέους εὐγενεῖς εὐπρεπέσιν οἰνοχοεῖν.*

425 C *'Αλκαῖος δὲ καὶ τὸν Ἑρμῆν εἰσάγει αὐτῶν οἰνοχόον, ὡς καὶ Σαπφὼ λέγουσα* (follows *fr.* 135 Diehl).

One thing seems to me to be an obvious consequence of this comparison: Seleucus has written out some more detailed source. Herodicus version is rich in details and well composed; his version seems to be a compilation of his own.

II. *Τὰ νῦν δεῖπνα* 185 C—186 D.

III. *Ἡμεῖς δὲ νῦν περὶ τῶν Ὁμηρικῶν συμποσίων λέξομεν, χρόνοι πρόσωπα, αἰτίας.* Homer, Xenophon, Plato and Epicurus. To this section 185 BC seems to belong. It deals with *αἰτίαι, χρόνοι* and *πρόσωπα* but seems to be badly contracted and mutilated.

IV. 185 C *Δοκεῖ — ἕκαστον ἡμῶν* is all tattered and torn. It originally contained a discussion of the question, why it was customary at the Homeric banquets to invite the guests to eat and drink before the question was put to them, from where they came, who they were, and what their errand was — the well-known *χαῖρε, ξεῖνε, παρ' ἄμμι φιλήσεαι, αὐτὰρ ἔπειτα δείπνου πασσάμενος μυθήσεαι, ὅττεό σε χρή, Od.* α 123. *Δοκεῖ γ ὰ ρ ἔχειν* indicates that something has been left out. Hospitality in itself was highly esteemed and every guest or stranger was just as friendly and liberally received. *Οὐ τοὺς ἐν μέρει καὶ καθ' ἕκαστον ἡμῶν* means that one did not care to inquire who the individual stranger was, and did not enter into particulars before he had been hospitably received. In the scholia to the passage there are fragments of a similar discussion, which show that just these words *Δοκεῖ γὰρ κτλ.* once contained an abridged account of old Alexandrian exegesis.

V. *Τίνας κλητέον* 186 F—187 A.

VI. On the guests. 187 AB, 177 AB, 192 AB.

a) 187 AB, 177 A. In Homer men of different age and character (*προαίρεσις*), but always prominent, are invited. Epicurus invited only *προφήτας ἀτόμων*, Plato *ἄλλον ἐπ' ἄλλης προαιρέσεως σπουδάζοντας* and Xenophon *καί τινας ἰδιώτας*.

b) 177 B, 192 AB. In Homer the banquets are varied, and we find *τῶν μνηστήρων συμπόσιον Od.* α 144—229, *τὸ δὲ τῶν Φαιάκων Od.* θ 234, ι 5, *ἐπὶ στρατιᾶς Il.* Η 313 (*βουλευτήριον*), Ι 173 (*συνέδριον*), Β 398 (*δημοθοινίαν*), further *τὰ δὲ πολιτικώτερον τελούμενα, Od.* δ 1 (*οἰκείων σύνοδον*). Epicurus has arranged a banquet of philosophers only, and Plato's banquet is neither one nor the other, neither *συνέδριον*, nor *βουλευτήριον*, nor *λέσχη φιλοσόφων*.

VII. *Οὓς οὐ δεῖ καλεῖν*, 177 C, 178 A—E.

Plato has misinterpreted the *αὐτόματοι* of Homer.

VIII. On personal hygiene, 178 EF.

IX. 178 F *Δεῖ δὲ καὶ* — 179 B *αὐλῆς θαύμασον*.

The importance of house-inspection and good breeding in general. Compare *schol.* **A** on *Z* 176.

X. 179 BD *σπονδαί, ἀπαρχαί*.

XI. 179 E—180 B on the use of wine.

XII. 182 AB, 187 A on parasites, *κόλακες*.

XIII. 187 C—F, 188 A—F. On topics of conversation, *ζητήματα*, in Epicurus, Plato, Xenophon, and Homer. This comparison between the *ζητήματα* proposed at the banquet of Menelaus in the fourth rhapsody and the *ζητήματα* proposed in Plato's *Banquet* seems just a little bit halting. Is it a joke or is it serious? To be sure, it is a quite incredible story, but probably Herodicus knew that the public of his age would swallow it. If it was seriously meant — and this can hardly be doubted — we must conclude that the average educated man of this age knew practically nothing of Plato, except the famous name.

XIV. 191 DE. When is it time to break up from a banquet?

Some words on Egyptian customs are added, which may be an addition by Didymus.

We do not know anything about the title of this treatise of Herodicus. I suppose it was a part of his work *Σύμμικτα ὑπομνήματα*, and probably never was a separate book with a particular title. As a heading I have put the words *περὶ συμποσίων*, used by Athenaeus himself in the introduction of the fifth book. Taking the parallels between this treatise and the essay *Πρὸς τὸν Φιλοσωκράτην* in consideration, we must however assume that they were published as different works on different occasions.

## ΠΕΡΙ ΣΥΜΠΟΣΙΩΝ

V 19, 192 B I. Πᾶσα δὲ συμποσίου συναγωγὴ παρὰ τοῖς ἀρχαίοις τὴν αἰτίαν εἰς θεὸν ἀνέφερε, καὶ στεφάνοις ἐχρῶντο τοῖς οἰκείοις τῶν θεῶν καὶ ὕμνοις καὶ ᾠδαῖς. καὶ δοῦλος οὐδεὶς ἦν ὁ διακονήσων, ἀλλ' οἱ νέοι τῶν ἐλευθέρων ᾠνοχόουν, ὡς ὁ τοῦ Μενελάου υἱὸς καίτοι νυμφίος ὑπάρχων καὶ ἐν αὐτοῖς τοῖς γάμοις. παρὰ δὲ τῇ καλῇ Σαπφοῖ καὶ ὁ Ἑρμῆς οἰνοχοεῖ τοῖς θεοῖς. καὶ τἄλ-
C λα δὲ πάντα παρεσκεύαζον τοῖς δειπνοῦσιν ἐλεύθεροι. καὶ οἱ δειπνήσαντες ἀπελύοντο φωτὸς ὄντος. ἐν ἐνίοις δὲ καὶ τῶν Περσικῶν συμποσίων ἐγίνοντό τινες καὶ βουλαί, καθάπερ ἐν τῷ τοῦ Ἀγαμέμνονος κατὰ τὴν στρατείαν. τὸ δὲ τοῦ Ἀλκινόου συμπόσιον, πρὸς ὃ ἀποτέταται ⟨ὁ⟩ τοῦ Ὀδυσσέως λόγος·

οὐ γάρ ἔγωγέ τί φημι τέλος χαριέστερον εἶναι
D ἢ ὅταν εὐφροσύνη μὲν ἔχῃ κατὰ δῆμον ἅπαντα,
δαιτυμόνες δ' ἀνὰ δώματ' ἀκουάζωνται ἀοιδοῦ,

---

1 Cfr R. Weber, *De Dioscuridis Περὶ τῶν παρ' Ὁμήρῳ νόμων*, Leipz. Stud. XI (1889), p. 87 sqq. εἰς θεόν] *Ath.* 40 c 2 στεφάνοις] at *Ath.* I 9 E ἀλλὰ μὴν οὐδὲ στεφανομένους κτλ. 3 ᾠνοχόουν] *Ath.* 18 B καὶ Μενελάου δὲ τελοῦντος γάμους ὁ νυμφίος Μεγαπένθης οἰνοχοεῖ 5 Σαπφοῖ] *fr.* 135 Diehl κῆ δ' ἀμβροσίας μέν κράτηρ ἐκέκρατ' Ἔρμαις δ' ἔλων ὄλπιν θέοισ' οἰνοχόησε, cfr *Ath.* 425 C et 39 A 7 φωτὸς ὄντος cfr 191 E et Plut. *Instit. Lacon.* 3 ἀπίασι δίχα λαμπάδος· οὐ γὰρ ἔξεστιν πρὸς φῶς βαδίζειν Περσικῶν] *Ath.* 144 AB ex *Herod.* I 133 μεθυσκόμενοι δὲ εἰώθασι βουλεύεσθαι τὰ σπουδαιότατα τῶν πρηγμάτων 8 ἐν τῷ τοῦ Ἀγαμέμνονος] *Il.* 7,313 cfr ἐπὶ στρατιᾶς 177 B 11 *Od.* 9,5—7 cfr *Schol.* ἀπρεπὲς τέλος ὁρίζειν τροφὴν καὶ ἀπόλαυσιν, *Ath.* 512 D καὶ Ὅμηρος δὲ τὴν εὐφροσύνην καὶ τὸ εὐφραίνεσθαι τέλος φησὶν εἶναι χαριέστερον, ὅταν δαιτυμόνες μὲν ἀοιδοῦ ἀκουάζωνται, παρὰ δὲ πλήθωσι τράπεζαι, 16 D ἃ ἔπη Ἐρατοσθένης οὕτω γεγράφθαι φησίν· οὐ γὰρ ἔγωγε τί φημι τέλος χαριέστερον εἶναι ἢ ὅταν εὐφροσύνη μὲν ἔχῃ κακότητος ἀπούσης· κακότητος ἀπούσης φάσκων τῆς ἀφροσύνης· ἀδύνατον γὰρ μὴ φρονίμους εἶναι Φαίακας, οἳ μάλα φίλοι εἰσι θεοῖσιν, ὡς ἡ Ναυσικάα φησί (6,203)

1 εἰς θεοὺς epitomator 9 ⟨ὁ⟩ Musurus

ξένου ὑποδοχὴν ἔχει, ὄντων καὶ αὐτῶν τῶν Φαιάκων τρυφερῶν, ὅπερ συμ- 192 D
βάλλων τις πρὸς τὰ τῶν φιλοσόφων συμπόσια κοσμιώτερον ἂν εὕροι, καίτοι
<καὶ> τοῦτο περιέχον καὶ ἱλαρότητα καὶ παιδιὰν εὐσχήμονα. μετὰ γὰρ
τὸν ἀγῶνα τὸν γυμνικὸν ᾄδει ὁ ᾠδὸς 'ἀμφ' Ἄρεος φιλότητα' μῦθόν τινα
χλεύῃ κεκραμένον, καίτοι εἰς τὴν μνηστηροφονίαν ὑποθηκῶν ὑποτιθεμένων
τῷ Ὀδυσσεῖ, ὡς [τοῦ Ἡφαίστου] καὶ τοῦ Κυλλοποδιῶνος τὸν ἀνδρειότατον E
Ἄρη καταγωνισαμένου.

Ἐκαθέζοντο δὲ καὶ δειπνοῦντες οἱ τότε. πολλαχοῦ γοῦν ὁ Ὅμηρός φησιν· V 20

ἑξείης ἕζοντο κατὰ κλισμούς τε θρόνους τε.

ὁ γὰρ θρόνος αὐτὸ μόνον ἐλευθέριός ἐστιν καθέδρα σὺν ὑποποδίῳ, ὅπερ θρῆνυν καλοῦντες ἐντεῦθεν αὐτὸν ὠνόμασαν θρόνον τοῦ θρήσασθαι χάριν, ὅπερ ἐπὶ τοῦ καθέζεσθαι τάσσουσιν, ὡς Φιλίτας·

θρήσασθαι [δὲ] πλατάνῳ γαίῃ ὕπο.

ὁ δὲ κλισμὸς περιττοτέρως κεκόσμηται ἀνακλίσει. τούτων δ' εὐτελέστερος F

---

1 Suidas s. v. Ὅμηρος: καὶ Ἀλκίνῳ δὲ τρυφερὸν ἠρημένῳ βίον, σπουδάζων ἡμᾶς ἀποστῆσαι τῶν ἀτάκτων ἐπιθυμιῶν . . . τοὺς τρυφερωτάτους ἑστιῶν Φαίακας καὶ τὸν Ὀδυσσέα ξενίζων, *Ath.* 16 D ἀπολαυστικὸς δέ ἐστι παρ' αὐτῷ καὶ ὁ τῶν Φαιάκων βίος, 513 A ὁ δὲ παρὰ τῷ Ὁμήρῳ Ὀδυσσεὺς ἡγεμὼν δοκεῖ γεγενῆσθαι Ἐπικούρῳ τῆς πολυθρυλήτου ἡδονῆς (referuntur v. ι 5—11), 513 E διόπερ καὶ Ὀδυσσεὺς τρυφὴν καὶ λαγνείαν τέλος τοῦ βίου παρὰ τῷ Ἀλκινόῳ τίθεται  4 ᾄδει] *Od.* 8,267, cfr *Ath.* 14 A et 14 D, [Plut.] *de vita et poesi Homeri* c. 214  6 Κυλλοποδιῶνος] *Il.* 18,371 etc.  8 ἐκαθέζοντο] *Ath.* 11 F εὐωχοῦνται δὲ παρ' Ὁμήρῳ καθήμενοι  9 *Od.* 1,145, 3,389  10 θρόνος] Eustath. *in Od.* 4,51 p. 1482,3: θρόνος δὲ ὅτι ἐλευθέριός ἐστι καθέδρα σὺν ὑποποδίῳ. καὶ ὅτι θρῆνυν τὸ ὑποπόδιον καλοῦντες, ἐντεῦθεν καὶ τὸν θρόνον ὠνόμασαν τοῦ θρῆσασθαι χάριν ὅπερ ἐπὶ τοῦ καθέζεσθαι λέγουσιν, ὁ Ἀθήναιος λέγει, παρ' ᾧ καὶ χρῆσις Φιλήτα, τὸ 'θρήσασθαι δὲ πλατάνῳ γαίῃ ὕπο'. ὁ δέ γε κλισμός φησι περισσοτέρως κεκόσμηται ἐπὶ ἀνακλίσει. διορισμὸς δὲ τούτων ἐν τῷ 'κατὰ κλισμούς τε θρόνους τε.' τούτων δ' εὐτελέστερον ὁ δίφρος· τῷ γοῦν Ὀδυσσεῖ ἐπαίτῃ δοκοῦντι δίφρος ἀεικέλιος παρατίθεται ὀλίγη τε τράπεζα. ἴσως δὲ ἐκεῖ τὸ ἀεικέλιος διαστολήν τινα δηλοῖ, ὡς ὄντος δίφρου καὶ μὴ ἀεικελίου, cfr εὔξεστον, περικαλλέα υ 387 et Eustath. *in Il.* 24,597 ὅρα ταυτότητα ὡς ἐν πολυωνυμίᾳ, θρόνου δίφρου καὶ κλισμοῦ  12 Φιλίτας *fr.* 22 Diehl, Wil. *Hellenist. Dicht.* I 114 cum adn. 4.

1 τρυφηλῶν epitomator  3 ⟨καὶ⟩ Kaibel  4 φιλότητος **C**  5 ὑποθήκας ὑποτιθέμενον maluit Casaubonus  τοῦ Ἡφαίστου καὶ om. epitomator, glossam del. Kaibel  11 αὐτὸς μόνος epitomator  12 Φιλήτας epitomator  13 [δὲ] Musurus  γαίῃ] λασίῃ Heinrich ex *A. P.* XVI, 227, 6

192 F ἦν ὁ δίφρος· τῷ γοῦν Ὀδυσσεῖ ἐπαίτῃ εἶναι δοκοῦντι 'δίφρον ἀεικέλιον, φησί, καταθεὶς ὀλίγην τε τράπεζαν.'

Οἱ δὲ κρατῆρες αὐτοῖς, ὥσπερ ἔχει καὶ τοὔνομα, κεκραμένοι παρεστήκεσαν, ἐξ ὧν οἱ κοῦροι διακονούμενοι τοῖς μὲν ἐντιμοτάτοις ἀεὶ πλήρες παρεῖχον τὸ ποτήριον, τοῖς δ' ἄλλοις ἐξ ἴσου διένεμον. ὁ γοῦν Ἀγαμέμνων πρὸς τὸν Ἰδομενέα φησί·

193 σὸν δὲ πλεῖον δέπας αἰεὶ
ἕστηχ', ὥσπερ ἐμοί, πιέειν ὅτε θυμὸς ἀνώγοι.

προέπινον δ' ἀλλήλοις οὐχ ὥσπερ ἡμεῖς — τοῦτο γὰρ προεκπιεῖν ἐστιν — ἀλλὰ μεστὸν τὸν σκύφον·

πλησάμενος δ' οἴνοιο δέπας δείδεκτ' Ἀχιλῆα.

Ὁσάκις δὲ καὶ τροφὰς ἐλάμβανον, προειρήκαμεν ἤδη, ὅτι δὴ τρεῖς ἦσαν διὰ τὸ τὸ αὐτό ποτε μὲν ἄριστον, ποτὲ δὲ δεῖπνον ὀνομάζεσθαι. γελοῖοι γάρ εἰσιν οἱ φάσκοντες ὅτι καὶ τέσσαρας ἐλάμβανον, ἐπεὶ ὁ ποιητὴς ἔφη 'σὺ δ' ἔρχεο δειελιήσας', οὐ νοοῦντες ὅτι λέγει τὸν δειλινὸν διατρίψας χρό-
B νον. ὅμως δὲ οὐδεὶς δείξει παρὰ τῷ ποιητῇ τρίς τινα λαμβάνοντα τροφάς.

---

3 κρατῆρες] *Ath.* 13 D ἑκάστῳ δὲ τῶν δαιτυμόνων παρ' Ὁμήρῳ παράκειται ποτήριον, cfr Plut. *quaest. conv.* II 10 p. 643 B 5 Ἀγαμέμνων] *Il.* 4,262
9 προέπινον] *Ath.* 13 F ἦν δέ τις αὐτοῖς καὶ διὰ τῆς προπόσεως ἀσπασμός. οἱ γοῦν θεοὶ 'χρυσέοις δεπάεσσι δειδέχατ' ἀλλήλους' (*Δ* 1), ἤτοι ἐδεξιοῦντο προπίνοντες ἑαυτοῖς ταῖς δεξιαῖς. καί τις δὲ 'δείδεκτ' Ἀχιλῆα' (*I* 224) ἀντὶ τοῦ ἐδεξιοῦτο, ὅ ἐστι προέπινεν αὐτῷ τῇ δεξιᾷ διδοὺς τὸ ποτήριον, cfr *schol. I* 224 προεκπιεῖν] *Ath.* 498 C ἐξέπινον ἀντὶ τοῦ προέπινον. κυρίως γάρ ἐστι τοῦτο προπίνειν, τὸ ἑτέρῳ πρὸ ἑαυτοῦ δοῦναι πιεῖν. καὶ ὁ Ὀδυσσεὺς δὲ παρὰ τῷ Ὁμήρῳ τῇ (*ν* 57) Ἀρήτῃ δ' ἐν χερσὶ τίθει δέπας ἀμφικύπελλον, καὶ ἐν Ἰλιάδι (*I* 224) πλησάμενος δ' οἴνοιο δέπας δείδεκτ' Ἀχιλῆα. πληροῦντες γὰρ προέπινον ἀλλήλοις μετὰ προαγορεύσεως. 12 προειρήκαμεν] *Ath.* 11 B ὅτι τροφαῖς ἐχρῶντο ⟨οἱ⟩ ἥρωες παρ' Ὁμήρῳ πρῶτον μὲν τῷ καλουμένῳ ἀκρατίσματι, ὃ λέγει ἄριστον. 14 οἱ φάσκοντες] 11 D Φιλήμων δέ φησιν ὅτι τροφαῖς τέσσαρσιν ἐχρῶντο οἱ παλαιοί, ἀκρατίσματι, ἀρίστῳ, ἑσπερίσματι, δείπνῳ (referuntur Aeschyl. *Palamed. fr.* 176 Nauck,) cfr Plut. *quaest. conv.* VIII 6,4
τέσσαρας] 11 E τῆς δὲ τετάρτης τροφῆς οὕτως Ὅμηρος μέμνηται (*ρ* 599). 'σὺ δ' ἔρχεο δειελιήσας', ὃ καλοῦσί τινες δειλινόν, ὅ ἐστι μεταξὺ τοῦ ὑφ' ἡμῶν λεγομένου ἀρίστου καὶ δείπνου. καὶ ἄριστον μέν ἐστι τὸ ὑπὸ τὴν ἕω λαμβανόμενον, δεῖπνον δὲ τὸ μεσημβρινόν, ὃ ἡμεῖς ἄριστον, δόρπον δὲ τὸ ἑσπερινόν. μήποτε δὲ καὶ συνωνυμεῖ τὸ ἄριστον τῷ δείπνῳ (sequuntur exempla)

3 παρειστήκεισαν epitomator 8 ἀνώγῃ Hom. 11 Ἀχιλλῆα **A**
15 διελιήσας **A**

*Διαμαρτάνουσι δὲ πολλοὶ παρὰ τῷ ποιητῇ ἐφεξῆς τιθέντες τούτους τοὺς* 193 B
*στίχους·*

*σῖτον δ' αἰδοίη ταμίη παρέθηκε φέρουσα,*
*εἴδατα πόλλ' ἐπιθεῖσα, χαριζομένη παρεόντων*
*δαιτρὸς δὲ κρειῶν πίνακας παρέθηκεν ἀείρας.*

*εἰ γὰρ εἴδατα παρέθηκεν ἡ ταμίη, δῆλον ὡς κρεάτων λείψανα τυγχάνοντα, τὸν δαιτρὸν οὐκ ἔδει παρεισφέρειν. διόπερ τὸ δίστιχον ἀπαρχεῖ.*

*᾿Απαλλαγέντων δὲ τῶν δειπνούντων αἱ τράπεζαι ἐβαστάζοντο, ὥσπερ παρὰ τοῖς μνηστῆρσι καὶ τοῖς Φαίαξιν, ἐφ' ὧν καὶ λέγει·*

*ἀμφίπολοι δ' ἀπεκόσμεον ἔντεα δαιτός,* C

*δῆλον ὡς τὰ ἀγγεῖα. καὶ γὰρ τῶν ὅπλων τὰ σκεπαστικά, θώρακα καὶ κνημῖδας καὶ τὰ τούτοις ἐμφερῆ λέγουσιν ἔντη, καθάπερ ἀγγεῖα τῶν τοῦ σώματος μερῶν ὄντα. τῶν δὲ ἡρωικῶν οἴκων τοὺς μείζονας Ὅμηρος μέγαρα καλεῖ καὶ δώματα καὶ κλισίας, οἱ δὲ νῦν ξενῶνας καὶ ἀνδρῶνας ὀνομάζουσι.*

---

3 *Od.* I 139—141. Suidas s. v. *Ὅμηρος* (cfr *Ath.* 8 F) *ἁπλὴν οὖν ἀποδέδωκε τὴν δίαιταν πᾶσι καὶ τὴν αὐτὴν ὁμοίως βασιλεῦσιν ἰδιώταις, νέοις πρεσβύταις, λέγων* (η 174) *'παρὰ δὲ ξεστὴν ἐτάνυσσε τράπεζαν· σῖτον δ' αἰδοίη ταμίη παρέθηκε φέρουσα,* (α 141) *δαιτρὸς δὲ κρειῶν πίνακας παρέθηκεν ἀείρας'. Schol. in* η 174: *ἀθετεῖται τὸ ἔπος ὡς ἀσύμφωνον τῇ τοῦ Ὁμήρου συνηθείᾳ· οὐ γὰρ ποιεῖ τὰς τραπέζας ἀφαιρουμένας παρόντων τῶν δαιτυμόνων, ἀλλὰ μετὰ τὴν ἀπαλλαγήν.* Damnavit v. 139—140 Aristarchus, cfr *schol.* δ 54: *εἰκότως δέ νῦν τὰ περὶ τῆς ταμίας παράκειται· οὐ γὰρ ἐν τῷ ξενίζεσθαι παρὰ Τηλεμάχῳ τὴν ᾿Αθηνᾶν· ἐπεισεληλύθασι γὰρ οὗτοι τοῖς περὶ τὸν Μενέλαον, ἐξ ἀρχῆς δὲ παρὰ τῷ Τηλεμάχῳ πάρεστιν ὁ Μέντης.* Eustath. ad locum, 1401,21: *σημείωσαι δὲ καὶ ὅτι τὸ 'δαιτρὸς δὲ κρειῶν πίνακας παρέθηκεν ἀείρας' διαγράφεσθαι ἱστορεῖ ᾿Αθήναιος, ἐπειδὴ ἀπαρκεῖν δοκεῖ τὸ πρὸ αὐτοῦ δίστιχον. εἰ γάρ φησιν εἴδατα παρέθηκεν ἡ ταμίη κρεάτων ὄντα λείψανα, τὸν δαιτρὸν οὐκ ἔδει παρεισφέρειν. καὶ μὴν καινὸν ἄλλως οὐδὲν τῶν τριῶν στίχων φυλαττομένων, τὴν μὲν ταμίην ἕωλα παραθέσθαι, τὸν δ' αὖ δαιτρὸν ἑτεροῖα παντοῖα πρόσφατα ποικιλίας τε χάριν καὶ πρὸς φιλοφροσύνης ἔνδειξιν.* 10 *Od.* 7,232, cfr *Ath.* 11 F—12 A. 11 *ἀγγεῖα*] Eustath. *in Od.* 7,232 *ἔντεα δαιτός, ἤτοι ὅπλα, οἷον τραπέζας, κρητῆρας, κάνεα καὶ ὅσοις δὲ ἄλλοις ἐξαρτύεται τράπεζα,* cfr eundem *in Il.* 9,203 p. 747,2 *σκεύη,* cfr Apollon. *Lex. Homer.* Bekker, p. 69,17 13 *ἡρωικῶν οἴκων*] *Ath.* 16 C, cfr Dion. Chrys. *Or. II de regno* 37, eadem affert Eustath. *in Od.* 4,72 p. 1483,23 14 *ἀνδρῶνας*] Vitruv. VI 7,5 p. 139,27 Krohn, Xen. *Conv.* I 13 *ἐπὶ τῷ ἀνδρῶνι ἔνθα τὸ δεῖπνον ἦν*

6 *λειψάνων* **A** 11 *ἀγγεῖα* Dindorf : *αἴτια* **A** om. epitomator 14 *ὀνομάζουσι* Casaubonus : *νομίζουσι* **A** om. epitomator.

185 C II. *Τῶν δὲ νῦν δείπνων προνοοῦντες οἱ νομοθέται τά τε φυλετικὰ δεῖπνα καὶ τὰ δημοτικὰ προσέταξαν, ἔτι δὲ τοὺς θιάσους καὶ τὰ φρατρικὰ καὶ*
186 A *πάλιν ⟨τὰ⟩ ὀργεωνικὰ λεγόμενα. πολλῶν γοῦν εἰσι φιλοσόφων ἐν ἄστει σύνοδοι τῶν μὲν Διογενιστῶν, τῶν δὲ Ἀντιπατριστῶν λεγομένων, τῶν δὲ Παναιτιαστῶν. κατέλιπε δὲ καὶ Θεόφραστος εἰς τὴν τοιαύτην σύνοδον χρήματα, μὰ Δί' οὐχ ἵνα ἀκολασταίνωσι συνιόντες, ἀλλ' ἵνα τὰ κατὰ τὸν τοῦ συμποσίου νόμον σωφρόνως καὶ πεπαιδευμένως διεξάγωσι. συνεδείπνουν δ' ὁσημέραι οἱ περὶ πρύτανιν σώφρονα καὶ σωτήρια τῶν πόλεων σύν-*
B *δειπνα. πρὸς γοῦν τοιοῦτο συμπόσιόν φησιν ὁ Δημοσθένης ἀνηνέχθαι τὴν Ἐλατείας κατάληψιν· 'ἑσπέρα μὲν γὰρ ἦν, ἧκε δὲ ἀγγέλλων τις ὡς τοὺς πρυτάνεις ὡς Ἐλάτεια κατείληπται.'*

*Καὶ τοῖς φιλοσόφοις δὲ ἐπιμελὲς ἦν συνάγουσι τοὺς νέους μετ' αὐτῶν πρός τινα τεταγμένον νόμον εὐωχεῖσθαι. τοῦ γοῦν Ξενοκράτους ἐν Ἀκαδημείᾳ καὶ πάλιν Ἀριστοτέλους συμποτικοί τινες ἦσαν νόμοι. τὰ δὲ ἐν Σπάρτῃ φιδίτια καὶ τὰ παρὰ τοῖς Κρησὶν ἀνδρεῖα μετὰ πάσης ἐπιμελείας αἱ πόλεις συνῆγον. διὸ καί τις οὐ κακῶς ἔφη·*

C *οὐ χρὴ συμποσίοιο φίλους ἀπέχεσθαι ἑταίρους*
*δήρον· ἀνάμνησις δὲ πέλει χαριεστάτη αὕτη.*

5 *Θεόφραστος*] Diog. Laert. V 52 *τὸν δὲ κῆπον καὶ τὸν περίπατον καὶ τὰς οἰκίας τὰς πρὸς τῷ κήπῳ πάσας δίδωμι τῶν γεγραμμένων φίλων ἀεὶ τοῖς βουλομένοις συσχολάζειν καὶ συμφιλοσοφεῖν ἐν αὐταῖς* 7 *συνεδείπνουν*] in cultu Hestiae mos originatur et per saecula duravit, cfr Liv. XLI 20,7 *Cyzici in Prytaneum — id est penetrale urbis ubi publice, quibus is honos datus est, vescuntur — vasa aurea mensae unius posuit.* Aequalis eius Parthenius in libro q. i. *Ἐρωτικὰ παθήματα* haec: *καὶ ἐπειδὴ αὐτὴν ἐξήτει ὁ Ὑψικρέων, ἱκέτης προσκαθίζετο τῆς Ἑστίας τῆς ἐν πρυτανείῳ.* Athenaeus (c. 200 A. D.) 149 D *παρὰ Ναυκρατίταις ἐν πρυτανείῳ δειπνοῦσι γενεθλίους Ἑστίας πρυτανίτιδος.* Veterem morem tempore igitur valde mutatum esse testatur etiam Dionys. Hal. II 23, qui de eo imperfecto qu. d. tempore loquitur. 9 Demosth. *περὶ στεφάνου* 169 14 *συμποτικοὶ νόμοι*] Diog. Laert. V 26 *νόμος συστατικός* vel *συσσιτικός* cfr Heitz, *Die verlor. Schriften des Aristoteles,* 1865, p. 238, *Athen.* 3 F. 15 *ἀνδρεῖα*] Dosiadas *ap. Ath.* 143 B, *FHG* IV 399: *οἱ δέ Λύττιοι συνάγουσι μὲν τὰ κοινὰ συσσίτια οὕτως. ἕκαστος τῶν γινομένων καρπῶν ἀναφέρει τὴν δεκάτην εἰς τὴν ἑταιρίαν καὶ τὰς τῆς πόλεως προσόδους, ἃς διανέμουσιν οἱ προεστηκότες τῆς πόλεως εἰς τοὺς ἑκάστων οἴκους. τῶν δὲ δούλων ἕκαστος Αἰγιναῖον φέρει στατῆρα κατὰ κεφαλήν. διῄρηνται δ' οἱ πολῖται πάντες καθ' ἑταιρίας, καλοῦσι δὲ ταύτας ἀνδρεῖα.* 17 Adesp., *Poet. lyr.* Bergk II 73.

1 *δεῖπνα* del. Kaibel 3 ⟨*τά*⟩ Kaibel 4 *Διογενειαστῶν* malebat Wilamowitz 7 *νόμον* Wilamowitz : *λόγον* **A** *ἵνα τοὺς κατὰ τὸ συμπόσιον λόγους σωφρόνως* epitomator. 15 *καὶ τὰ* epitomator: *καὶ* **A** 17 *συμποσίοισι* **A** : corr. Casaubonus

*Ἀντίπατρος δ᾽ ὁ φιλόσοφος συμπόσιόν ποτε συνάγων συνέταξε τοῖς ἐρχο-* 186 C
*μένοις ὡς περὶ σοφισμάτων ἐροῦσιν. Ἀρκεσίλαον δέ φασιν εἰς συμπόσιον
παρακληθέντα καὶ συγκατακλιθέντα ἑνὶ τῶν βορῶς ἐσθιόντων, αὐτὸν δὲ
μηδενὸς ἀπολαῦσαι δυνάμενον, ἐπεί τις αὐτῷ τῶν παρόντων ἐξέτεινεν,
φάναι·*

*εὖ σοι γένοιτο, Τηλέφῳ δ᾽ ἁγὼ νοῶ·*

*ἔτυχε δ᾽ ὁ κατοψοφαγῶν Τήλεφος καλούμενος. ὁ δὲ Ζήνων ἐπεί τις τῶν
παρόντων ὀψοφάγων ἀπέσυρεν ἅμα τῷ παρατεθῆναι τὸ ἐπάνω τοῦ ἰχθύος,* D
*στρέψας καὶ αὐτὸς τὸν ἰχθὺν ἀπέσυρεν ἐπιλέγων·*

*Ἰνὼ δὲ τἀπὶ θάτερ᾽ ἐξειργάζετο.*

*Σωκράτης δ᾽ ἰδών τινα ἀμέτρως τῇ ἐποψήσει χρώμενον ‘ὦ παρόντες, ἔφη,
τίς ὑμῶν τῷ μὲν ἄρτῳ ὡς ὄψῳ χρῆται, τῷ δ᾽ ὄψῳ ὡς ἄρτῳ;’*

III. *Ἡμεῖς δὲ νῦν περὶ τῶν Ὁμηρικῶν συμποσίων λέξομεν. ἀφορί-* V 3
*ζει γὰρ αὐτῶν ὁ ποιητὴς χρόνους, πρόσωπα, αἰτίας. τοῦτο δὲ ὀρθῶς ἀπε-
μάξατο ὁ Ξενοφῶν καὶ Πλάτων, οἳ κατ᾽ ἀρχὰς τῶν συγγραμμάτων ἐκτί-* E
*θενται τὴν αἰτίαν τοῦ συμποσίου καὶ τίνες οἱ παρόντες. Ἐπίκουρος δὲ οὐ
τόπον, οὐ χρόνον ἀφορίζει, οὐ προλέγει οὐδέν. δεῖ οὖν μαντεύσασθαι πῶς
ποτ᾽ ἄνθρωπος ἐξαπίνης ἔχων κύλικα προβάλλει ζητήματα καθάπερ ἐν
διατριβῇ λέγων.*

*Φησὶ δ᾽ οὖν ὁ ποιητὴς περὶ τοῦ Μενελάου τὸν λόγον ποιούμενος·* 185 B

---

1 *Ἀντίπατρος*] aliter Plut. *de garrul.* 514 D 2 *Ἀρκεσίλαον*] cfr Diog. Laert. IV 35 3 *αὐτὸν δὲ*] atqui *ἐτελεύτησε δέ, ὥς φησιν Ἕρμιππος, ἄκρατον ἐμφορηθεὶς πολὺν καὶ παρακόψας* Diog. Laert. IV 44 5 Eur. *fr.* 702 N., cfr *Acharn.* 446 7 *Ζήνων*] cfr Diog. Laert. VII 19 = *Athen.* 345 D, de Bione *Ath.* 344 A ex Hegesandro: *Βίων δὲ προαρπάσαντός τινος τὰ ἐπάνω τοῦ ἰχθύος στρέψας καὶ αὐτὸς καὶ δαψιλῶς φαγὼν ἐπεῖπεν· Ἰνὼ— ἐξειργάζετο* 10 Eurip. *Bacch.* 1129 16 Epicuri *Convivium,* Usener *Epicurea* p. 116 17 *προλέγει*] Plato et Xenophon convivia sua prooemiis instruxerunt, *ut Aristoteles in iis quos ἐξωτερικοὺς vocat,* Cic. *ep. ad. Att.* XV 4, 16, 2

2 *φασιν* scripsi: *φησιν* codd. 4 *αὐτῷ* **A** : *αὐτὸν* epitomator 19 post *λέγων* haec addita in **A** : *Ἀριστοτέλης δὲ ἄλουτον καὶ κονιορτοῦ ἥκειν πλήρη τινὰ ἐπὶ τὸ συμπόσιόν φησιν,* cfr 176 F

185 B *τὸν δ' εὗρον δαινύντα γάμον πολλοῖσιν ἔτησιν*
*υἱέος ἠδὲ θυγατρὸς ἀμύμονος ᾧ ἔνι οἴκῳ,*

ὡς νενόμισται ἄγειν συμπόσια περὶ τοὺς γάμους τῶν τε γαμηλίων θεῶν ἕνεκα καὶ τῆς οἱονεὶ μαρτυρίας. τὸ δὲ πρὸς τοὺς ξένους συμπόσιον ὁ τῆς Λυκίας βασιλεὺς διδάσκει οἷον εἶναι δεῖ, τὸν Βελλεροφόντην μεγαλοπρεπῶς
C δεξάμενος·

*ἐννῆμαρ ξείνισσε καὶ ἐννέα βοῦς ἱέρευσε.*

V 2 IV. Δοκεῖ γὰρ ἔχειν πρὸς φιλίαν τι ὁ οἶνος ἑλκυστικόν, παραθερμαίνων τὴν ψυχὴν καὶ διαχέων. διόπερ οὐδὲ πρότερον ἠρώτων οἵτινες εἶεν ἀλλ' ὕστερον, ὡς τὴν ξενίαν αὐτὴν τιμῶντες, ἀλλ' οὐ τοὺς ἐν μέρει καὶ καθ' ἕκαστον ἡμῶν.

186 F V. Ἐπειθ' ὁ μὲν Ὅμηρος ἐκδιδάσκει τίνας κλητέον, εἰπὼν ὡς τοὺς ἀρίστους τε καὶ ἐντίμους χρὴ καλεῖν·

*κίκλησκεν δὲ γέροντας ἀριστῆας Παναχαιῶν.*

οὐχ ὃν τρόπον Ἡ σ ί ο δ ο ς· οὗτος γὰρ ἀξιοῖ καὶ τοὺς γείτονας·

*μάλιστα καλεῖν ὅστις σέθεν ἐγγύθι ναίει.*

τοῦτο γὰρ ὡς ἀληθῶς Βοιωτικῆς ἐστιν ἀναισθησίας συμπόσιον καὶ τῇ μισανθρωποτάτῃ τῶν παροιμιῶν ἁρμόττον·

187 A *τηλοῦ φίλοι ναίοντες οὐκ εἰσιν φίλοι.*

---

1 *Od.* 4,3 7 *Il.* 6,174 8 *ὁ οἶνος — παραθερμαίνων*] cfr *Epicuri Conv. fr.* 58—60 Usener e Plut. *adv. Coloten* 1109—1110 9 *schol. Z* 176 *ὅτι ἔθος ἦν παρὰ τοῖς παλαιοῖς ξενίζειν πρότερον, εἶτα πυνθάνεσθαι τίνος ἕνεκεν παραγεγόνασιν οἱ ξένοι* 10 *τὴν ξενίαν αὐτὴν τιμῶντες*] *schol. δ* 33 *εἰ μὲν δὴ ἡμεῖς πολλῶν ἀγαθῶν ἐμπλησθέντες παρ' ἀλλοδαπῶν ἀνδρῶν, ἐνταῦθα παρεγενόμεθα, ὀφείλομεν πάντως τοῖς ξένοις ὁμοίως ποιεῖν*, unde Eustath. *λόγος δὲ οὗτος εὐχαρίστου πλάνητος, ὁμολογοῦντος τὴν ξενίαν* 14 *Il.* 2,404 16 *Op.* 341 19 *fr. adesp.* 24 Diehl I²,3 p. 72, cfr *Trag. Graec. Fragm.*² *adesp.* 94, Crusius *GGA* 1890, p. 699, Erasm. *Adag.* p. 43

8 *πρὸς φιλοσοφίαν* epitomator 17 *βρωτικῆς* **A** *ἀροτικῆς* epitomator, duobus punctis superne adpositis **C** : correxit Iacobs

πῶς γὰρ οὐκ ἄλογον τόπῳ τὴν φιλίαν καὶ οὐ τρόπῳ κρίνεσθαι; τοιγαροῦν 187 A
παρ' Ὁ μ ή ρ ῳ μετὰ τὸ πιεῖν·

τοῖς [δ'] ὁ γέρων πάμπρωτος ὑφαίνειν ἤρχετο μῆτιν,

παρὰ δὲ τοῖς οὐ τὰ σώφρονα συμπόσια συνάγουσι·

τοῖς δ' ὁ κόλαξ πάμπρωτος ὑφαίνειν ἤρχετο μῶκον.

VI. Ἔτι δὲ ὁ μὲν Ὅμηρος ἡλικίαις εἰσάγει διαφέροντας καὶ ταῖς προαι-
ρέσεσι τοὺς κεκλημένους, Νέστορα καὶ Αἴαντα καὶ Ὀδυσσέα, τὸ μὲν καθό-
λου σύμπαντας τῆς ἀρετῆς ἀντεχομένους, εἴδει δὲ διαφόροις ὁδοῖς ὡρμηκό- B
τας ἐπ' αὐτήν. ὁ δὲ Ἐπίκουρος ἅπαντας εἰσήγαγε προφήτας ἀτόμων καὶ
ταῦτ' ἔχων παραδείγματα τήν τε τοῦ ποιητοῦ τῶν συμποσίων ποικιλίαν καὶ
τὴν Πλάτωνός τε καὶ Ξενοφῶντος χάριν. ὧν ὁ μὲν Πλάτων τὸν μὲν Ἐρυ-
ξίμαχον ἰατρόν, τὸν δὲ Ἀριστοφάνη ποιητήν, ἄλλον δ' ἀπ' ἄλλης προαιρέ-
σεως σπουδάζοντας εἰσήγαγεν, Ξενοφῶν δὲ καί τινας ἰδιώτας συνανέμειξε. 177 A
πολλῷ τοίνυν κάλλιον Ὅμηρος ἐποίησε καὶ διάφορα παρατιθέμενος συμπό-
σια. πᾶν γὰρ ἐξ ἀντιπαραβολῆς ὁρᾶται μᾶλλον. ἐστὶν γὰρ αὐτῷ τὸ μὲν B
τῶν μνηστήρων οἷον ἂν γένοιτο νεανίσκων μέθαις καὶ ἔρωσιν ἀνακειμένων,
τὸ δὲ τῶν Φαιάκων εὐσταθέστερον μὲν τούτων, φιλήδονον δέ. τούτοις δ'
ἀντέθηκε τὰ μὲν ἐπὶ στρατιᾶς, τὰ δὲ πολιτικώτερον τελούμενα σωφρόνως.
καὶ πάλιν αὖ διεῖλεν τὰ μὲν δημοθοινίαν ἔχοντα, τὰ δ' οἰκείων σύνοδον.
Ἐπίκουρος δὲ συμπόσιον φιλοσόφων μόνων πεποίηται.

---

3 *Il.* 7,324, 9,93 5 Brandt, *Parodorum epicorum Graec. rell.* (1888), p. 96, a Meineke Matronis *Convivio Attico* iniuria tribuitur. 9 προφήτας ἀτόμων] cfr Plat. *Phileb.* 28 B ἀπορῶ καὶ δέομαί γε, ὦ Σώκρατες, αὐτόν σε ἡμῖν γενέσθαι προφήτην, Sext. Emp. *adv. Math.* I 53 ὁ προφήτης τῶν Πύρρωνος λόγων Τίμων, Antiphan. *ap. Ath.* 623 C δείπνου προφήτην 10 ποιητοῦ] sc. Ὁμήρου 13 ἰδιώτας] Xen. *Conv.* I 5 iocose αὐτουργούς τινας τῆς φιλοσοφίας, Plut. *Qu. conv.* p. 613 F ὀλίγοι τινὲς ἰδιῶται παρῶσιν ὥσπερ ἄφωνα γράμματα φωνηέντων ἐν μέσῳ πολλῶν τῶν πεπαιδευμένων 15 ἐξ ἀντιπαραβολῆς ὁρᾶται μᾶλλον] similiter Dionys. Hal. *Ep. ad Cn. Pomp.* 752 sqq. τὸ τῶν μνηστήρων] *Od.* 1,144—229 17 τὸ τῶν Φαιάκων] *Od.* 9,1 18 ἐπὶ στρατιᾶς] *Il.* 7,313 πολιτικώτερον] *Od.* 4,1 19 δημοθοινίαν] *Il.* 2,398 οἰκείων σύνοδον] *Od.* 4,1

1 ἄλογον] ἄτοπον epitomator 3 [δ'] delevi 5 ἤρξατο epitomator 8 ἤδει δε **A** 9 εἰς αὐτήν epitomator 9 καὶ] καίτοι malim 15 πᾶν Porson : πάλιν **A** om. epitomator, qui eandem foliorum confusionem atque **A** praebet sed propria turbatione auctam 20 μόνον **A** : corr. Usener

192 A *Τὸ δὲ Πλάτωνος συμπόσιον οὐ συνέδριόν ἐστιν, οὐ βουλευτήριον, οὐ λέσχη φιλοσόφων. Σωκράτης γὰρ οὐδὲ τοῦ συμποσίου ἀποστῆναι θέλει καίτοι Ἐρυξιμάχου καὶ Φαίδρου καὶ ἄλλων τινῶν ἀποστάντων, ἀλλ' ἐγρήγορε μετ' Ἀγάθωνος καὶ Ἀριστοφάνους καὶ πίνει ἐξ ἀργυροῦ φρέατος — καλῶς γάρ τ ι ς τὰ μεγάλα ποτήρια οὕτως ὠνόμασε — πίνει τ' ἐκ τῆς φιάλης ἐπιδέξια. φησὶ δὲ καὶ μετὰ τοῦτο τοὺς μὲν δύο νυστάζειν, καταδαρθεῖν δὲ πρότερον τὸν Ἀριστοφάνη, ἤδη δὲ ἡμέρας ὑποφαινούσης τὸν Ἀγά-*
B *θωνα· καὶ τὸν Σωκράτη κατακοιμήσαντα ἐκείνους ἀναστάντα ἀπιέναι εἰς τὸ Λύκειον, ἐξόν, φησὶν ὁ Ἡ ρ ό δ ι κ ο ς, εἰς τοὺς Ὁμήρου Λαιστρυγόνας,*

*ἔνθα κ' ἄυπνος ἀνὴρ δοιοὺς ἐξήρατο μισθούς.*

V 4 VII. *Ἐδίδαξεν δ' Ὅμηρος καὶ οὓς οὐ δεῖ καλεῖν, ἀλλ' αὐτομάτους ἰέναι,*
177 C *πρεπόντως ἐξ ἑνὸς τῶν ἀναγκαίων δεικνὺς τὴν τῶν ὁμοίων παρουσίαν·*

*αὐτόματος δέ οἱ ἦλθε βοὴν ἀγαθὸς Μενέλαος.*

*δῆλον γὰρ ὡς οὔτε ἀδελφὸν οὔτε γονέας οὔτε γυναῖκα κλητέον οὔτ' εἴ τις ἰσοτίμως τινὰς τούτοις ἄγει· καὶ γὰρ ἂν ψυχρὸν εἴη καὶ ἄφιλον.*

V 5 *Π λ ά τ ω ν δ' ἐν τῷ Συμποσίῳ περὶ τῶν αὐτῶν λέγει οὕτως· ἵνα καὶ τὴν*
178 A *παροιμίαν, φησί, διαφθείρωμεν μεταβάλλοντες, ὡς ἄρα καὶ ἀγαθῶν ἐπὶ δαῖτας ἴασιν αὐτόματοι ἀγαθοί. Ὅμηρος μὲν γὰρ κινδυνεύει οὐ μόνον διαφθεῖραι ἀλλὰ καὶ ὑβρίσαι εἰς αὐτήν· ποιήσας γὰρ τὸν Ἀγαμέμνονα ἀγα-*

---

1 *συνέδριον*] at cfr *Prot.* 317 D, de consilio belli Xen. *Hell.* I 1,31, de Areopago *Aesch.* I 92 *βουλευτήριον*] cfr *πολιτικώτερον* 177 B et *βουλαί* 192 C 2 *Σωκράτης*] *Conv.* 223 BC 6 *τις*] Chamaeleon *fr.* 32 Köpke, cfr 461 C *καί μοι* (sc. *Χαμαιλέοντι*) *δοκοῦσι λέγειν οὐ κακῶς οἱ φάσκοντες, τὸ μέγα ποτήριον φρέαρ ἀργυροῦν εἶναι,* *Conv.* 223 C *Ἀγάθωνα δὲ καὶ Ἀριστοφάνη καὶ Σωκράτη ἔτι μόνους ἐγρηγορέναι καὶ πίνειν ἐκ φιάλης μεγάλης ἐπὶ δεξιά* 6 *Conv.* 223 D *αὐτοὺς .... νυστάζειν καὶ πρῶτον μὲν καταδαρθεῖν τὸν Ἀριστοφάνη, ἤδη δ' ἡμέρας γενομένης τὸν Ἀγάθωνα. τὸν οὖν Σωκράτη κατακοιμήσαντ'* (vel *-κοιμίσαντ'*) *ἐκείνους ἀναστάντ' ἀπιέναι ... καὶ ἐλθόντα ἐς Λύκειον* 10 *Od.* 10,84 nam *ἐγγὺς γὰρ νυκτός τε καὶ ἤματός εἰσι κέλευθοι* 13 *Il.* 2,408 16 *Conv.* 174 B cum schol.

1 *ὁ συνέδριον* **A** 12 *πρεπόντων* **A** om. epitomator : corr ς 17 *Ἀγάθων'* (i. e. *Ἀγάθωνι*) fortasse iocatus est Socrates, sed non agnovit Herodicus 19 *εἰς ταύτην τὴν παροιμίαν* Plato 19 *Ἀγ. διαφερόντως ἀγαθὸν ἄνδρα τὰ π., τὸν δὲ Μ. μαλθακὸν αἰχμητήν, θυσίαν ποιουμένου καὶ ἑστιῶντος τοῦ Ἀ. ἄκλητον ἐποίησεν ἐλθόντα τὸν Μ. ἐπὶ τὴν θ ο ί ν η ν, χείρω ὄντα ἐπὶ τὴν τοῦ ἀμείνονος* Plato

*θὸν τὰ πολεμικά, τὸν Μενέλαον δὲ μαλθακὸν αἰχμητήν, θυσίαν ποιουμένου* 178 A *τοῦ Ἀγαμέμνονος ἄκλητον ἐποίησεν ἐλθόντα τὸν χείρονα ἐπὶ τὴν τοῦ ἀμείνονος δίαιταν.' Β α κ χ υ λ ί δ η ς δὲ περὶ τοῦ Ἡρακλέους λέγων ὡς ἦλθεν* B *ἐπὶ τὸν τοῦ Κήυκος οἶκόν φησιν·*

> *ἔστη δ' ἐπὶ λάινον οὐδόν, τοί δὲ θοίνας ἔντυον, ὧδέ τ' ἔφα·*
> *αὐτόματοι [δ'] ἀγαθῶν δαῖτας εὐόχθους ἐπέρχονται δίκαιοι*
> *φῶτες.*

*αἱ δὲ παροιμίαι ἡ μέν φησιν·*

> *αὐτόματοι δ' ἀγαθοὶ ἀγαθῶν ἐπὶ δαῖτας ἴασιν,*

*ἡ δέ·*

> *αὐτόματοι δ' ἀγαθοὶ δειλῶν ἐπὶ δαῖτας ἴασιν.*

*οὐ δεόντως γοῦν Πλάτων τὸν Μενέλεων ἐνόμισεν εἶναι δειλόν, ὃν ἀρηίφιλον Ὅμηρος λέγει καὶ μόνον ὑπὲρ Πατρόκλου ἀριστεύσαντα καὶ τῷ Ἕκτορι* C *πρὸ πάντων πρόθυμον μονομαχεῖν, καίπερ ὄντα τῇ ῥώμῃ καταδεέστερον, ἐφ' οὗ μόνου τῶν στρατευσαμένων εἴρηκεν·*

> *ἐν δ' αὐτὸς κίεν ᾗσι προθυμίῃσι πεποιθώς.*

*εἰ δὲ ὁ ἐχθρὸς ὁ βλασφημῶν αὐτὸν εἴρηκε μαλθακὸν αἰχμητὴν καὶ διὰ τοῦτο Πλάτων τῷ ὄντι μαλθακὸν αὐτὸν ὑπολαμβάνει, οὐκ ἂν φθάνοι καὶ τὸν Ἀγαμέμνονα τιθεὶς ἐν τοῖς φαύλοις, ὃν αὐτός φησιν εἶναι ἀγαθόν, εἴπερ εἰς αὐτὸν εἴρηται τοῦτο τὸ ἔπος·* D

> *οἰνοβαρές, κυνὸς ὄμματ' ἔχων, κραδίην δ' ἐλάφοιο.*

*οὐ γὰρ εἴ τι λέγεται παρ' Ὁμήρῳ, τοῦθ' Ὅμηρος λέγει. πῶς γὰρ ἂν εἴη μαλθακὸς Μενέλαος ὁ τὸν Ἕκτορα μόνος ἀπείρξας τοῦ Πατρόκλου καὶ Εὔφορβον ἀποκτείνας τε καὶ σκυλεύσας ἐν μέσοις τοῖς Τρωσί. τὸ δὲ μηδὲ*

---

5 Bacchyl. *fr.* 33 B 8 proverbium e loco Bacchyl. refert *Zenob.* II 19, de re Apollodor. *bibl.* II 7,6 13 *ἀριστεύσαντα*] *Il.* 17,1 14 *μονομαχεῖν*] *Il.* 7,94 16 *Il.* 2,588 17 *αἰχμητήν*] *Il.* 17,588 21 *Il.* 1,225

1 *πολέμια* **A** epitomator 4 *περὶ τοῦ Κήυκος* **A** om. epitomator: corr. Schweighäuser 5 *ἔντυνον* et *ἔφασ'* **A** : corr. Neue 6 [*δ'*] Brunck 12 *γοῦν*] *δέ* epitomator *Μενέλεων* miror 14 *προθυμῶν μονομαχεῖ* **A** 17 *ὁ αἰσχρὸς βλασφημῶν* epitomator

178 E *τὸν στίχον, ὃν ᾐτιᾶτο, τελείως κατανοῆσαι ἄτοπον, δι' οὗ βοὴν ἀγαθὸς Μενέλαος λέγεται. τοῖς γὰρ ἀνδρειοτάτοις Ὅμηρος εἴωθεν ἐπιφωνεῖν, καλούντων τῶν παλαιῶν τὸν πόλεμον βοήν.*

V 6 VIII. *Πάντα δ' ὧν ἀκριβὴς Ὅμηρος καὶ τὸ μικρὸν τοῦτο οὐ παρέλιπε τὸ δεῖν θεραπεύσαντα τὸ σωμάτιον καὶ λουσάμενον ἰέναι πρὸς τὸ δεῖπνον. ἐπὶ γοῦν τοῦ Ὀδυσσέως εἶπε πρὸ τῆς παρὰ Φαίαξι θοίνης·*

*αὐτόδιον δ' ἄρα μιν ταμίη λούσασθαι ἄνωγεν.*

F *ἐπὶ δὲ τῶν περὶ Τηλέμαχον·*

*ἔς ῥ' ἀσαμίνθους βάντες ἐυξέστας λούσαντο.*

*'ἀπρεπὲς γὰρ ἦν, φησὶν Ἀ ρ ι σ τ ο τ έ λ η ς, ἥκειν εἰς τὸ συμπόσιον σὺν ἱδρῶτι πολλῷ καὶ κονιορτῷ.' δεῖ γὰρ τὸν χαρίεντα μήτε ῥυπᾶν μήτε αὐχμεῖν μήτε βορβόρῳ χαίρειν καθ' Ἡ ρ ά κ λ ε ι τ ο ν.*

IX. *Δεῖ δὲ καὶ τὸν πρῶτον εἰς ἀλλοτρίαν οἰκίαν ἐρχόμενον ἐπὶ δεῖπνον*
179 A *μὴ γαστρισόμενον εὐθὺς ἐπὶ τὸ συμπόσιον χωρεῖν, ἀλλά τι δοῦναι πρότερον τῷ φιλοθεάμονι καὶ κατανοῆσαι τὴν οἰκίαν. οὐδὲ γὰρ τοῦτο παρέλιπεν ὁ ποιητής·*

---

3 *πόλεμον βοήν*] similiter explicant scholiastae ad 17,588 *πρέποντας πολεμίῳ τοὺς λόγους περιτέθεικεν ὁ ποιητής, ἐπεί τοί γε οὐκ οἶδε δειλὸν τὸν Μενέλαον· βοὴν γὰρ ἀγαθὸν πανταχοῦ καλεῖ αὐτόν, ὅ ἐστιν ἐν μ ά χ ῃ ἀνδρεῖον. τὸ σημεῖον, ὅτι οὐχ ὡς τῷ ὄντι μαλθακοῦ αἰχμητοῦ ὄντος τοῦ Μενελάου ληπτέον, ἀλλὰ τὸ πρόσωπον πολέμιον ὂν εἰς διαβολὴν λέγει· ἀρηΐφιλον γὰρ ὁ ποιητὴς αὐτὸν καλεῖ* *Schol.* **T** brevissime *μαλθακός: οὐ πιστὸς ὁ ψόγος* 5 *λουσάμενον*] *Ath.* 24 D *οἱ γοῦν ἀπὸ τῆς σκοπιῆς ἐπανελθόντες 'ἱδρῶ πολλὸν ἀπενίζοντο θαλάσσῃ κνήμας ἠδὲ λόφον ἀμφί τε μηρούς'* (*Il.* 10,572) *καὶ οὕτως ἀναψύξαντες 'ἐς ἀσαμίνθους βάντες ἐυξέστας λούσαντο καὶ ἀλειψάμενοι λίπ' ἐλαίῳ δείπνῳ ἐφιζανέτην'* (*Il.* 10,576), eadem affert [Plut.] *quaest. hom.* 209, aliter *Ath.* 18 F *παρατηρητέον δὲ καὶ ὅτι ἐν μὲν Ὀδυσσείᾳ ἀπονιζομένους τὰς χεῖρας ποιεῖ πρὶν μεταλαβεῖν τῆς τροφῆς, ἐν Ἰλιάδι δὲ τοῦτο ποιοῦντας οὐκ ἔστιν εὑρεῖν. σχολαζόντων γὰρ βίος ὁ ἐν Ὀδυσσείᾳ καὶ διὰ τὴν εἰρήνην τρυφώντων.* 7 *Od.* 8,449 9 *Od.* 4,48 10 Aristot. *fr.* 100 Rose 12 Heraclit. *fr.* B 13 Diels, qui confert Colum. VIII 4 *si modo credimus Ephesio Heracleto sues caeno ... lavari et* Democr. *fr.* B 147 *σύες ἐπὶ φορυτῷ μαργαίνουσιν* 15 *Schol. Vesp.* 1214 *ἐπαίνεσόν τι τῶν χαλκωμάτων*] *ὅτι οἱ ἐν συμποσίοις ἀνακείμενοι πρὸ τοῦ προσφάγια εἰσενεχθῆναι ἐπαινοῦσι τὰ ἐν τῇ οἰκίᾳ σκεύη καὶ τὴν οἰκίαν καὶ ἐν τῇ αὐλῇ.*

6 *γοῦν* epitomator : *τ' οὖν* **A** 7 *ἀνώγειν* Hom. 14 *γαστριζόμενον* Kaibel *γαστρισαμένους* ap. Eustath. 1482,60

αὐτοὶ δ' εἰσῆλθον θεῖον δόμον· οἳ δὲ ἰδόντες 179 A
θαύμαζον κατὰ δῶμα διοτρεφέος βασιλῆος.
ὥς τε γὰρ ἠελίου αἴγλη πέλεν ἠὲ σελήνης
δῶμα καθ' ὑψερεφὲς Μενελάου κυδαλίμοιο.

καὶ Ἀριστοφάνης ἐν Σφηξὶ ποιεῖ τὸν ἄγριον γέροντα καὶ φιλοδικαστὴν καταρρυθμιζόμενον εἰς βίον ἥμερον ὑπὸ τοῦ παιδός· B

παῦ'. ἀλλὰ δευρὶ κατακλινεὶς προσμάνθανε
ξυμποτικὸς εἶναι καὶ ξυνουσιαστικός.

διδάξας τε αὐτὸν ὡς δεῖ κατακλίνεσθαί φησιν·

ἔπειτ' ἐπαίνεσόν τι τῶν χαλκωμάτων,
ὀροφὴν θέασαι, κρεκάδι' αὐλῆς θαύμασον·

X. Καὶ πρὸ τοῦ θοινᾶσθαι δὲ ἃ δεῖ ποιεῖν ἡμᾶς διδάσκει πάλιν Ὅμηρος, V 7
ἀπαρχὰς τῶν βρωμάτων νέμειν τοῖς θεοῖς. οἱ γοῦν περὶ τὸν Ὀδυσσέα καίπερ ὄντες ἐν τῷ τοῦ Κύκλωπος σπηλαίῳ· C

ἔνθα δὲ πῦρ κείαντες ἐθύσαμεν ἠδὲ καὶ αὐτοὶ
τυρῶν αἰνύμενοι φάγομεν.

καὶ ὁ Ἀχιλλεὺς καίπερ ἐπειγομένων τῶν πρέσβεων ὡς ἐν μέσαις νυξὶν ἡκόντων ὅμως·

θεοῖσι δὲ θῦσαι ἀνώγει
Πάτροκλον ὃν ἑταῖρον· ὁ δ' ἐν πυρὶ βάλλε θυηλάς.

καὶ σπονδοποιεῖταί γε τοὺς δαιτυμόνας·

κοῦροι μὲν κρητῆρας ἐπεστέψαντο ποτοῖο,
νώμησαν δ' ἄρα πᾶσιν ἐπαρξάμενοι δεπάεσσιν.
αὐτὰρ ἐπεὶ σπεῖσάν τε.

---

1 *Od.* 4,43  5 *Vesp.* 1208, 1214  15 *Od.* 9,231  19 *Il.* 9,219  22 *Il.* 9,175

1 αὐτοὺς δ' εἰσῆγον Hom.  4 ὑψηρεφές **A**  7 προμάνθανε Dobree  15 ἐνθάδε **A**  κήαντες melius  19 ἀνώγειν Hom.  21 σπονδοποιεῖσθαι λέγει τοὺς mavult Kaibel  22 μὲν Herodicus δὲ Hom.

179 D ἅπερ καὶ Π λ ά τ ω ν φυλάσσει κατὰ τὸ συμπόσιον. μετὰ γὰρ τὸ δειπνῆσαι σπονδάς τέ φησιν ποιῆσαι καὶ τὸν θεὸν παιωνίσαντας τοῖς νομιζομένοις γέρασι. παραπλησίως δὲ καὶ Ξενοφῶν. παρὰ δ' Ἐπικούρῳ οὐ σπονδή, οὐκ ἀπαρχὴ θεοῖς, ἀλλ' ὥσπερ Σ ι μ ω ν ί δ η ς ἔφη περὶ τῆς ἀκόσμου γυναικός,

ἄθυστα δ' ἱρὰ πολλάκις κατεσθίει.

V 8, E XI. Τὴν δὲ σύμμετρον κρᾶσιν τοῦ οἴνου ὑπὸ Ἀμφικτύονος βασιλεύσαντος διδαχθῆναί φασιν Ἀθηναίους, καὶ διὰ τοῦτο ἱερὸν Διονύσου ὀρθοῦ ἱδρύσασθαι. τότε γὰρ ὀρθός ἐστι τῷ ὄντι καὶ οὐ σφαλερός, ὅταν συμμέτρως καὶ κεκραμένως πίνηται.

οἶνος γὰρ ἀνώγει
ἠλεός, ὅς τ' ἐφέηκε πολύφρονά περ μάλ' ἀεῖσαι
καί θ' ἁπαλὸν γελάσαι καί τ' ὀρχήσασθαι ἀνῆκεν
179 F καί τε ἔπος προέηκεν ὅπερ τ' ἄρρητον ἄμεινον.

---

1 *Conv.* 176 A *μετὰ ταῦτα ... σπονδάς τε σφᾶς π ο ι ή σ α σ θ α ι καὶ ᾄσαντας τὸν θεὸν καὶ τἆλλα τὰ νομιζόμενα τρέπεσθαι πρὸς τὸν πότον* 3 Xen. *Conv.* II 1 *ἔσπεισαν καὶ ἐπαιάνισαν* 7 Semon. *fr.* 7,56 Diehl 7 *Ath.* 10 C *οἶδε δὲ ὁ Ὅμηρος καὶ τὸ ὠφέλιμον καὶ τὸ σύμμετρον τοῦ οἴνου ... καὶ κράσεων γένη.* Philochorus *ap. Ath.* 38 C, *FHG* I 387. *Φιλόχορος δέ φησιν Ἀμφικτύονα τὸν Ἀθηναίων βασιλέα μαθόντα παρὰ Διονύσου τὴν τοῦ οἴνου κρᾶσιν πρῶτον κεράσαι. διὸ καὶ ὀρθοὺς γενέσθαι τοὺς ἀνθρώπους οὕτω πίνοντας, πρότερον ὑπὸ τοῦ ἀκράτου καμπτομένους· καὶ διὰ τοῦτο ἱδρύσασθαι βωμὸν ὀρθοῦ Διονύσου* (Mayer, Athen. Mitt. 17 (1892), 265 sqq. = *Ἄκρατος*) *ἐν τῷ τῶν Ὡρῶν ἱερῷ· αὗται γὰρ καὶ τὸν τῆς ἀμπέλου καρπὸν ἐκτρέφουσι.* Fabulam primus narravit Theophrastus *ἐν τῷ Περὶ μέθης, fr.* 123 Wimmer, repetivit Philochorus *ἐν δευτέρῳ Ἀτθίδος*, profusius postea Philonides *ap. Ath.* 675 A—C 11 *Od.* 14,463—465
12 *ἠλεός*] *schol. ἠλιθιοποιός, μάταιος* quod refutat Eustathius aliis scholiis nisus. Idem hunc locum affert p. 1770,1 *οὐ γὰρ οὕτω, φασίν, οἶδεν Ὅμηρος τὸν οἶνον ἠλεόν, ὡς ἠλίθιον καὶ ματαιοποιόν, οὐδ' οὕτως ἀγροῖκος οὐδ' ἐπαρίστερός ἐστιν, ὡς κελεύειν σκυθρωπὸν εἶναι τὸν πίνοντα μήτε ᾄδοντα μήτε γελῶντα μήτ' εὐρύθμως ποτὲ καὶ πρὸς ὄρχησιν τρεψόμενον, ἀλλ' ᾔδει ἐν ἑκάστῳ τούτων διαφορὰν ποιότητος καὶ ποσότητος. διὸ καὶ κωλύσας τὸ μ ά λ α ἐπὶ τοῦ ᾄδειν καὶ γελᾶν καὶ ὀρχεῖσθαι καὶ τὴν ἐκεῖθεν ἄνανδρον, φασί, πρόπτωσιν· ἐφίησιν ἄλλως αὐτὰ συμμέτρως γίνεσθαι διὰ*

6 *ἄθυτα* **A** : corr. e Stob. *fl.* 73,61. 7 *δέ* epitomator: *γάρ* **A** 8 *ὀρθοῦ Διονύσου* epitomator et lemma **A** 14 *καί τι* Hom.

*τὸν γὰρ οἶνον Ὅμηρος οὐκ ἠλεὸν ὥσπερ ἠλίθιον καλεῖ καὶ ματαιοποιόν, οὐδὲ κελεύει σκυθρωπὸν εἶναι μήτε ᾄδοντα μήτε γελῶντα μήτ' ἐρρύθμως ποτὲ καὶ πρὸς ὄρχησιν τρεπόμενον· οὐχ οὕτως ἀγροῖκος οὐδ' ἐπαρίστερός ἐστιν, ἀλλ' ᾔδει τούτων ἑκάστου καὶ ποσότητος καὶ ποιότητος διαφοράν. ὅθεν οὐκ εἶπεν ὡς ἄρα τὸν πολύφρονα ὁ οἶνος ποιεῖ ᾆσαι, ἀλλὰ μάλ' ἀεῖσαι, τουτέστιν ἀμέτρως καὶ ἐπὶ πλεῖον ὥστε προσοχλεῖν· οὐδέ τι γελάσαι μὰ Δί' οὐδ' ὀρχήσασθαι· κοινὸν δ' ἐπ' ἀμφοτέρων λαβὼν τὸ ἁπαλὸν τὴν ἄνανδρον εἰς τοῦτο πρόπτωσιν ἐπιστομίζει·*

179 F … 180 A

*καί θ' ἁπαλὸν γελάσαι καί τ' ὀρχήσασθαι ἀνῆκεν.*

*παρὰ δὲ τῷ Πλάτωνι τούτων οὐδὲν ἔμμετρον, ἀλλὰ πίνουσι μὲν τοσοῦτον ὥστε μηδὲ τοῖς ἰδίοις ποσὶν ἵστασθαι. ὅρα γὰρ τὸν ἐπίκωμον Ἀλκιβιάδην ὡς ἀσχημονεῖ· οἱ δ' ἄλλοι τὸν ὀκτακότυλον ψυκτῆρα πίνουσι προφάσεως λαβόμενοι ἐπείπερ αὐτοὺς προείλκυσεν Ἀλκιβιάδης οὐχ ὥσπερ οἱ παρ'* B
*Ὁμήρῳ·*

*αὐτὰρ ἐπεὶ σπεῖσάν τ' ἔπιόν θ' ὅσον ἤθελε θυμός.*

*τούτων οὖν ἃ μὲν καθάπαξ περιγραπτέον, οἷς δὲ συμμέτρως χρηστέον ὥσπερ ἀναθήμασί τισι μικρὸν προσαποβλέψαντες, καθάπερ Ὅμηρος εἴρηκεν·*

*μολπή τ' ὀρχηστύς τε· τὰ γάρ τ' ἀναθήματα δαιτός.*

*τὸ δ' ὅλον τὸ πρὸς τὰ τοιαῦτα νενευκὸς τοῖς μνηστῆρσι καὶ τοῖς Φαίαξιν* V 9
*ἔνειμεν, ἀλλ' οὐχὶ Νέστορι οὐδὲ Μενελάῳ.*

---

*τοῦ 'πίνειν ('Ομηρικῶς εἰπεῖν) ὅσον ἤθελε θυμός'· εἰ καὶ οἱ παρὰ Πλάτωνι οὐχ οὕτω, φασί, πίνουσιν ἀλλ' ὥστε μηδὲ τοῖς ἰδίοις ποσὶν ἵστασθαι, οἳ οὐ μόνον οὐκ ἂν ὀρχεῖσθαι δύναιντο, ἀλλ' ἴσως οὐδὲ ζῆν.* 1 *ματαιοποιόν Et. M.* 425,59 7 *κοινόν*] haud recte interpretatur Herodicus 10 cfr *Conv.* 213 A 12 *ψυκτῆρα*] Alcibiades hausit 214 A 20 immo *Νέστορα πίνοντα ἔμπης Il.* 14,1, de quo *Ath.* 433 B *πλεῖστον δ' ἔπιε τῶν μὲν ἡρώων Νέστωρ ὁ τριγέρων· φανερῶς γὰρ αὐτὸς προσέκειτο τῶν ἄλλων μᾶλλον τῷ οἴνῳ καὶ τοῦ Ἀγαμέμνονος αὐτοῦ, ὃν ὡς πολυπότην ἐπιπλήσσει ὁ Ἀχιλλεύς, Il.* 1,225.

2 *ἐνρύθμως* **A** *εὐρύθμως* epitomator 6 *ὥστε* Coraes : *ὥσπερ* codd. *οὐδέ τι* epitomator : *οὐδ' ἔτι* **A** 11 *ὁρᾶι* **A**: corr. Musurus 19 *ὅλον πρὸς* epitomator

V 12, 182 B XII. *Ἐν δὲ τῷ Ἐπικουρείῳ συμποσίῳ κολάκων ἐστὶν ἄγυρις ἀλλήλους ἐπαινούντων, τὸ δὲ Πλάτωνος πλῆρές ἐστιν μυκτηριστῶν ἀλλήλους τωθαζόντων· τὸν γὰρ περὶ Ἀλκιβιάδου λόγον σιωπῶ. παρὰ δ' Ὁμήρῳ συγκεκρότηται τὰ σώφρονα συμπόσια. καί ποτε μὲν ἐπήνεσέ τις φήσας πρὸς τὸν Μενέλαον ὡς οὐ τολμᾷ λέγειν·*

B *ἄντα σέθεν, τοῦ νῶι θεοῦ ὣς τερπόμεθ' αὐδῇ.*

*ὁ δ' ἐπελάβετό τινος τῶν οὐκ ὀρθῶς λεγομένων ἢ γιγνομένων·*

*καὶ νῦν, εἴ τί που ἔστι, πίθοιό μοι· οὐ γὰρ ἔγωγε*
*τέρπομ' ὀδυρόμενος μεταδόρπιος.*

*ὁ δὲ πάλιν·*

*Τηλέμαχε, ποῖόν σε ἔπος φύγεν ἕρκος ὀδόντων.*

*οὔτε γὰρ κόλακα πρέπον ἐστὶν εἶναι οὔτε μυκτηριστήν.*

187 C XIII. *Πάλιν Ἐπίκουρος ἐν τῷ Συμποσίῳ ζητεῖ περὶ δυσπεψίας ὥστ' οἰωνίσασθαι, εἶθ' ἑξῆς περὶ πυρετῶν. τὴν μὲν γὰρ ἐπιτρέχουσαν τῇ λέξει ἀρρυθμίαν τί δεῖ καὶ λέγειν; Πλάτων δέ — τὸν μὲν ὑπὸ τῆς λυγγὸς ὀχλούμενον καὶ θεραπευόμενον ἀνακογχυλιασμοῖς ὕδατος, ἔτι δὲ ταῖς ὑποθήκαις τοῦ κάρφους ἵνα τὴν ῥῖνα κινήσας πτάρῃ, παρίημι· κωμῳδεῖν γὰρ ἤθελε καὶ διασύρειν — χλευάζει τε τὰ ἰσόκωλα τὰ Ἀγάθωνος καὶ τὰ ἀντίθετα, καὶ*

---

4 Pollux VI 8 *συμπόσιον συγκροτῆσαι*, cfr Plut. *de cup. div.* 10 p. 528 B = *συνάγειν σώφρονα συμπόσια*] cfr 187 A *σώφρονα συμπόσια* 4 *τις*] de Telemacho Pisistratus *Od.* 4,160 8 *Od.* 4,193—4 11 *Od.* 3,230 15 *ἀρρυθμίαν*] cfr Diog. Laert. X 13 *κέχρηται δὲ λέξει κυρίᾳ κατὰ τῶν πραγμάτων, ἣν ὅτι ἰδιωτικωτάτη ἐστὶν Ἀριστοφάνης ὁ γραμματικὸς αἰτιᾶται*, confirmat Cic. *de fin.* I 5,15, deridet Plut. *adv. Colot.* 1116 E *τοὺς ἀκριβέστερον ἑλληνίζοντας καὶ καθαρώτερον διαλεγομένους* = Diog. Laert. X 7, exaggerat Sext. Emp. *adv. Math* 215,1 dicendo *ἐν πολλοῖς ἀμαθὴς Ἐπίκουρος, οὐδὲ ἐν ταῖς κοιναῖς ὁμιλίαις καθαρεύων* 16 *ἀνακογχυλιασμοῖς*] *Conv.* 185 E 18 *χλευάζει*] *Conv.* 198 A

1 *ἐπι κούρωι* **A** *πἐπικορίου* (ε suprascr.) lemma, *ἐπικούρου* epitomator : corr. Kaibel 3 *συγκεκρότηται* Casaubonus : *κεκρότηται* codd. 5 *τολμῶι* **A** 11 *ἐδόντων* **A** 16 *ἔτι δὲ* Dindorf : *ἐν δὲ* codd.

*τὸν Ἀλκιβιάδη δὲ παράγει λέγοντα ὅτι πασχητιᾷ. ἀλλ' ὅμως τοιαῦτα*
*γράφοντες τὸν Ὅμηρον ἐκβάλλουσι τῶν πόλεων. ʽἀλλ' οὔτ' ἐκ θύμβρας,* 187 D
*ἔφη Δημοχάρης, λόγχη οὔτ' ἐκ τοιούτων λόγων ἀνὴρ ἀγαθὸς γίνεται*ʼ.
*Οὐ μόνον δ' Ἀλκιβιάδην διασύρει ἀλλὰ καὶ Χαρμίδην καὶ Εὐθύδημον καὶ*
*ἄλλους πολλοὺς τῶν νέων. τοῦτο δὲ κωμῳδοῦντός ἐστι τὴν Ἀθηναίων*
*πόλιν, τὸ τῆς Ἑλλάδος μουσεῖον, ἣν ὁ μὲν Πίνδαρος Ἑλλάδος ἔρεισμα*
*ἔφη, Θουκυδίδης δ' ἐν τῷ εἰς Εὐριπίδην ἐπιγράμματι Ἑλλάδος*
*Ἑλλάδα, ὁ δὲ Πύθιος ἑστίαν καὶ πρυτανεῖον τῶν Ἑλλήνων. διότι* E
*τοίνυν κατέψευσται τῶν νεανίσκων πάρεστι σκοπεῖν ἐξ αὐτοῦ τοῦ*
*Πλάτωνος. τὸν μὲν γὰρ Ἀλκιβιάδην φησὶν ἐν τῷ ὁμωνύμῳ διαλόγῳ*
*παρακμάσαντα τότε πρῶτον ἄρξασθαι Σωκράτει λαλεῖν, ὅτε πάντες αὐτὸν*
*κατέλιπον οἱ τοῦ σώματος ἐπιθυμηταί. λέγει γὰρ ταῦτα κατ' ἀρχὰς τοῦ*
*διαλόγου. τὰ δ' ἐν τῷ Χαρμίδῃ ἐναντιώματα ἐξ αὐτοῦ τοῦ διαλόγου ὁ*
*βουλόμενος εἴσεται. ποιεῖ γὰρ αὐτὸν ἀσυμφώνως ποτὲ μὲν σκοτοδινιῶντα*
*καὶ μεθυσκόμενον τῷ τοῦ παιδὸς ἔρωτι καὶ γινόμενον ἔξεδρον καὶ καθάπερ* F
*νεβρὸν ὑποπεπτωκότα λέοντος ἀλκῇ, ἅμα δὲ καταφρονεῖν φησι τῆς ὥρας*
*αὐτοῦ.*

*Ἀλλὰ μὴν καὶ τὸ Ξενοφῶντος Συμπόσιον καίπερ ἐπαινούμενον οὐκ ἐλάτ-* V 13
*τους ἔχει τούτων ἐπιλήψεις. Καλλίας μὲν γὰρ συνάγει τὸ συμπόσιον, ἐπει-*
*δήπερ τὰ παιδικὰ αὐτοῦ Αὐτόλυκος Παναθήναια παγκράτιον ἐστεφανώθη.*
*καὶ εὐθὺς οἱ κατακλιθέντες τῷ παιδὶ προσέχουσι τὸν νοῦν καὶ ταῦτα τοῦ* 188
*πατρὸς παρακαθημένου. ʽὥσπερ γὰρ ὅταν φέγγος ἐν νυκτὶ παρῇ, πάντων*
*προσάγεται τὰ ὄμματα, οὕτω καὶ τὸ Αὐτολύκου κάλλος πάντων ἐφέλκεται*

---

1 *πασχητιᾷ*] *Conv.* 218 C sqq   2 cfr *Ὅμηρον ἐκβάλλων* 505 B   idem prov. affert Herodicus 215 E, *non e quovis ligno fit Mercurius* contulit Erasmus   5 *Χ. καὶ Ἐ.*] *Conv.* 222 B *καὶ ἄλλους πάνυ πολλούς* ratione sua interpretatus est Herodicus   7 Pind. *fr.* 76 celeberrimum, testimonia collegit Boeckh II: 2 p. 579 sqq   8 *Θουκυδίδης*] Diehl I[2] 1, p. 134 ex *Anth. Pal.* VII 45 *μνῆμα μὲν Ἑλλὰς ἅπασ' Εὐριπίδου· ὀστέα δ' ἴσχει γῆ Μακεδών, ᾗπερ δέξατο τέρμα βίου. πατρὶς δ' Ἑλλάδος Ἑλλάς, Ἀθῆναι· πλεῖστα δὲ Μούσαις τέρψας ἐκ πολλῶν καὶ τὸν ἔπαινον ἔχει* qui scripsit imitatus est epigr. Aeschyli (fr. 3 Diehl); innuit Thuc. II 41,1 et 43,3, uide Th. Preger, *Inscr. Gr. metr.*, Leipz. 1891, p. 207   9 *ὁ δὲ Πύθιος*] Ael. *Var. hist.* IV 6 *ἡνίκα ἐβούλοντο Λακεδαιμόνιοι τὴν Ἀθηναίων ἀφανίσαι πόλιν, ἠρώτησαν τὸν θεόν· καὶ ἀπεκρίνατο τὴν κοινὴν ἑστίαν τῆς Ἑλλάδος μὴ κινεῖν*, *Ath.* 254 B *ἣν ὁ μὲν Πύθιος ἑστίαν τῆς Ἑλλάδος ἀνεκήρυξε, πρυτανεῖον δὲ Ἑλλάδος ὁ δυσμενέστατος Θεόπομπος* (*Fr Gr Hist* 281 = *F H G* 297)   11 *ἐν τῷ ὁμωνύμῳ*] *Alc.* 103 A   14 *ἐν τῷ Χαρμίδῃ*] 155 C D   23 Xen. *Conv.* I 9

1 *δὲ* vituperavit Kaibel   23 *παρῇ*: *φανῇ* Xen.   24 *καὶ τότε τοῦ Α. τὸ κάλλος πάντων εἷλκε τὰς ὄψεις πρὸς αὐτόν· ἔπειτα τῶν ὁρώντων οὐδεὶς οὐχ ἔπασχέ — σιωπηρότεροι — πως* Xenophon

188 A τὰς ὄψεις ἐφ' ἑαυτό. ἔπειτα τῶν παρόντων οὐδεὶς ἦν ὃς οὐκ ἔπασχέ τι τὴν ψυχὴν ὑπ' ἐκείνου· οἱ μέν γε σιωπηλότεροι ἐγίγνοντο, οἱ δὲ καὶ ἐσχηματίζοντό πως.'

'Αλλ' οὐχ Ὅμηρος τοιοῦτόν τι εἰπεῖν ἐπεχείρησε καίπερ τῆς Ἑλένης παρούσης, περὶ ἧς τοῦ κάλλους τις τῶν ἐναντίων αὐτῇ τοιαῦτ' εἶπεν ὑπὸ τῆς ἀληθείας ἐκνικώμενος·

B οὐ νέμεσις Τρῶας καὶ ἐυκνήμιδας 'Αχαιοὺς
τοιῇδ' ἀμφὶ γυναικὶ πολὺν χρόνον ἄλγεα πάσχειν·
αἰνῶς ἀθανάτῃσι θεῇσ' εἰς ὦπα ἔοικεν.

εἶτά φησιν·

ἀλλὰ καὶ ὣς τοίηπερ ἐοῦσ' ἐν νηυσὶ νεέσθω.

τὰ δὲ μειράκια τὰ ὡς τὸν Μενέλαον παραγενόμενα, ὁ Νέστορος υἱὸς καὶ ὁ Τηλέμαχος, ἐν οἴνῳ ὄντες καὶ ἐν γαμικῷ συμποσίῳ διατρίβοντες καὶ τῆς C Ἑλένης παρακαθημένης, ὡς πρέπον ἐστίν, ἡσυχίαν ἄγοντες πρὸς τὸ περιβόητον ἐκκεκωφωμένοι κάλλος. ὁ δὲ Σωκράτης τίνος χάριν, τῶν αὐλητρίδων ἀνεχόμενος καὶ τοῦ ὀρχουμένου παιδὸς καὶ κιθαρίζοντος ἔτι δὲ καὶ τῆς κυβιστώσης γυναικός, ἀπρεπῶς τὸ μύρον ἀπείπατο; οὐδεὶς γὰρ ἂν αὐτοῦ ἀγελαστὶ ἠνέσχετο κατὰ νοῦν ἔχων ταῦτα τὰ ἔπη·

τοὺς ὠχριῶντας, τοὺς ἀνυποδήτους λέγεις,
ὧν ὁ κακοδαίμων Σωκράτης καὶ Χαιρεφῶν.

D καὶ μὴν ἀσύμφωνα καὶ τὰ μετὰ ταῦτα τῇ αὐστηρότητι. ὁ γὰρ δὴ Κριτόβουλος, μειράκιον ἀστεῖον, γέροντα ⟨ὄντα⟩ καὶ διδάσκαλον αὐτοῦ τὸν Σωκράτη σκώπτει πολὺ τῶν Σιληνῶν αἰσχίονα λέγων εἶναι. ὁ δὲ αὐτῷ δια-

7 *Il.* 3,156 12 *Od.* 4,1 15 Xen. *Conv.* 2,3 19 Aristoph. *Nub.* 103 23 σκώπτει Xen. *Conv.* 4,19

2 ἐσχημάτιζόν πως **A** om. epitomator 4 καίπερ epitomator καὶ περὶ **A** 5 περὶ ἧς Dindorf : περὶ τῆς codd. 19 τοὺς ωτας τοὺς **A** om. **C** : τοὺς ἐνερόχρωτας Nauck 22 ⟨ὄντα⟩ Kaibel

μορφοσκοπεῖται καὶ κριτὰς ἑλόμενος τόν τε παῖδα καὶ τὴν ὀρχηστρίδα προ- 188 D
τίθησι νικητήρια φιλήματα τῶν κριτῶν. τίς οὖν τῶν νέων ἐντυχὼν τούτοις
οὐκ ἐπιτριβήσεται μᾶλλον ἤπερ εἰς ἀρετὴν προαχθείη;

Παρὰ δ' Ὁμήρῳ ἐν τῷ τοῦ Μενελάου συμποσίῳ προβάλλουσιν ἀλλή- V 14
λοις ὥσπερ ἐν διατριβῇ ζητήματα καὶ πολιτικῶς ὁμιλοῦντες τέρπουσιν ἀλ-
λήλους καὶ ἡμᾶς. ὁ γοῦν Μενέλαος παραγενομένων ἐκ τοῦ λουτρῶνος τῶν E
περὶ τὸν Τηλέμαχον καὶ τῶν περὶ τὴν ἐδωδὴν παρατεθέντων παρακαλεῖ
μεταλαμβάνειν λέγων τάδε·

σίτου δ' ἅπτεσθον καὶ χαίρετον, αὐτὰρ ἔπειτα
δείπνου παυσαμένω εἰρησόμεθ' οἵτινες ἐστόν.

ἔπειτα προσεπιδίδωσι τῶν παρακειμένων αὐτῷ φιλανθρωπευόμενος·

ὥς φατο καί σφιν νῶτα βοὸς παρὰ πίονα θῆκεν
ὄπτ' ἐν χερσὶν ἑλών, τά ῥά οἱ γέρα πάρθεσαν αὐτῷ. F

φαγόντες δ' ἐκεῖνοι μετὰ σιωπῆς, ὡς πρέπει νέοις, ἀλλήλοις ὁμιλοῦσιν ἠρέμα προσκύψαντες οὐ περὶ ἐδεσμάτων, φησίν, οὐδὲ ⟨τῶν⟩ θεραπαινῶν τοῦ κεκλη-κότος ὑφ' ὧν ἐλούσαντο, περὶ δὲ τῶν κτημάτων τοῦ ὑποδεξαμένου·

Ζηνός που τοιήδε γ' Ὀλυμπίου ἔνδοθεν αὐλή.

XIV. Διδάσκει δ' ἡμᾶς Ὅμηρος ὅτι δεῖ καὶ τοὺς κεκλημένους ἐφ' ἑστί- V 18, 191 D
ασιν παρακαλεῖν ἀπανίστασθαι τοὺς κεκληκότας. ὁ μὲν Τηλέμαχος τὸν
Μενέλαον·

ἀλλ' ἄγετ' εἰς εὐνὴν τράπεθ' ἡμέας, ὄφρα καὶ ἤδη
ὕπνῳ ὕπο γλυκερῷ ταρπώμεθα κοιμηθέντες.

ἡ δὲ προσποιουμένη Μέντωρ εἶναι Ἀθηνᾶ πρὸς τὸν Νέστορα·

---

5 πολιτικῶς] cfr 177 B πολιτικώτερον — σωφρόνως 9 *Od.* 4,60 12 *Od.* 4,65 17 *Od.* 4,74 21 *Od.* 4,294, προτρεπτικὸν εἰς ἀνάπαυσιν add. Eustath.

3 ⟨ἂν⟩ Kaibel προαχθήσεται Wilamowitz 9 δ'] θ' Hom. 10 παυσαμένου **A** πασσαμένω Hom.

191 E

ἀλλ' ἄγε τάμνετε μὲν γλώσσας, κεράσασθε δὲ οἶνον,
ὄφρα Ποσειδάωνι καὶ ἄλλοις ἀθανάτοισιν
σπείσαντες κοίτοιο μεδώμεθα· τοῖο γὰρ ὥρη.

ἐν δὲ ταῖς τῶν θεῶν ἑορταῖς οὐδ' ὅσιον εἶναι δοκεῖ πλείω χρόνον παραμένειν. γνωμικῶς γοῦν φησι παρὰ τῷ Ὁμήρῳ ἡ Ἀθηνᾶ·

ἤδη γὰρ φάος οἴχεθ' ὑπὸ ζόφον, οὐδὲ ἔοικε
δηθὰ θεῶν ἐν δαιτὶ θαασσέμεν, ἀλλὰ νέεσθαι.

F Καὶ νῦν δὴ νόμος ἐκ θυσιῶν τινων πρὸ ἡλίου δύνοντος ἀπιέναι. καὶ παρ' Αἰγυπτίοις δὲ τὸ παλαιὸν σωφρονικῶς διεξήγετο τὸ τῶν συμποσίων γένος, καθάπερ εἴρηκεν Ἀπολλώνιος ὁ περὶ τούτων γεγραφώς. καθήμενοι γὰρ ἐδείπνουν, τροφῇ τῇ λιτοτάτῃ καὶ ὑγιεινοτάτῃ χρώμενοι καὶ οἴνῳ τοσούτῳ ὅσος ἱκανὸς ἂν γένοιτο πρὸς εὐθυμίαν, ἣν ὁ Πίνδαρος αἰτεῖται παρὰ τοῦ Διός·

τί ἔρδων φίλος
σοί τε, καρτερόβροντα Κρονίδα, φίλος δὲ Μοίσαις
Εὐθυμίᾳ τε μέλων ⟨κεν⟩ εἴην,
τοῦτ' αἴτημί σε.

---

1 *Od.* 3,332 10 Ἀπολλώνιος] fortasse Letopolitanus ille, de quo vide Cohn *RE* II 134 n. 73. 14 Pind. *fr.* 155, 24 ap. Boeckh, allatum iisdem vitiis corruptum ab Eustathio *in Od.* 4,179

1 κεράασθε vel κεράεσθε Hom. 16 μελῶν codd: corr. Casaubonus ⟨κεν⟩ Kaibel

# IV. THE *ΚΩΜΩΙΔΟΥΜΕΝΟΙ* AND THE OTHER WRITINGS

The standard work of Herodicus, now lost, is his lexical compilation *Κωμῳδούμενοι*. This was a sort of reference list of all those who were mentioned in the plays of the old and middle comedy. Plutarch tells us how necessary these dictionaries were for the student of the ancient literature[1]: just as at great banquets every guest has a cupbearer of his own, so everybody needs a grammarian to explain *τίς τῶν κωμῳδουμένων ἕκαστος*. Steinhausen, who introduces his dissertation[2] with this quotation, has at length dealt with the matter and there is not much to add to his excellent work. Owing to the nature of the material, which makes it impossible to state if the information comes from Herodicus, Ammonius, or Aristarchus, only those fragments where the author is expressly quoted, can be assigned to a certain work. The sure fragments of the *Κωμῳδούμενοι* are the following three.

1. ATHENAEVS 586 A = HARPOCRATIO s. v. *Σινώπη*.

*Καὶ περὶ μὲν τῆς Σινώπης Ἡρόδικος ὁ Κρατήτειος ἐν ς´ Κωμῳδουμένων φησὶν ὅτι Ἄβυδος ἐλέγετο διὰ τὸ γραῦς εἶναι. μνημονεύει δ᾽ αὐτῆς Ἀντιφάνης ἐν Ἀρκάδι καὶ ἐν Κηπουρῷ, ἐν Ἀκεστρίᾳ, ἐν Ἁλιευομένῃ, ἐν Νεόττιδι, καὶ Ἄλεξις ἐν Κλεοβουλίνῃ καὶ Καλλικράτης ἐν Μοσχίωνι.*

1 *ἐν γ´* Harpocratio

[1] *Quaest. conv.* VII 8, *ὥσπερ ἐν τοῖς ἡγεμονικοῖς δείπνοις ἑκάστῳ παρέστηκε τῶν κατακειμένων οἰνοχόος, οὕτω δεήσει γραμματικὸν ἑκάστῳ τὸ καθ᾽ ἕκαστον ἐξηγεῖσθαι, τίς ὁ Λασποδίας παρ᾽ Εὐπόλιδι καὶ ὁ Κινησίας παρὰ Πλάτωνι καὶ ὁ Λάμπων παρὰ Κρατίνῳ καὶ τῶν κωμῳδουμένων ἕκαστος· ὥστε γραμματοδιδασκαλεῖον ἡμῖν γενέσθαι τὸ συμπόσιον ἢ κωφὰ καὶ ἄσημα τὰ σκώμματα διαφέρεσθαι.*

[2] J. Steinhausen, *Κωμῳδούμενοι*, D. Bonn 1910.

2. ATHENAEVS 591 C.

('Ἀπολλόδωρος δ' ἐν τῷ Περὶ ἑταιρῶν δύο ἀναγράφει Φρύνας γεγονέναι, ὧν τὴν μὲν ἐπικαλεῖσθαι Κλαυσιγέλωτα, τὴν δὲ Σαπέρδιον.) Ἡρόδικος δὲ ἐν ϛ' Κωμῳδουμένων τὴν μὲν παρὰ τοῖς ῥήτορσί φησιν ὀνομαζομένην Σηστὸν καλεῖσθαι διὰ τὸ ἀποσήθειν καὶ ἀποδύειν τοὺς συνόντας αὐτῇ, τὴν δὲ Θεσπικήν.

4 Σῆστρον non recte Madvig; composuerat Herodicus Phrynen, quae et Sestos, cum Sinopa, quae et Abydos uocatur.

3. ATHENAEVS 234 D. (Similiter Suidas s. v.)

(Πολέμων) ἐπεκαλεῖτο δὲ καὶ Στηλοκόπας,[1] ὡς Ἡρόδικος ὁ Κρατήτειος εἴρηκε.

As Steinhausen conjectured, the sixth book contained a list of the hetaeras, and probably the whole stock in Athenaeus from ch. XIII 50 p. 586 onwards is a compilation based on the work of Herodicus. The *schol. in Vesp.* 1239 refers to Ἁρμόδιος ἐν τοῖς Κωμῳδουμένοις, and since the conjecture of Dobree it has been supposed that we ought to read Ἡρόδικος. Susemihl preferred to read Ἀμμώνιος, and Steinhausen shows that this is the only possible solution.

There are two small fragments from another work of Herodicus, the Σύμμικτα ὑπομνήματα.

4. ATHENAEVS 340 E.

Ἡρόδικος δ' ὁ Κρατήτειος ἐν τοῖς Συμμίκτοις ὑπομνήμασι τοῦ Καλλιμέδοντος υἱὸν ὄντα ἀπέδειξε τὸν Ἀγύρριον.

Cfr Ath. 100 D, 104 D, 339 F, 614 D.

5. SCHOL. in RAN. 1028 *de Aeschyli Persis.*

Ἡρόδικος δέ φησι διττὰς γεγονέναι τὰς καθέσεις καὶ τὴν τραγῳδίαν ταύτην περιέχειν τὴν ἐν Πλαταιαῖς μάχην.[2]

[1] He made extensive journeys through Greece, in order to collect materials for his geographical works, in the course of which he paid particular attention to the inscriptions on votive offerings and on columns, whence he obtained the surname of Στηλοκόπας. Smith's *Dictionary* III, 434.

[2] This passage is discussed by J. Schönemann, *Herodicea*, Rh. Mus. 42 (1887) p. 467.

Callimedon, surnamed *ὁ Κάραβος*, was an Athenian orator belonging to the Macedonian party, who took great part in the internal troubles before and after the death of Alexander the Great. He was ridiculed by several authors of comedy, as the passages quoted from Athenaeus show. Probably Herodicus dealt with him in his work *Κωμῳδούμενοι*. Köpke[1] suggests that this passage too belonged to the latter work, indeed he thinks that Herodicus wrote one work only and that this work was referred to under different titles. This does not seem very probable, though. The literary genre of *ὑπομνήματα σύμμικτα* begins to be increasingly common during this period and this is easily understood, if we consider the conditions of the time. The *βιβλιακοὶ χαρακῖται*[2] of those days could not abstain from publishing the results of their various studies of the treasures of the libraries. Even the title indicates that the author did not limit himself to a certain subject-matter or theme. Such a work would contain sundry remarks and observations on nearly everything including various excerpts. If he author confined himself to a certain group of subjects, he used to entitle his work *ὑπομνήματα ἱστορικά, τακτικά, θεατρικά, συμποτικά* and so on.

It is therefore not impossible that the treatise *Περὶ συμποσίων* and, who knows, perhaps also the the essay *Πρὸς τὸν Φιλοσωκράτην* were parts of the compilation *Σύμμικτα ὑπομνήματα*. But the *Κωμῳδούμενοι* was a separate work in at least six books.

One of the fragments above gives us a new landmark as to the time of Herodicus. The Stoic philosopher Polemo was a contemporary of Aristophanes of Byzantium and a disciple of Panaetius. Perhaps he was one of the *Παναιτιασταί*, mentioned 186 A and discussed above p. 93.

There are three fragments in the scholia to Homer which bear the name of Herodicus.

[1] E. Köpke, *De hypomnematis Graecis*, P. Berlin 1842, p. 6.

[2] Polybius derides these book-learned men XII 25 e *ἔνιοι τῶν δοκούντων εὐλόγως προσάγειν πρὸς τὴν ἱστορίαν, καθάπερ οἱ λογικοὶ* (theoreticians) *τῶν ἰατρῶν, ἐνδιατρίψαντες ταῖς βυβλιοθήκαις καὶ καθόλου τὴν ἐκ τῶν ὑπομνημάτων περιποιησάμενοι πολυπειρίαν πείθουσιν αὐτοὺς ὡς ὄντες ἱκανοὶ πρὸς τὴν ἐπιβουλήν*. And 25 g: *οἱ βυβλιακοί* cannot write *ἐμπείρως* or *ἐνφαντικῶς*. And 27: it is easy now to write books, if you go to a city *ἔχουσαν ὑπομνημάτων πλῆθος ἢ βυβλιοθήκην που γειτνιῶσαν*.

6. SCHOL. VEN. **A** in *N* 29 *γηθοσύνη*] *Ἡρόδικος τὴν θος συλλαβὴν ὀξύνει, ἵνα ᾖ τὸ πλῆρες γηθόσυνα, εἶτα ἡ δὲ θάλασσα, ὁ δὲ Ἀρίσταρχος γ η θ ο σ ύ ν η δ ὲ θ ά λ α σ σ α ἀντὶ τοῦ γηθόσυνος, χαίρουσα.*[1]

Thus Herodicus read:

*οὐδ' ἠγνοίησαν ἄνακτα*
*γηθόσυν', ἡ δὲ θάλασσα διίστατο.*

The Townleiana are more explicit:

*γηθοσύνη*] *Ἀρίσταρχος ὀρθὴν αὐτήν φησιν, ὡς ψ ά μ μ ῳ κ υ α ν έ η* (*Od.* *μ* 243), *ὁ μέντοι Ἡρωδιανὸς διὰ πολλῶν αὐτὴν δοτικὴν ἀποδείκνυσιν, οἱ δὲ γ η θ ό σ υ ν α τὰ κήτη* ⟨*εἶτα ἡ δ ὲ*⟩.

Aristarch thus preferred the nominative of the adjective, although the adjectives in *-συνος* as a rule have no feminine form. Herodianus and Aristophanes preferred the dative, and to me this seems to be the correct reading, if we compare *Φ* 390 *ἐγέλασσε δέ οἱ φίλον ἦτορ γηθοσύνῃ*. Here we have the old use of the instrumentalis in a modal, not causal sense.

The reading of Herodicus (*οἱ δὲ*) is a typical product of Pergamene interpretation of Homer. Probably he has started from the fact that there are practically no passages in the *Iliad* besides perhaps *T* 362 *γέλασσε δὲ πᾶσα περὶ χθών*, in which a natural phenomenon is depicted as accompanied by emotional sentiments.

Modern editors nearly all follow Aristarch. But it should be observed that Aristarch has probably introduced his reading in consequence of his leading principle, the analogy,[2] and the scholia tell us that Aristophanes read *γηθοσύνῃ*. This is probably the oldest and in any case the soundest reading. The climax is beautiful; even the sea opens in joy and makes way for the Lord of the Seas.

7. SCHOL. VEN. **A** in *Y* 53 *θεῶν*] *Ἡρόδικος βαρέως ἀνεγίνωσκεν ὡς τρέχων, μετοχὴν ποιῶν, ὁ μέντοι Ἀρίσταρχος περιέσπα.*

Herodicus thus read:

(*Ἄρης*) *ἄλλοτε πὰρ Σιμόεντι θέων ἐπὶ Καλλικολώνῃ.*

[1] The passage is discussed by Ameis-Hentze in their *Anhang zu Homers Ilias* and by J. La Roche, *Die homerische Textkritik im Altertum*, Leipzig 1866, p. 218.

[2] Compare *Δ* 272, 326, *Σ* 557, *H* 122, *N* 82.

and this is also the reading of all modern editions. Of course it is not kind to deprive Herodicus of the honour of this reading, the only one possible, but I cannot suppress the suggestion that *Ἡρόδικος* is here a misinterpretation of *Ἡρωδιανός*.

8. SCHOL. TOWNL. in *X* 385 *ἄλλως: ἀλλὰ τίη μοι ταῦτα] οἱ περὶ Ἡρόδικόν φασι προφασίζεσθαι αὐτὸν τὸν περὶ τὰς Σκαιὰς πόλεμον.*

Modern editors read either *τί ἦ* or *τί ἦ*, compare *Λ* 407, but according to good ancient tradition, not only Herodianus, one ought to prefer *τί ἦ*. There is evidence[1] for the fact that Crates occupied himself with this question too, namely in the *schol. δ* 260, where the scholiast observes that Aristarch read *ἐπεὶ ἤδη* while Crates read *ἐπεὶ ἦ δή*.

The reading *τίη* — if it was really defended by Herodicus, which is by no means proved by the wording of the scholium — is obviously a pure mistake. La Roche has shown, how Eustathius misinterpreted his sources, the unknown grammarians Apion and Herodorus. If this Apion were identical with Apion Pleistonices, a relation to the Cratetean school could be established, for Pleistonices really took over much material from the Pergamene exegesis of Homer. But it is hard to believe that this obscure Apion of Eustathius really was identical with the famous Apion Pleistonices, the *cymbalum mundi*.

As to the explanation *προφασίζεσθαι αὐτὸν τὸν περὶ τὰς Σκαιὰς πόλεμον*, this too seems to me to be a typical product of the Pergamene exegesis with its trend to implicate concealed, often mystic allusions in the text. Apparently Herodicus suggests that Achilles suddenly came to think of Hector's words *ἤματι τῷ ὅτε κέν σε Πάρις καὶ Φοῖβος Ἀπόλλων ἐσθλὸν ἐόντ' ὀλέσωσιν ἐνὶ Σκαιῇσι πύλῃσιν*, and hence abstained from attacking Troy afresh. Yet it is much more natural to explain the passage thus: immediately after the triumphant victory over Hector, Achilles is at first eager to make a violent assault on Troy, but — and this is a good example of the fine psychological art of Homer — he has hardly begun to fire the

[1] The evidence is collected by La Roche *op. cit.* p. 267. Herodianus *in Y* 251 *περὶ δὲ τοῦ ἦ τοῦ ὑποτασσομένου τῷ τ ί καὶ τῷ ἐ π ε ί ἐδηλώσαμεν ἐν τοῖς πρὸ τούτων, ὥς τῷ τ ί ὑποτασσόμενος μὲν ἐγκλίνεται, τῷ δὲ ἐ π ε ί περισπᾶται.* Thus the correct reading is *τί ἦ* and *ἐπεὶ ἦ*.

Argives with his speech, ere he suddenly cuts off: this is not my affair. In this moment his thoughts wander to his beloved Patroclus, and he returns to his tent.

In my opinion thus the interpretation of Herodicus is decidedly wrong.

## 9. HERACLITI QUAEST. HOMER. 11 (p. 18 Oelmann).

*Σφόδρα γοῦν πιθανῶς Ἡρόδικος ἀποφαίνεται μήθ' ὅλην τὴν δεκαετίαν ἐν Ἰλίῳ μεμενηκέναι τοὺς Ἕλληνας, ἀλλ' ἐπὶ τέλει τοῦ καθειμαρμένου χρόνου τῆς ἁλώσεως ἐληλυθέναι. καὶ γὰρ ἦν ἄλογον εἰδότας ἐξ ὧν προεῖπεν ὁ Κάλχας, ὅτι τῷ δεκάτῳ πόλιν αἱρήσουσιν εὐρυάγυιαν* (B 329), *ἐπ' οὐδενὶ χρησίμῳ τοσούτων ἐτῶν ἀργίαν ἀναλίσκειν, ἀλλ' εἰκὸς ἐν τοῖς μεταξὺ καιροῖς περιπλέοντας ἄνω καὶ κάτω τὴν Ἀσίαν ἅμα τάς τε πολεμιστηρίους ἀσκήσεις ὑπογυμνάζειν καὶ λαφύρων τὸ στρατόπεδον ἐμπιμπλάναι, τοῦ δεκάτου δ' ἐνστάντος ἔτους, ἐν ᾧ πεπρωμένον ἦν τὸ τῆς ἁλώσεως τέλος, ἀθρόους καταχθῆναι. κοῖλα δ' αὐτοὺς τενάγη καὶ τόπος ἑλώδης ἐξεδέχετο, καὶ διὰ τοῦτο θέρους ἐνστάντος ἡ λοιμικὴ νόσος ἐγκατέσκηψε.*

This rationalism, somehow akin to Euhemeristic interpretation, is another side of the Pergamene exegesis of Homer, of which Helck in his studies on Crates offers so many good examples. *Audebant Aristarchei ignorare, cum Crates omnia se posse critica ratione sua investigare male censeret* — with this observation Helck hit the nail on the head.[1] The suggestion that the Greeks, in expectation of the fulfilment of Calchas' prophecy, carried on *πολεμιστηρίους ἀσκήσεις*, is in fact amusing. It is not easy to take this kind of interpretation seriously. But in view of the manner in which Herodicus deals with Plato, we must acknowledge that it is quite sincerely meant.

It cannot be decided if Herodicus wrote a commentary on Homer, as is suggested by Jonsius, Wolf and others, but it is very improbable. It is more likely that he wrote sundry observations on Homer in his *Σύμμικτα ὑπομνήματα*. If we dare hazard the conclusion that his observations on Homer together with his anti-platonic elaborations *Περὶ συμποσίων* and *Πρὸς τὸν Φιλοσωκράτην* were collected in the *Σύμμικτα ὑπομνήματα*, and that somehow Heraclitus, the author

[1] *De Cratetis studiis criticis quae ad Odysseam spectant*, P. Dresden 1914, p. 33.

of the Ὁμηρικὰ προβλήματα, hit upon this book, the strong antiplatonic tendency of this latter writing would be appropriately explained.

The method of interpretation adopted by Herodicus in the fragments 8 and 9, is certainly developed from the methods of Crates, but the intellectual level of the latter was of course quite another than that of his disciple. There is still an inclination nowadays — in spite of the work done by various scholars — to regard Crates as inferior to Aristarch, but this is not justified. There is not much left of his work on the exegesis on Homer, but it is enough to let us understand that, in spite of his many aberrations, he was an ingenious interpreter with a vast knowledge of literature. As I have pointed out before, Herodicus stands to him as Chamaeleon to Aristotle.

## V. THE ANTI-PLATONIC TRADITION

*Introduction* Ancient Greece was a small country. This is especially apparent when we turn our eyes from all the great and beautiful works of art to the men of narrow mind who formed a not inconsiderable part of the population. In the Grove of Academus and in the Garden of Epicurus flourished not only the fair flowers of philosophy: the rank weeds of meanness found a fertile soil there also. Greek literature bears, in point of fact, the impress of personal polemic. We find controversial discussion in the high-tuned poetry of Pindar, in the plays of Euripides, and in the comedies of Aristophanes, written for the general public, a personal polemic overflowing all bounds. We find abundant sarcasms and the stings of personal satire in the works of Plato, and even the cool and unemotional lectures of an Aristotle are at intervals spiced with cutting and snappish retorts to some personal antagonist or other. In the earliest specimens of biographical literature — the portraits of statesmen and commanders in Thucydides, Plato and Xenophon — we find, further, tendentious panegyric but also spiteful caricatures. And throughout the whole antiquity this kind of literature bears the same stamp: everything seems to be allowed save the writing of an objective estimate of the person in question. One creates *χαρακτῆρες*, ethical characters (Theophrastus and the New comedy), another concentrates on certain, in themselves unimportant details (so Neanthes diligently describes the manner in which great men met their death, others wrote books on longlived men), or else there is a bias in a certain direction as in Plutarch, for example, who stresses the educative side. Another again is at pains to glorify one person at the expense of somebody else. This is especially true of the polemic between the schools of philosophy, where all the powers of the imagination were brought into play in order to portray the virtues and moral superiority of the scholars favoured by the writer himself, who loses no opportunity in scoring off the coryphaeuses of the enemy camp.[1]

The *διαβολή* was quite conscious. Lucian vividly describes a picture by Apelles,[2] who had painted *Διαβολή* surrounded by *Ἄγνοια* and *Ὑπόληψις*. She holds in one hand a flaming torch, with the other hand she drags a young man along by the hair; he raises his hands in protest to heaven that he is innocent. A pale hollow-eyed man aids in dragging him along, namely *Φθόνος*. Two other women urge them on, *Ἐπιβουλή* and *Ἀπάτη*. A woman in deep mourning *Μετάνοια*, glances appealingly towards *Ἀλήθεια*, who is dimly visible in the background.

The biographical literature often gives indication of traits that are typical of the Greek psyche. *Profecturus es ad homines maxime homines* said a noble Roman to the young student who was leaving for Athens. Man is the central thing in art, literature and Greek thought in general. With the problem of Man Greek art struggles from the imperfect attempts of the Geometric Period down to Laocoon. Man and his *ἀρετή* is the nuclear problem of Greek philosophy from *ἐδιζησάμην ἐμεωυτόν* via Socrates to Marcus Aurelius. No Greek poet, save perhaps Sappho, writes just pouring out his heart; he writes for a certain group of fellow citizens or partisans, and it is this, as a rule, that gives his diction its characteristic note. The biographical literature too always aimed at pleasing a certain public, the adherents in particular of the writer's own party or school of thought.

The anti-platonic tradition is a notion of very great amplitude and it is not the object of this study to deal with this vast subject in any great detail, though it would be a rewarding theme for a more comprehensive study in the future. I shall confine myself here to an attempt to visualize the conception and give a general account of the anti-platonic tendencies with quotations from extant literature.

[1] Cic. *De fin.* II 25 *sit ista in Graecorum levitate perversitas, qui maledictis insectantur eos a quibus de veritate dissentiunt,* cfr *De oratore* I 11. Compare Plutarch's acid censure of all obtrectatores Platonis, *de sollertia animalium* IV 3, p. 962 B and *de inimicorum utilitate* 10, p. 91 F, *πᾶσα φύσις ἀνθρώπου φέρει φιλονεικίαν καὶ ζηλοτυπίαν κτλ.*

[2] *Περὶ τοῦ μὴ ῥᾳδίως πιστεύειν διαβολῇ* 5.

A chronological enumeration of all those who, in one respect or another, criticized Plato's person, his philosphy, the Academy, or his closest followers, certainly has its value, but something more is needed in this connection. We possess such an enumerative survey in Fenk's dissertation[1], where the opponents of Plato have been grouped under the headings *comici*, *adversarii politici*, *rhetores* and *philosophi*. Fenk has, however, not attempted to gradate his outline; if there is a quotation preserved, furnishing some sort of criticism against Plato, the author is immediately classed as an *obtrectator Platonis*. Nor has Fenk endeavoured to form any estimate of what the criticism of Plato aimed at during different periods, whether it represented an attack on Plato personally, his political activity, or on certain details in his philosophy or diction and the composition of his dialogues etc. In my opinion this aspect is the most fruitful, and my task in this study will be to locate the anti-platonic writings and activities of Herodicus and to assess their context and significance.

We had first better examine the implication of the term »the anti-platonic tradition». We understand thereby all deliberate criticism of Plato and his school, whether levelled at Plato himself in person, his mode of life and conduct, his disciples and followers, or the Academy as such; further we take the term to cover criticism of the political activities originating from the Academy, of the Platonic philosophy, and finally criticism of the language and style and the myths in the Platonic dialogues.

As *obtrectatores Platonis*, however, in the proper sense of the word, we cannot of course regard all those who in any of these respects have expressed themselves in critical terms on the subject of Plato. Above all we cannot classify those who in the philosophical debate proper have adopted a standpoint different from that of Plato and his school, as *obtrectatores*. Only those who, like our Herodicus, have indulged in personal invective against Plato or by deliberate misinterpretation of his utterances, actions and writings have sought to defame him, can be included in this category. These *obtrectatores* are known to us mainly through random utterances accidentally preserved or by the fact that the titles of their works, otherwise

[1] R. Fenk, *Adversarii Platonis quomodo de indole ac moribus eius iudicaverint*. D. Jena 1913.

lost, are still known. It is only from the writings of Herodicus that enough has survived to afford us an idea of the nature and aspect of this kind of literature.

Some words on the sources of the biographical allegations may suitably be inserted here. The tradition is indeed very complicated, as a rule, in the case of these biographical details. Thanks to the custom of the Alexandrian biographers[1], who were very careful about mentioning their sources, we are able to see the process by which an in itself rather inconspicuous statement has reached us. Let us take as an example Diogenes Laertius V 41 writing about Theophrastus. *Φαβωρῖνός φησι γηράσαντα αὐτὸν περιφέρεσθαι καὶ τοῦτο λέγειν Ἕρμιππον παρατιθέμενον ἱστορεῖν Ἀρκεσίλαον.* Arcesilaus heard Theophrastus in the latter's old age. Probably he told this story to Hermippus, who as a matter of fact often appeals to oral tradition, or else perhaps Hermippus read it in some lost memoir of Arcesilaus. Hermippus, the chief representative of the Alexandrian school of biography, made a point of collecting such pieces of information for his great work *Βίοι* and as a rule quotes the source. Whether Phavorinus received his information direct from Hermippus or not, is of secondary importance and of course impossible to say, because the *Βίοι* is the main source for all later information on the subject of philosophers, rhetors and poets. And where Diogenes has excerpted Phavorinus we can only guess. But the names of these intermediate sources are generally of small importance, if we know the primary source.

The first leading principle in forming an estimate of biographical data is this: w e m u s t t r a c e t h e p r i m a r y s o u r c e. The tradition consists of a long series of allegations, handed down from author to author. In the Alexandrian literature the intermediary links were frequently specified; in the belletristic literature, as in Plutarch, and in most second-class authors, this was not so commonly done, from different motives. If the primary source is traced, it is usually possible to draw certain conclusions as to the tendency and trustworthiness.

[1] F. Leo, *Die griechisch-römische Biographie nach ihrer literarischen Form.* Leipzig 1901.

The second leading principle is just this: to test the tendency of the work and its trustworthiness. We have seen what happens to truth in the case of Herodicus.[1] Unfortunately the same is true of nearly the whole biographical literature. For this reason it is most necessary to try to penetrate to the origin of the data quoted or the ultimate source. Then at least we have some chance of stating the degree of trustworthiness in the statement in question.

The oldest representative of the afterwards extremely popular type of literature known as peripatetic biography, is Chamaeleon. He is of the school of Aristotle and has learnt how to reel off biographical details by way of interpreting texts. We have still an exquisite example of the Aristotelean art of intepretation in the commentary on the poems of Solon in the *'Αθηναίων Πολιτεία*. Chameleon is, as we can see from the fragments of his writings preserved[2], still quite harmless, even if by rash combination his portraits assume the nature of arbitrary fancies.

Aristoxenus is the first great calumniator. There is not much left of his biographical writings, but the numerous fragments of his *Life of Socrates* show us clearly what he aimed at. Seething with hatred and malignity, he collected every derogatory piece of information he could get hold of, and by this means created a tradition which was to have unfortunate consequences in the future.[3] Aristoxenus paved the way for the other peripatetics, and he has a long line of worthy followers in Neanthes of Cyzicus (c. 270 B. C.), in Ariston

[1] Many a modern scholar who has taken a statement of an author like Herodicus for granted, has done much work in vain. An example among many others is G. Teichmüller, who in his comprehensive study *Literarische Fehden im vierten Jahrhundert v. Chr.*, I—II, Breslau 1881—1884, without the slightest reservation accepts Athenaeus, i. e. Herodicus, as a good and trustworthy source of information.

[2] E. Köpke, *De Chamaeleonte Peripatetico*, P. Berlin 1856. I hope to be able to publish a separate study on Chamaeleon, of whom we have more fragments in Athenaeus and in the scholia, in the near future.

[3] Aristoxenus is judged very differently: by Mahne (*Diatribe de Aristoxeno*, Amsterdam 1793) favourably, by Luzac (*Lectiones Atticae*, Leyden 1809) quite unfavourably, by Westphal (*Aristoxenus*, Leipzig 1883, and other writings) most favourably, by v. Mess (*Rhein. Mus.* 71 (1916) rehabilitatingly, by Stuart (*Epochs of Greek and Roman Biography*, Berkeley 1928) with sensible balance. In the following I revert to the subject.

of Ceos, and Bion of Borysthenes (c. 250 B. C.) and others, in whom the taste for witty stories far exceeds the love of truth. At about the same time Hieronymus of Rhodes and Idomeneus were writing their chroniques scandaleuses, and the anonymous treatise on the τρυφὴ τῶν παλαιῶν is also from this time. With Hermippus (c. 225 B. C.) comes a man who makes it his business to work up this type of literature in a scientific way, and he is the more dangerous in that the counterfeiting is now practised systematically. His great work was used by all succeeding biographers and story-tellers. His contemporary Antigonus of Carystus is an exception; he wrote a literary work of quite different nature, dealing with philosophers who had not been previously portrayed. His work was therefore original and of great value to all his successors. With Satyrus (c. 200) the biographical tradition undergoes a certain purification and the worst features are excised. The numerous compilations of the second century are consequently a somewhat more temperate and resaonable in tone. More than was the case previously, chronological views consonant with the historico-philosophical outlook in the proper sense of the word are adopted. This is true especially of Sotion (c. 170 B. C.) and Heraclides Lembus (c. 150 B. C.). The Ἐπιτομή of Heraclides was epoch-making. In a very judicious and ingenious way he seems to have worked up the whole previous tradition, founding his work on Hermippus, Antigonus, Satyrus and Sotion, whose statements he has examined and sifted. The result must have been a work of considerable scientific value, the loss of which is deeply to be regretted.

With Heraclides the biographical literature reaches its zenith. Howbeit, the calumniatory literature of the old school still flourishes. Heraclides is a contemporary of Aristarchus and probably his match in respect of learning and sound judgment in his special field. Consequently he is, too, a contemporary of Herodicus.

*The Comedy*

After this preamble I shall try to rehearse the anti-platonic tradition, grouping the authors according to their aim and tendency, keeping in the main to the chronological order.

The old and middle comedy of course dealt much with the philosophers. And in regard to Plato it is interesting to observe that we have quite a number of fragments, showing that the criticism comprised exactly the four points I have previously mentioned, viz. his person, political activity, philosophy and points in regard to his language. Now there is very little that has survived from these comedies, but we know that they have constituted a storehouse for the peripatetic biographers[1]. I only refer by the way to the well-known word of Chamaeleon *παρὰ δὲ τοῖς κωμικοῖς ἡ περὶ τῶν τραγικῶν ἀπόκειται πίστις*. The comedy was used systematically as a source of information by the two contemporaries Herodicus of Pergamon and Ammonius of Alexandria, who both wrote lexica of *κωμῳδούμενοι*. From these compilations the data found their way generally into later literature, and from Diogenes Laertius we can see how rich the material was: III 26 *ὅμως ἐσκώφθη καὶ αὐτὸς ὑπὸ τῶν κωμικῶν. Θεόπομπος γοῦν ἐν Ἡδυχάρει φησὶν οὕτως* (I 737 K.) *ἀλλὰ καὶ Ἀναξανδρίδης ἐν Θησεῖ* (II 142), *Ἄλεξις Μεροπίδι* (II 351) *καὶ ἐν Ἀγκυλίωνι* (II 297), *Ἄμφις Ἀμφικράτει* (II 237), *ἐν δὲ Δεξιδημίδῃ* (II 239), *Κρατῖνος Ψευδυποβολιμαίῳ* (II 292), *Ἄλεξις Ὀλυμπιοδώρῳ* (II 355) *καὶ ἐν Παρασίτῳ* (II 364), *χλευάζει δ' αὐτὸν καὶ Ἀναξίλας ἐν Βοτρυλίωνι καὶ Κίρκῃ καὶ Πλουσίαις*[2]. Thus there are 12 quotations about Plato alone. Some of them we know from other sources also, e. g. through Hesychius Milesius, and Fenk has collected and discussed them in his second chapter. I quote some of them below.

In the fragments preserved the criticism chiefly concerns the portly bearing and somewhat strange manners of Plato and the Academics. In spite of the fact that Plato was a thorough-bred Athenian, the people of Athens seem to have regarded the philosophers of the Academy as strangers. And in fact all the prominent members, save the master himself and his nephew Speusippus, were strangers from different places, often from far-off countries[3]. Xenocrates too, like Plato himself[4], was regarded as *σεμνός* and *σκυθρωπός*, and Heraclides of Pontus was named *Πομπικός* by the witty Athenians. Aristotle was mocked at because of the elegance of his clothes, and his rings and well-dressed hair also came in for comment. In

[1] See J. Steinhausen, *Κωμῳδούμενοι*, D. Bonn 1910, p. 67 with the literature.

[2] Steinhausen p. 69 remarks with right that the quotation from Timon is added by Diogenes.

[3] Antiphanes' *Antaeus* fr. 33, Ath. 545 A, and the eclogue of Ephippus quoted by Herodicus.

[4] Diog. Laert. III 26, IV 6.

preserved fragments and the allusions to lost comedies there are, however, — and this is a remarkable fact — no derogatory or contemptuous insinuations about Plato's person apart from the harmless mockery on the subject of this *σεμνότης*[1]. Not even the banquets of the Academic *θιασῶται* were derided in the usual manner. The philosophers partook of regular meals together, and skits on the surfeit and gluttony which marked these festivals were very popular. Of Plato, however, the only thing that could be said was *ὦ Πλάτων, εὖ δειπνεῖτε μᾶλλον εἰς τὴν ὑστεραίαν ἢ τὴν παροῦσαν ἡμέραν*[2]. The common view in Athens probably corresponded to the proverb of unknown date *'Ακαδημίηθεν ἥκεις· ἤτοι σοφὸς καὶ σπουδαῖος ὑπάρχεις*[3]. There was, on the other hand, all the more to be said about some of the men who belonged to the circle of Socrates and those who figured in the Platonic dialogues or were mentioned there, or later on were members of the Academy. The lexica of *κωμῳδούμενοι* of Herodicus and Ammonius were freely used by later writers; Plutarch, for instance, has obviously utilized them diligently[4].

Plato apparently advocated a diet of vegetable food and moreover a very frugal one. There are several allusions to this in the comedy[5], and probably the *'Ηδυχάρης* by Theopompus dealt mainly with this theme. I quote a fragment from Ath. 308 A:

*καὶ στῆτ' ἐφεξῆς, κεστρέων νῆστις χορός,*
*λαχάνοισιν, ὥσπερ χῆνες, ἐξενισμένοι.*

*Κεστρεύς*, the mullet, is a proverbial nickname of a starveling, since its stomach was found empty. Hedychares is perhaps a nickname for Plato himself: it is an old trick to contrast name and manners with one another.

The philosophy of Plato in the proper sense of the word was of course not assailed by the comic writers, but some of the leading ideas were well-known to the public and the points of attack in the contemporary comedy are noteworthy. First and foremost philo-

[1] Amphis in *Dexidemides* fr. 13: *ὦ Πλάτων, ὡς οὐδὲν οἶσθα πλὴν σκυθρωπάζειν μόνον ὥσπερ κοχλίας σεμνῶς ἐπηρκὼς τὰς ὀφρῦς.*

[2] Hegesander *ap. Ath.* 419 C, compare 137 F.

[3] *Paroemiogr. Gr.* II p. 265.

[4] See Steinhausen p. 72 and Wilamowitz *Aristoteles u. Athen* I 263.

[5] See Anaxandrides, Diog. L III 26, cfr VI 25, further Phanocritus *ap. Ath.* 276 F.

sophical studies in general were ridiculed, and arguments were used which are still current among the public at large. Of Aristophon's drama *Plato* there is a fragment preserved[1]:

*A.* ἐν ἡμέραις τρισίν
ἰσχνότερον αὐτὸν ἀποφανῶ Φιλιππίδου.
*B.* οὕτως ἐν ἡμέραις ὀλίγαις νεκροὺς ποιεῖς;

and likewise by Alexis in the *Meropis* II 351 K:

εἰς καιρὸν ἥκεις ὡς ἔγωγ' ἀπορουμένη
ἄνω κάτω τε περιπατοῦσ' ὥσπερ Πλάτων
σοφὸν οὐδὲν εὕρηκ', ἀλλὰ κοπιῶ τὰ σκέλη.

An echo of the great questions and problems discussed within the Academy reaches us in some fragments. Plato's opinions on the immortality of the soul were not so readily understood by his contemporaries as we are perhaps sometimes prone to believe. Anyhow it was felt that new and sensational ideas had been generated. I quote the fragment of the younger Cratinus II 292 K.:

*A.* ἄνθρωπος εἶ δηλονότι καὶ ψυχὴν ἔχεις;
*B.* κατὰ μὲν Πλάτων' οὐκ οἶδ', ὑπονοῶ δ' ὧδ' ἔχειν.

and Alexis in the *Olympiodorus* II 355 K.:

*A.* σῶμα μὲν ἐμοῦ τὸ θνητὸν αὖον ἐγένετο,
τὸ δ' ἀθάνατον ἐξῆρε πρὸς τὸν ἀέρα.
*B.* ταῦτ' οὐ σχολὴ Πλάτωνος;

Another echo of the discussion in the *Phaedo* 96 E reaches us in the *Hedychares* of Theopompus, mentioned above, I 737 K.

ἓν γάρ ἐστιν οὐδὲ ἕν,
τὰ δὲ δύο μόλις ἓν ἐστιν, ὥς φησιν Πλάτων.

Similarly the discussion on the True Being in the *Parmenides* is caricatured in an incredibly skillfully composed eclogue from the Cleophanes by Antiphanes, by far the most ingenious of the comic writers of the middle comedy[2].

[1] Kock II 279 gives the parallels and Fenk discusses these passages in the dissertation referred to above (p. 134).

[2] See Kock's edition and Fenks discussion p. 29.

Hussey[1] thought that there are allusions to the first four books of the *Republic* in the *Στρατιώτιδες* of Theopompus. He takes the hesitating utterances made by Socrates in the fifth book as evidence of his fear of the attacks of the comic authors. This would mean that Theopompus' play was presented just before Plato wrote the fifth book of the *Republic*. As far as I can see, however, Hussey's theory will not hold water. Anyway the fragments are too meagre.

The Platonic *Ἔρως* is burlesqued in the *Φαῖδρος* of Alexis,[2] and perhaps there is an allusion to the same theme in the *Ἑλένη* II 320 K.

*Πλάτωνος ἀγαθόν* is represented in the *Πύρρος* of Philemon, an author of the new comedy, II 496 K. and in the *Ἀμφικράτης* by Amphis II 237 K.,

> *A.* *τὸ δ' ἀγαθὸν ὅ τι ποτ' ἐστίν, οὗ σὺ τυγχάνειν*
> *μέλλεις διὰ ταύτην, ἧττον οἶδα τοῦτ' ἐγώ,*
> *ὦ δέσποτ', ἢ τὸ Πλάτωνος ἀγαθόν.* *B.* *πρόσεχε δή.*

and Alexis in the *Μίκκων* II 353 K. says

> *A.* *κἂν μὴ παραθῶσι θερμά· B. τἀγαθὸν Πλάτων*
> *ἁπανταχοῦ φησ' ἀγαθὸν εἶναι, μανθάνεις;*
> *τὸ θ' ἡδὺ πάντως ἡδύ, κἀκεῖ κἀνθάδε.*

Later on in the new comedy we find a typical distortion of the theme in Philippides' *Ἀνανέουσα* II 303 K, discussed by Fenk p. 46.

> *A.* *ἔλεγον ἐγώ σοι μὴ γαμεῖν, ζῆν δ' ἡδέως.*
> *B.* *τὸ Πλάτωνος ἀγαθὸν δ' ἐστί τοῦτο, Φειδύλε,*
> *μὴ λαμβάνειν γυναῖκα.*

In the famous fragment by Epicrates II 287 K., so often quoted, we get the most detailed caricature of the lectures and discussions in the Academy, especially of the endless hairsplittings[3]. The enthusiasm for classification is derided also by Alexis in the *Ἀγκυλίων*, II 297 K. and in *adesp. novae* 149, III 438 K.

[1] I 747 Kock, see G. B. Hussey, *On Plato and the Attic Comedy*, Class. Studies in honour of H. Drisler, New York 1894, p. 84.

[2] II 386 Kock.

[3] W. Jaeger, *Aristotle*, Oxford 1934 p. 18, Fenk op. cit. p. 32. The scientific equivalent to the fragment of Epicrates is the criticism of *διχοτομία* in the Parts of Animals.

These faint echoes of the discussions in the Academy and of the writings of Plato can, if anything, be compared to the manner in which the daily press of our own time serves up reports on similar matters[1] and must be judged accordingly. They are by no means dictated by ill-will, rather by inquisitive interest and the desire to be up-to-date, coupled with solid ignorance.

The political activity of Plato is not referred to in any fragment of comedy that has come down to us, a fact which it is easy to explain. Political persiflage is characteristic of the old comedy. On the other hand, it is obvious, as Meineke has shown, that Plato's language has been caricatured in the fragment of Epicrates, and it is a question whether the repeated *πάνυ μὲν οὖν* and *κομιδῇ μὲν οὖν*[2] in the *Plutus* is not a parody of Plato's language, possibly also the fragment, wrongly ascribed to Epicharmus, n. 171 Kaibel, beginning

*A. ἆρ' ἔστιν αὔλησίς τι πρᾶγμα; B. πάνυ μὲν ὦν.*

This fragment is probably a product of Alcimus[3] himself, a younger contemporary of Plato, and was inserted *ἐν τοῖς πρὸς Ἀμύνταν*. In my opinion it belongs to the same class of parodies as the other ones from the middle comedy.

The Isocratean censure of Plato's style and of the literary form of the dialogues is a consequence of Plato's corresponding criticism of the rhetoricians. For the Isocratean conception of the importance of style, see e. g. *Philipp.* 24—29; the counterview we find in Plato, *Leg.* 627 D *οὐ γὰρ εὐσχημοσύνης τε καὶ ἀσχημοσύνης ῥημάτων ἕνεκα τὰ νῦν σκοπούμεθα πρὸς τὸν τῶν πολλῶν λόγον*, but this was in his old age. Plato's censure of the rhetors culminates in his attack on Lysias, of which Dionysius says, *Ep. ad Cn. Pomp.* 754—755: *Βουληθεὶς γὰρ ὁ ἀνὴρ* (sc. Plato) *ἐπιδείξασθαι τὴν αὑτοῦ δύναμιν, ἣν εἶχεν ἐν τοῖς πολιτικοῖς λόγοις, οὐκ ἠρκέσθη ταῖς ἄλλαις γραφαῖς, ἀλλὰ καὶ κράτιστον τῶν τότε ῥητόρων ἕτερον αὐτὸς ἐν τῷ Φαίδρῳ συνετάξατο λόγον, ἐρωτικὸν εἰς τὴν ὑπόθεσιν· καὶ οὐδ' ἄχρι τούτου προελθὼν ἐπαύσατο,*

[1] In the *Göteborgs Handels & Sjöfarts Tidning* of February 15, 1941 I read an article — of course written as an amusing causerie — on Plato, which could as well have been written by Herodicus.

[2] See Denniston, *Particles* p. 477.

[3] The alleged great influence of Epicharmus on Plato, a popular topic in later times, is mainly due to the tendentious writings of Alcimus.

*καταλιπὼν ἐν τοῖς ἀναγνωσομένοις τὴν διάγνωσιν, ὁπότερός ἐστι κρείττων λόγος, ἀλλὰ καὶ τῶν ἁμαρτημάτων ἥψατο τοῦ Λυσίου, τὰς μὲν λεκτικὰς μαρτυρῶν τῷ ἀνδρὶ ἀρετάς, τῶν δὲ πραγματικῶν ἐπιλαμβανόμενος. ὁπότ' οὖν Πλάτων, τὸ φορτικώτατον καὶ ἐπαχθέστατον τῶν ἔργων προελόμενος, αὑτὸν ἐπαινεῖν κατὰ τὴν δύναμιν τῶν λόγων, οὐδὲν ᾤετο ποιεῖν κατηγορίας ἄξιον, εἰ παρὰ τὸν ἄριστον τῶν τότε ῥητόρων τοὺς ἰδίους ἐξετάζειν ἠξίου λόγους . . . τί θαυμαστὸν ἐποίουν ἐγὼ τοῖς Δημοσθένους λόγοις συγκρίνων τοὺς Πλάτωνος;*

It seems likely that the source of Dionysius was Dicaearchus, who in his *Lifes of Philosophers* had dealt with Plato's style. We have now only the oft-quoted judgment on the style of the *Phaedrus* left. It is also probable that the characteristique of Plato's style in *De compos. verb.* 243 and particularly the story about the *Republic* added there, comes from Dicaearchus. Of course we shall guard ourselves against believing that Dicaearchus made a systematic attempt to featurise Plato's style. His work has, however, also left some traces in the pamphlet of Numenius[1] *Περὶ τῆς τῶν 'Ακαδημαικῶν πρὸς Πλάτωνα διαστάσεως*. The criticism of Plato in the work of Numenius, which we know chiefly through Eusebius, mainly deals with philosophical questions and cannot be treated here.

We find a still poorer opinion of Plato's style entertained by Caecilius of Cale Acte, an older contemporary and friend of Dionysius. Caecilius was the most prominent representative of aesthetic classicism and had a great authority on questions of style. The author of *Περὶ ὕψους* ch. 32 tells us of him: *φιλῶν γὰρ τὸν Λυσίαν ὡς οὐδ' αὐτὸς αὑτόν, ὅμως μᾶλλον μισεῖ τῷ παντὶ Πλάτωνα ἢ Λυσίαν φιλεῖ.* And Josephus *contra Apionem* II 31, 225 says: *ἀλλὰ τὰ μὲν Πλάτωνος λόγους τινὲς εἶναι κενοὺς νομίζουσι, κατὰ πολλὴν ἐξουσίαν κεκαλλιγραφημένους.* Yet he seems to aim at the criticism of the laws more than of the style.

*The Isocrateans and other contemporaries*

I pass over completely the discord between Plato and the other Socratics, especially Antisthenes and the later cynics. The alleged difference between Plato and Xenophon is treated in the commentary to the passage in Herodicus. Of Zoilus, the disciple of Polycrates, we only know that he wrote a pamphlet *Κατὰ Πλάτωνος*, which did

[1] See A. E. Leemans, *Numenius von Apamea*, Bryssel 1937, and R. Bentler, *RE* Supplb. VII p. 664.

not become so famous, however, as his attack on Homer. These matters have already been discussed enough by others, though some words must be devoted to Isocrates. After all that has been written[1] on his attitude to Plato, it is clearly impossible to reduce the relations between the two great contemporaries to a simple formula. They seem to have felt esteem for each other in some respects, though at heart they must have been strangers, as their conception of life, their ideas of the ultimate object and methodics of education and their attitude towards rhetoric — a very important matter not only in fourth century Greece — were fundamentally divergent. They must have lacked what Socrates called *κοινὴ βουλή*. The antiplatonic attitude of Isocrates has been most trenchantly formulated in his speech *Περὶ ἀντιδόσεως* 271 from the year 353, which as a whole is instinct with bitterness against the Academy. He says: *οὐκ ἔνεστιν ἐν τῇ φύσει τῇ τῶν ἀνθρώπων ἐπιστήμην λαβεῖν, ἣν ἔχοντες ἂν εἰδεῖμεν ὅτι πρακτέον ἢ λεκτέον ἐστίν.*[2] It is in the first place Aristotle who forms the chief target of his criticism. Against him and against the Academy the fight is continued and aggravated by the disciples and followers of Isocrates, his stepson Aphareus[3], Cephisodorus and Eubulides[4], Dioscurides (quoted above p. 81,

[1] See G. Rudberg, *Isokrates und Platon*, Symb. Osl. 2 (1924) p. 1—24 with literature. See further Th. Bergk, *Wann ist Platos Theaetet abgefasst?* in *Fünf Abhandlungen zur Geschichte d. griech. Philosophie*, Leipzig 1883. Bergk is the most zealous advocate of the view that Plato and Isocrates were bitter enemies. The opposite opinion is vindicated by B. v. Hagen, *Num simultas intercesserit Isocrati cum Platone*, D. Jena 1906. He defends Diog. Laert. III 8. A sound judgment of their different views on education is given by R. L. Howland, *The Attack on Isocrates in the Phaedrus*, Class. Quart. 31 (1937) p. 151—160.

[2] Compare 261 and 274. See Wilamowitz *Aristoteles u. Athen* I 346.

[3] Dionys, *de Isocr.* 18: *οὔτε Ἀριστοτέλει πείθομαι ῥυπαίνειν τὸν ἄνδρα βουλομένῳ, οὔτ' Ἀφαρεῖ τούτου γ' ἕνεκα λόγον εὐπρεπῆ πλαττομένῳ συντίθεμαι. ἱκανὸν δὲ ἡγησάμενος εἶναι τῆς ἀληθείας βεβαιωτὴν τὸν Ἀθηναῖον Κηφισόδωρον, ὃς καὶ συνεβίωσεν Ἰσοκράτει καὶ γνησιώτατος ἐγένετο καὶ τὴν ἀπολογίαν τὴν ὑπὲρ αὐτοῦ τὴν πάνυ θαυμαστὴν ἐν ταῖς πρὸς Ἀριστοτέλην ἀντιγραφαῖς ἐποιήσατο.*

[4] Themist. *or.* 23, p. 285 C: *Πλάτωνος δὲ οὐ μέχρι νῦν καταβοῶσιν ὡς τρὶς πλεύσαντος εἰς Σικελίαν ἐπὶ χρήμασι καὶ τραπέζῃ; Κηφισοδώρους δὲ καὶ Εὐβουλίδας καὶ Τιμαίους, Δικαιάρχους* (not *Δημοχάρους*, as has been suggested; apart from the fact that Themistios could hardly know of Demochares, the form is wrong; it would have sounded *Δημοχάρας* in analogy to *τοὺς Σωκράτας*) *καὶ στρατὸν ὅλον τῶν ἐπιθεμένων Ἀριστοτέλει τῷ Σταγειρίτῃ ποτ' ἂν καταλέξαιμι εὐπετῶς, ὧν καὶ λόγοι ἐξικνοῦνται εἰς τόνδε τὸν χρόνον* (c. 370 A. D.) *διατηροῦντες τὴν ἀπέχθειαν καὶ*

507 D), Theocritus[1], Timotheus[2], but also by Theopompus, Philiscus, Timaeus, Neanthes and Praxiphanes.

Theopompus was regarded as the most distinguished of the disciples of Isocrates[3] and his venomous tongue was so well-known and dreaded that when, at the age of 75, he arrived as a fugitive in Alexandria (c. 305), Ptolemy would have put him to death as a dangerous busybody, had not some of his friends interceded for his life. We know the title of his pamphlet *Criticism of the discourses of Plato*[4]. The Rhetorician Philiscus of Miletus was also an auditor of Isocrates and himself teacher of the historian Timaeus and Neanthes of Cyzicus. The polemic of Timaeus was, like that of Theopompus, personal and bitter[5] and portions of his calumny of Socrates were still received with delighted approbation by the Holy Fathers[6]. Polybius gives a long survey of all his abusive oratory, aimed at contemporary philosophers and learned men indiscriminately[7], and also gives us the valuable information that Timaeus was one of the first to use comedy as a source[8]. A good deal of the markedly personal polemic of Timaeus was adopted by Epicurus in his letter *Περὶ τῶν ἐπιτηδευμάτων*.[9] That Timaeus also directly attacked Plato is confirmed by

*φιλονεικίαν*. Compare Dionys. *ep. ad Pomp.* 16, 757 R., see also Solmsen, *N. Philol. Unters.* IV p. 206—7.

1 A very bitter epigram upon Aristotle is preserved in portions by Diog. Laert. V 11, Plut. *Mor.* 603 C, Euseb. *Praep. evang.* XV 2, p. 793 A, see Jacobs, *Anth. Graec.* I 117 and XIII 958.

2 *ὁ Κόνωνος*, Ath. 419 D, Isocr. *de permut.* 101, is presumably the same as the one whose *Περὶ βίων* is mentioned by Diog. Laert. III 5. He is also mentioned together with Isocrates and Theopompus in the letter from Speusippus, *Ep. Socr.* 30 (28 Köhler), 13.

3 Plut. *Vit. dec. orat.* 837 B, Dionys. *Ep. ad Pomp.* 6, p. 782.

4 *Fr Gr Hist* F 259 — Ath. 508 CD with the testimonies, see above p. 82. *Διατριβή* does not signify the school here.

5 *Fr.* 70 (Müller I 209) with a stream of coarse words against Aristotle.

6 *Fr.* 100 = Cyrillus *c. Julian.* VI, *PGM* LXXVI, p. 817 BC, cfr *fr.* 113 = Aelianus *Var. hist.* XII 29, 136 = Strabo XIV 640.

7 *Fr.* 143 = Polyb. XII 23. Timaeus could never forgive Aristotle for his, in itself correct, description of the birth-town of Timaeus as originally a convict settlement.

8 XII 13 *κωμικόν τινα μάρτυρα προσεπισπασάμενος ἀνώνυμον*, cfr Diog. Laert. VIII 54 *καθὰ καὶ Πλάτων*, Fenk p. 67.

9 Crönert, *Kolotes und Menedemos*, p. 174—5.

Plutarch in the introduction to his biography of Nicias. Now Timaeus wrote the main part of his history between 300 and 260 and it is curious to observe how remarkably anti-platonic the literature of this period was. To be sure, the calumny of Aristoxenus and Epicurus has been fatal, but still it is strange to observe how, during a whole generation this hostile sentiment towards philosophy in general and the Academy in particular dominates the whole literature. We have the whole stream of Epicurean pamphlets by Metrodorus, Hermarchus, Colotes and Leontion. During this age Timon wrote his acid *Σίλλοι*. The anonymous[1] treatise *Ἀρίστιππος περὶ παλαιᾶς τρυφῆς*, perhaps the most quoted of all the lucubrations of this time, is another example, further *ὑπομνήματα*, fictitious letters and scribbles by Lynceus, Clearchus of Soli, Duris, Idomeneus, Neanthes. Erotic motifs were cherished especially by Hieronymus of Rhodes and Ariston of Ceos, and the onslaughts on the philosophers even invaded poetry, as can be seen from the fragments of Hermesianax. There are of course exceptions, most notably the historian Philochorus and others, such as the peripatetic Phaenias and Xenocrates, the art-critic.

The animosity between Plato and Isocrates was represented in a queer literary work by Praxiphanes, now unfortunately lost. It is in the form of a dialogue; Plato has invited Isocrates to his country seat and the two men entertain themselves with a conversation on the art of poetry. With this work Praxiphanes introduced a subject later on to be resuscitated as one of the chief arguments against Plato, namely that he was a bad judge of poetry. Still later his attitude towards Homer in particular came into the foreground. The judgments of Praxiphanes were embraced by the literary aesthetic of the Alexandrians and we possess evidence that Callimachus as well as Duris — the latter of course very dependently — took the same side[2].

Of Neanthes we do not know more than that he was indirectly a disciple of Isocrates through Timaeus and Philiscus and wrote a work *Περὶ ἐνδόξων ἀνδρῶν*, of which there are considerable fragments.

[1] *Ἀρίστιππος* is part of the title as in *Cato Maior De senectute*.

[2] Proclus *in Plat. Tim.* I 28: *φληναφοῦσι Καλλίμαχος καὶ Δοῦρις ὡς Πλάτωνος οὐκ ὄντος ἱκανοῦ κρίνειν ποιητάς*.

Politics. Demochares

In a city like Athens where political interests predominated, it was only to be expected that the political activities of Plato and the Academy should provoke enmity and malice. The anti-platonic tradition on the political side underwent a transformation in the course of time, but there are certain recurrent features in the criticism. In the first place, it should be stressed, Plato did not himself take any active part in Athenian politics. He ironically makes Callicles give expression to the public sentiment on the subject[1]: young lads ought to devote their time to philosophy. »But when I see an elderly man still going on with philosophy and not getting rid of it, that is the gentleman, Socrates, whom I think in need of a whipping. For as I said just now, this person, however well endowed he may be, is bound to become unmanly through shunning the centres and marts of the city, in which as Homer said, »men get themselves note and glory». He must cower down and spend the rest of his days whispering in a corner with three or four lads, and never utter anything free or high or spirited.» Nevertheless, Plato criticized the conduct of policy in his home city and — and that was worse — the pettifogging politicians bred there.

Secondly, Plato's travels to Sicily furnished a subject for comments. Thirdly his relations with the neighbouring lordlings and princes were regarded with a suspicious eye as being a token of the general antidemocratic sympathies of the Academy. The relations to Philip of Macedonia in particular were viewed with mistrust, and later on, after the death of Plato, the Macedonian relations of the Academy and Lyceum were one of the chief causes of public attacks, culminating in the attempt of Demochares in 306 to eradicate the philosophers altogether. In addition to the animosity that had its roots in actual political life, there was widespread opposition to his literary work that dealt with political themes and his theories on education. When after 300 political enmities had died away — politics had practically ceased to exist for Athens — the fight was fought on the theoretical field only, that is to say against Plato's political theories and especially his theory of the Ideal State. With the lapsing time the polemic grows more and more vulgar and scurrilous. Already in the time of

[1] *Gorgias* 485 D, Lamb's translation.

Herodicus we can envisage how simplified the problems had become, and after him until far into the time of the emperors and the Holy Fathers it has hardened into a rule that all political polemic against Plato must start from a distortion of Plato's doctrine of the community of women. How strong this anti-platonic tradition, turning on political dissension, was, we are able to see for instance from the following passage in Josephus *c. Apionem* II 31: *Πλάτων θαυμαζόμενος παρὰ τοῖς Ἕλλησιν ὡς καὶ σεμνότητι βίου διενεγκὼν καὶ δυνάμει*[1] *λόγων καὶ πειθοῖ πάντας ὑπεράρας τοὺς ἐν φιλοσοφίᾳ γεγονότας ὑπὸ τῶν φασκόντων δεινῶν εἶναι τὰ πολιτικὰ μικροῦ δεῖν χλευαζόμενος καὶ κωμῳδούμενος διατελεῖ.*

Of the contemporary criticism of Isocrates and his school I have already spoken.[2] In Sicily Plato had a severe opponent in Philistus[3], who is described by Dionysius of Halicarnassus as *κολακικὸς καὶ φιλοτύραννος καὶ ταπεινὸς καὶ μικρολόγος*. It is not impossible that Plato's words in the *Theaetetus* 175 D *τὸν σμικρὸν ἐκεῖνον τὴν ψυχήν*, aim at Philistus. There is nothing about Plato in the fragments of Philistus preserved, but probably a good deal of the slander about Plato's travels to Sicily, his motives and his adventures with Dionysius and on the way home, originated in the work of Philistus. Plutarch avouches that he was »a man eminently skilled in inventing specious pretences and fair speeches to cloak unjust actions and evil dispositions»[4]. His work must certainly have been utilized by all historians who dealt with the same subject, and although Timaeus censures him, he has undoubtedly transcribed from him a good deal.[5] In Dion's expedition to Sicily many of Plato's

[1] Compare Alexis' *Ἱππεύς fr.* 94 *τοὺς τὰς τῶν λόγων δυνάμεις παραδιδόντας*, discussed above p. 84.

[2] On the *Republic* 500 B ∼ *Antidosis* 260 see Bergk, *Fünf Abh.* p. 38 and Rudberg, *Symb. Osl.* II p. 9, cfr above p. 144 note 1. Compare the criticism of *οἱ νόμοι καὶ αἱ πολιτεῖαι αἱ ὑπὸ τῶν σοφιστῶν γεγραμμέναι* after the death of Plato, *Philipp.* 12, and how Isocrates in his political testament *Παναθηναικός* 118 scornfully talks of his adversaries in the Academy as *ὀλίγοι τινὲς τῶν προσποιουμένων εἶναι σοφῶν κτλ.*

[3] Plat. *Ep.* 3 p. 315 E: *ᾄδην γὰρ ὑπὸ Φιλιστίδου καὶ ἄλλων πολλῶν πρὸς τοὺς μισθοφόρους καὶ εἰς τὸ Συρακοσίων πλῆθος διεβλήθην.*

[4] *Dion* 36, p. 974 C: *ὢν δεινότατος ἀδίκοις πράγμασιν καὶ πονηροῖς ἤθεσιν εὐσχήμονας αἰτίας περιβαλεῖν καὶ λόγους ἔχοντας κόσμον ἐξευρεῖν.*

[5] Both Timaeus and Neanthes tell the same story of Plato's *λογοκλοπεία* probably efter Philistus, see Fenk p. 67.

friends and disciples took part[1] and the failure cast deep shadows on the Academy.

Also at the Macedonian court intrigues were spun against Plato. Speusippus, in his letter to Philippus[2], says that he has heard that Theopompus, who in 342 stayed at the court, calumniated Plato. In the Platonic collection of letters and the *Epistulae Socraticae* an echo of this political activity reaches us.

During the time of Demetrius of Phaleron the political opposition towards the philosophers dared not manifest itself openly, but as soon as Poliorcetes in 307 conquered Athens and Demochares, the nephew of Demosthenes, assumed power, the attacks on the philosophers began afresh and bolder tactics were employed. Demochares, the pretended arch-democrat, prepared to enforce the most anti-democratic measure possible.[3] Aided by a certain Sophocles he carried through a law, according to which no philosopher was allowed to open a school. We know this through Pollux and Diogenes. Pollux IX 42 says: *νόμος Ἀττικὸς κατὰ τῶν φιλοσοφούντων γραφεὶς ὃν Σοφοκλῆς Ἀμφικλείδου Σουνιεὺς εἶπεν, ἐν ᾧ τινα κατὰ αὐτῶν προειπὼν ἐπήγαγε μ ὴ ἐ ξ ε ῖ ν α ι μ η δ ε ν ὶ τ ῶ ν σ ο φ ι σ τ ῶ ν δ ι α τ ρ ι β ὴ ν κ α τ α σ κ ε υ ά σ α σ θ α ι.* And Diog. Laert. V 38: *μηδένα τῶν φιλοσόφων σχολῆς ἀφηγεῖσθαι, ἐὰν μὴ τῇ βουλῇ καὶ τῷ δήμῳ δόξῃ· εἰ δὲ μή, θάνατον εἶναι τὴν ζημίαν.* It is obvious that Pollux and Diogenes proceeded on independent lines, and it is remarkable that Pollux apparently had access to the original.

All the philosophers at once fled; that Theophrastus is mentioned expressly is owing to the fact that the law was naturally directed first and foremost against the partisans of Demetrius among the Peripatetics but also to the fact that he was the most famous among the philosophers of that time.

[1] Plut. *Dion* 22 *συνέπραττον δὲ καὶ τῶν πολιτικῶν πολλοὶ καὶ τῶν φιλοσόφων.*

[2] *Epist. Socr.* 30 (28 Köhler), 13.

[3] On Demochares' action against the philosophers read Wilamowitz *Antigonus* p. 194 and the excurse on the legal side p. 270. There is a great variance in the judgments on Demochares. While Blass *Att. Bereds.* III 2 p. 304 and Ladek *Wiener Studien* 13 (1891) p. 126, praise him as »einer der letzten unabhängig gesinnten Staatsmänner Athens«, Wilamowitz has depicted him as a knave devoid of honour. The middle course is perhaps more correct, as Pöhlman says *Griech. Gesch.*, Müllers Handb. III 443. At any rate he was a very simple man.

Some months afterwards, however, Philo, a disciple of Aristotle, returned, accusing Sophocles *παρανόμων*. During the legal proceedings, in spring 306, Demochares made a speech *ὑπὲρ Σοφοκλέα πρὸς Φίλωνα*, the only one of his speeches known to us. The following fragments are known.

1) Athenaeus 610 F. *Καὶ Σοφοκλῆς δέ τις ψηφίσματι ἐξήλασε πάντας φιλοσόφους τῆς Ἀττικῆς, καθ᾽ οὗ λόγον ἔγραψε Φίλων ὁ Ἀριστοτέλους γνώριμος, ἀπολογίαν ὑπὲρ τοῦ Σοφοκλέους Δημοχάρους πεποιηκότος τοῦ Δημοσθένους ἀνεψιοῦ.* Probably after the *Ἱστορικὰ ὑπομνήματα* by Carystius.

2) Aristocles *ἐν τῷ ἑβδόμῳ Περὶ φιλοσοφίας ap. Euseb. Praep. Evang.* XV 2,6 *Τὴν μὲν γὰρ Δημοχάρους κατηγορίαν κατὰ τῶν φιλοσόφων τί χρὴ λέγειν; οὐ γὰρ Ἀριστοτέλην μόνον ἀλλὰ καὶ τοὺς ἄλλους κακῶς εἴρηκεν. ἔτι γε μὴν αὐτὰς τὰς διαβολὰς σκοπῶν ἄν τις ληρεῖν αὐτὸν φαίη. λέγει γὰρ ἐπιστολὰς Ἀριστοτέλους ἁλῶναι κατὰ τῆς πόλεως τῆς Ἀθηναίων, καὶ Στάγειρα τὴν πατρίδα προδοῦναι Μακεδόσιν αὐτόν. ἔτι δὲ κατασκαφείσης Ὀλύνθου μηνύειν ἐπὶ τοῦ λαφυροπωλίου Φιλίππῳ τοὺς πλουσιωτάτους τῶν Ὀλυνθίων.* The author was interested in the calumnia of Aristotle only.

3) Other fragments are: the chapter XI 119, above p. 39 and 83, and many other portions in the *Πρὸς τὸν Φιλοσωκράτην* of Herodicus, which cannot be delimited with certainty, but are discussed in my commentary, 215 C (p. 41), 220 E (p. 71), 505 C (p. 72), 507 A (p. 79), 509 A (p. 83—86).

4) It is probably possible to reconstruct a fragment from *schol. in Nubes* 144, treated in my commentary to 218 E, above p. 62.[1]

Old Jonsius[2] was the first who saw that this speech had constituted one of the more important sources for the later defamation of the philosophers, especially for the slander of Aristotle as well as the other philosophers[3], and this has afterwards been stressed by Luzac and Wilamowitz. Owing to the nature of the material we cannot, however, with any claim to certainty quote more fragments than those where his name is given and that is not much. But evidently Hero-

[1] The fragments were collected by Baiter-Sauppe in *Oratores Att.* II 341.

[2] *De scriptor. histor. philos.* (1659) I 17,4.

[3] This is clear from *fr.* 2 above.

dicus, through Carystius (c. 210) and Hegesander (c. 170), has taken some material from his speech. There is still an echo of his rhetoric in the exclamatory *τοιοῦτοι εἰσίν* 509 B, 215 C and 220 E, and the whole peroration of Herodicus with the Gorgian *ταῦτ' ὠφεληθεὶς ἐκ τῆς καλῆς Πολιτείας καὶ τῶν παρανόμων Νόμων* is, as Wilamowitz[1] has pointed out, a direct quotation.

Philon won. Sophocles was fined to pay five talents. The philosophers began to return. Poliorcetes, who was already away on new cruises, does not seem to have loved Demochares, by whom he was afterwards badly denigrated.

*The Epicureans*

The polemic carried on by the followers of Isocrates against Aristotle and the Academy was both severe and protracted, but in trenchancy it was surpassed by the acrimony of the Epicureans.[2] Cicero mentions besides the master of the school also Metrodorus, who wrote *Πρὸς τὸν Πλάτωνος Γοργίαν* in at least 2 books and *Πρὸς τὸν Πλάτωνος Εὐθύφρονα*[3], Hermarchus, who wrote *Πρὸς Πλάτωνα* and *Πρὸς Ἀριστοτέλην*,[3], and the Athenian hetaera Leontion, the disciple and mistress of Epicurus, who wrote a treatise against Theophrastus.[4] There is further the impetuous and contentious Colotes and Zenon Epicureus, a contemporary of Cicero, who gave Socrates the beautiful surname *scurra Atticus*, and lastly the friend of Epicurus, Idomeneus. Of all these Colotes is most well-known through Plutarch, who has censured his pamphlet *Ὅτι κατὰ τῶν ἄλλων φιλοσόφων δόγματα οὐδὲ ζῆν ἐστιν*. Plutarch gives us a vivid picture of his manner and style 1086 D and also enumerates some of the scurrilous words by which he designated his opponents: *τὰ γὰρ ἐν ἀνθρώποις αἴσχιστα ῥήματα, βωμολοχίας* (one who stole meat from the altars, a common abusive word even in the old comedy), *ληκυθισμούς* (of one who pours out his speech as from an oil-can, cfr *Ran.* 1198—1200), *ἀλαζονείας, ἑταιρήσεις* (always used in bad sense, unchastity), *ἀνδροφονίας*,

[1] Curiously enough Wilamowitz cuts out the word *νῦν* which still more effectively betrays that it is not a revision but the original text of Demochares.

[2] See above all the letter *Περὶ τῶν ἐπιτηδευμάτων fr.* 171 *Us.* and 227, where Sextus Empiricus witnesses his *δυσμένεια* towards Plato, further *fr.* 238 = Diog. Laert. X 8, Crönert *Kolotes u. Menedemos* p. 17 ff.

[3] See further Körte, *Metrodorus* p. 546.

[4] Cicero *de nat. deor.* I 33.

*βαρυστόνους* (also used by Epicurus *fr.* 114), *πολυφθόρους* (a typically tragic word degraded by vulgar polemic), *βαρυεγκεφάλους* (presumably by drinking too much wine) *συναγαγόντες*. And we can see from the fragments 231—234 that these coarse words were a typical feature of the Epicurean polemic and represented its peculiar contribution to the anti-platonic tradition.

Colotes is the author of a series of pamphlets against Plato. We know the following titles: *Πρὸς τὸν Πλάτωνος Εὐθύδημον*, *Πρὸς τὸν Πλάτωνος Λύσιν*. A third work of his was perhaps entitled *Πρὸς τοὺς Πλάτωνος μύθους* or *Περὶ τῶν παρὰ Πλάτωνι μυθικῶς πεπλασμένων*.[1] Some passages from Colotes' polemic against the 10th book of the *Republic* were, as Crönert points out, transcribed by some unknown commentator of Plato. This commentary was read by Macrobius and Porphyry. Porphyry's writings were studied by Proclus, who in his commentary on the *Republic*[2] discusses the views of Colotes. The passage in Macrobius runs as follows[3]: *Epicureorum tota factio, aequo semper errore a vero devia et illa aestimans ridenda quae nesciat, sacrum volumen et augustissima irrisit naturae seria. Colotes vero, inter Epicuri auditores loquacitate notabilior, etiam in librum rettulit quae de hoc amarius cavillatus est. Sed cetera quae iniuria notavit . . . omittenda sunt: illam calumniam persequemur quae, nisi supplodetur, manabit Ciceroni cum Platoni communis. Ait a philosopho fabulam non oportuisse confingi, quoniam nullum figmenti genus v e r i p r o f e s s o r i b u s conveniret. Cur enim, inquit, si rerum caelestium notionem, si habitum nos animarum docere voluisti, non simplici et absoluta hoc insinuatione curatum est, sed quaesita persona, casusque excogitata novitas et composita advocati scena figmenti ipsam quaerendi veri ianuam mendacio polluerunt?* This seems to be a translation of the words of Colotes. The *professores veri*, *προφῆται ἀληθείας*, of Colotes, reminds us of the *προφῆται ἀτόμων*, an insulting word preserved by Herodicus 187 B.

[1] See Crönert, *Kolotes u. Menedemos* p. 12.

[2] Especially II 105 Kroll: *ὁ μὲν Ἐπικούρειος Κωλώτης ἐγκαλεῖ τῷ Πλάτωνι, ὅτι τὴν ἀλήθειαν ἀφεὶς τὴν ἐπιστημονικὴν περὶ τὸ ψεῦδος διατρίβει μυθολογῶν ὡς ποιητής, ἀλλ᾽ οὐκ ἀποδεικνὺς ὡς ἐπιστήμων· καὶ ὅτι πρὸς ἑαυτὸν μαχόμενος ἐν μέν γε προοιμίοις τῆσδε τῆς πραγματείας ἐλοιδόρησε τοὺς ποιητὰς κτλ.* Then he goes into the matter in considerable detail.

[3] *Comm. in Somn. Scip.* I 2,3.

Among the disciples of Aristotle an increasing interest is devoted to studies akin to what we usually call biography. Different attemps are made and different lines of approach tried out. Theophrastus composes his ethical characters — no biography in our sense of the word. Chamaeleon confines himself to fanciful reconstructions of the lives of ancient poets from Homer down to Aeschylus. Phaenias indeed writes *Περὶ τῶν Σωκρατικῶν*, the first instance known to us of the application of the method of encyclopaedic biography to a philosophical school[1], a work of which we however know very little. Dicaearchus writes about various philosophers, though I should not dare call his writings biographies. As far as I can see Aristoxenus must be regarded as the first biographer in the proper sense of the word. Leo was perhaps exaggerating when he called him the Founder of Literary Biography, but Stuart has hardly succeeded in dethroning him from the eminence he occupies in the history of biography. *Peripatetic biography*

Aristoxenus, Hieronymus of Rhodes and Satyrus is a triumvirate, whose calumniatory writings Luzac has perstringed with a censorious fling, not unlike the manner of Aristoxenus himself. In spite of all exaggerations Luzac is on the whole right, and Stuart, who discusses at length the modern attempts at rehabilitating Aristoxenus, sums up with the following words to which I fully agree: As I read them, neither the remnants of the *Life of Socrates* nor the very meagre remains of the *Life of Plato* justify essential modifications of the prevalent view[2] of the shortcomings of Aristoxenus as a biographer.

Aristoxenus was a brilliant and highly gifted musician. Perhaps this to a certain degree explains his astounding onesidedness and highly conceited diction. Thus even Cicero in a poignant appreciations pleads: »shoemaker, stick to your last».[3] An attempt to explain his rather odd attitude towards the Academy is found in ancient tradition, which asserts that he was rejected when the successor of

[1] Thus D. R. Stuart, *Epochs of Greek and Roman Biography*, p. 133.

[2] Also expressed by ancient critics, Aristocles *ap. Euseb. Praep. Evang.* XV 2, *τίς δ' ἂν πεισθείη τοῖς ὑπ' Ἀριστοξένου . . . λεγομένοις*; Compare Plutarch. *De malign. Herod.* 856 C.

[3] The wellknown *canere ipse doceat — quam quisque norit artem in hac se exerceat, Tusc.* I 18.

Aristotle was to be elected. His pythagorizing bias contributed to set him against his predecessors and contemporaries, especially against Socrates and Plato, who were regarded by him as corruptors of the true doctrine of Pythagoras. Burnet[1] is quite right in regarding this as the chief motive of his attitude towards Socrates and Plato. It is, after all, the eternally observable phenomenon of a difference of views leading to personal difference. *Πολλὰ παρ' αὐτοῖς ἐστι προσκρούματα· μισεῖ μὲν γὰρ ἕτερος τὸν ἕτερον· ἀντιδοξοῦσιν δὲ ἑαυτοῖς διὰ τὴν ἀλαζονείαν τόπους ἐπιλεγόμενοι τοὺς προύχοντας.*[2]

Thus we cannot escape the conclusion that Aristoxenus is one of the most bitter *obtrectatores Platonis* in the Greek history of philosophy, but this fact by no means detracts from his indisputable greatness as a musical theorist.

Of his *vita Platonis* only three insignificant fragments are known, yet they are enough to enable us to discern the main tendency. There is, however, all the more left of his biography of Socrates. A long series of the most well-known malevolent anecdotes mention Aristoxenus as the primary source. Porphyry, who also studied the musical writings of Aristoxenus for his commentary on the *Harmonics* of Ptolemy, freely utilized his biographical writings too for his great work *Φιλόσοφος Ἱστορία*, and this book again proved a mine of wealth for the calumny of the Christian Fathers during the fourth and fifth century. But even Cyril, who is by no means averse to vilifying the old philosophers, thinks that Aristoxenus goes too far, and so he adds a reservation in regard to him and Timaeus, saying *εἰ δὲ ὁ μὲν διὰ δυσμένειαν ἀξιόπιστος, ὁ δὲ διὰ ἡλικίαν*[3]. Some time later, Socrates Scholasticus, the famous church-historian, pronounces a shattering verdict on the work of Porphyry, including its principal source, Aristoxenus[4].

The biographical writings of Aristoxenus exercised a fatal effect as Greek literature always tended to be under the thumb of tradition. The individual bias of the first important representative of a certain species of literature inevitably leaves its mark on the subsequent development of that literature for a long time to come, and in the

[1] *Early Greek Phil.* p. 153.

[2] Tatianus *Or. ad Graecos* 6. In vain Plato hoped *φθόνος γὰρ ἔξω θείου χοροῦ.*

[3] *Contra Julian,* VI, *PGM* LXXVI, 818 C.

[4] Quoted at the end of this chapter.

case we are considering tradition won ready support. The seed was fruitful and the soil was unusually fertile.

In Hieronymus of Rhodes Aristoxenus found a follower who showed himself an expert at the art of literary persiflage. He especially cultivated erotic motifs and goes further than most other authors in the shamelessness of his calumny[1]. Satyrus, who wrote his work *Βίοι* during the reign of Philopator (221—204) can hardly have been his direct disciple — the difference in age seems a little too great — but still it is evident that he has trodden in the steps of Aristoxenus and Hieronymus; these three men are often mentioned together[2], and their attitude towards Socrates and Plato is the same. How his contemporaries judged him, is shown by the malicious Stratonicus, who *μάλιστα δὲ θαυμάζειν ἔφη τὴν τοῦ σοφιστοῦ Σατύρου μητέρα, ὅτι ὃν οὐδεμία πόλις ἐνεγκεῖν οἷα τε δέκα ἡμέρας, ἐκείνη δέκα μῆνας ἤνεγκε.*[3]

Here ends the first phase of the anti-platonic tradition. It is always back to this period that we have to go in seeking for the primary sources, from which later developments proceeded. Everything written subsequently on this subject can, I am sure, be traced back to a *fons et origo* from this time. Let us now, therefore, in summing up see what these primary sources of all later *obtrectatio* Platonis looked like, reminding ourselves of the fact that the polemic always centres round four principal themes, namely personal matters, political activity, questions of philosophy and questions of style and language. *Conclusions*

a) The foremost source for all later *obtrectatores* is of course constituted by the preserved writings of Plato and the other Socratics. The scribbles of Herodicus show to what a high degree these sources were utilized, and fully reveal how unscrupulously these writers set to work in selecting suitable passages and adjusting them in order to produce the tendency desired. By this method, the quoting of what was frequently only the pretended original wording, an air of genuineness and authenticity was imparted to one's allegations.

[1] See e. g. Athen. 557 E. 604 D.

[2] Luzac, *Lectiones Atticae*, Leyden 1809, p. 172 ff., deals at length with this triumvirate.

[3] Ath. 350 F.

Evidently it could be taken for granted that few if any persons would take the pains to verify the quotations. The writers were doubtless fully conscious of the fact that the method involved systematic counterfeit. The advantages of pursuing such a method did not escape Lucian, one of the foremost *obtrectatores omnium*, who in a little pamphlet entitled *Περὶ τοῦ μὴ ῥᾳδίως πιστεύειν διαβολῇ* proceeds in a rather scientific way to give an account of it with special reference to oral slander, c. 13: *τό τε ἀξιόπιστον τῆς διαβολῆς οὐχ ὡς ἔτυχεν ἐπινοοῦσιν, ἀλλ' ὃ ἐν τούτῳ τὸ πᾶν αὐτοῖς ἐστιν ἔργον δεδοικόσι τι προσάψαι ἀπῳδὸν ἢ καὶ ἀλλότριον. ὡς γοῦν ἐπιπολὺ τὰ προσόντα τῷ διαβαλλομένῳ πρὸς τὸ χεῖρον μεταβάλλοντες οὐκ ἀπιθάνους ποιοῦνται τὰς κατηγορίας.* Much more of the material belonging to personal history than one is usually prone to believe, originates in forced and arbitrary interpretations of words, expressions or passages in the writings of the Socratics. Further there is the oral tradition growing up around Diogenes and the Cynics[1]. Just how this tradition has reached us through Diogenes Laertius and other late compilators, cannot with certainty be determined.

b) Secondly there is the contemporary comedy down to about 300. The polemic is fairly innocuous in regard to Plato; his followers are attacked more boldly. We catch glimpses of many of the chief questions of Platonic philosophy. Motive and tendency are clear enough: it was the job of the comic writer to ridicule the topics of the hour.[2]

c) The polemic emanating from Isocrates and his school was sharpened from about 350 onwards, and during the time of Aristotle it is worked up into a campaign of implacable malignity. Motive and tendency: totally different conceptions of the aim and method of true education, afterwards vulgarized into a fight about the principles of rhetoric. Last important representative is Aelius Aristides.

d) Plato's Sicilian travels and his relations with the Macedonian court and various petty princes were an offence to many. After Plato's death the anti-macedonian party directed violent assaults against the philosophers, especially those of the Lyceum, who got

[1] Diogenes on Plato, see G. Rudberg, *Zur Diogenestradition*, Symb. Osl. 14 (1935) p. 30. The *κουρεακὴ καὶ πάνδημος λαλιά* is derided by Polybius III 20.

[2] Anaxandrides II 159 K. *χρὴ γὰρ εἰς ὄχλον φέρειν ἅπανθ' ὃς ἄν τις καινότητ' ἔχειν δοκῇ.*

no peace until the time of Demetrius. When Demetrius surrendered in 307 the persecution culminated in the unsuccessful attempt of Demochares, in spring 306, to expel all the philosophers. Motive: political dissensions, as a rule vulgarized in the shape of political rancour.

Later this polemic develops into a criticism of the political ideas of Plato.

e) The Epicureans keep up a running stream of vulgar abusive words. The motives are obscure: the sectarian character of the Garden involved a generally hostile attitude towards all other trends; the stamp of personal resentment is ever present.

f) The biographies of Aristoxenus exercised a fatal influence on this literary genre as a whole — the so-called school of peripatetic biography — owing to the personal note. Motive: pythagorean fanatism, personal aversion and the conceit of a musician. The revival of Aristoxenus in the work of Porphyry strongly influenced the patristic literature of the fourth century.

*Herodicus and his followers*

The body of traditions thus created was now poured into the melting-pot. I have already indicated how the fashionable authors of the third century dealt with the material. Satyrus, however, inaugurates a new epoch, whose foremost representative during the second half of the century is Hermippus. These Alexandrian continuators differ[1] from their peripatetic predecessors just as the literature as a whole undergoes a transformation. The time now comes for sifting and sorting out the material and working it up. Material is collected from every quarter with the help of the treasures of the Alexandrian library and scientifically arranged. For every particular fact or piece of information the source was mentioned, and where no sources could be quoted, appeal was made to the spoken word. When there is no tradition at all at hand, recourse is had to the old method of text-interpretation, developed by Aristotle and especially Chamaeleon.[2]

As the book-producing industry gathered momentum and libraries were established, the book-learned *γωνιοβόμβυκες* became a more

[1] See Leo p. 118 ff, Stuart p. 155 ff, compare Heibges in the *RE* VIII 845.

[2] Leo is hardly right in designating this method an invention of the Alexandrian biographers, p. 132.

and more common type who soon established a sway over literature. The writing of learned dissertations began in earnest. How a Roman, relatively untainted by book culture[1], regarded these quasi-learned Graeculi, may be seen from some high-spirited verses which Plautus inserted de suo in the *Curculio* 288:

> *Tum isti Graeci palliati, capite operto qui ambulant,*
> *qui incedunt suffarcinati cum libris, cum sportulis,*
> *constant, conferunt sermones inter se drapetae.*

To this class of γραμματολικριφίδες belonged Herodicus of Babylon, disciple of Crates. In the matter of exterior conditions of work the Pergamene school was a copy of the Museum of Alexandria and it enjoyed its short prime during the reign of Eumenes II and especially Attalus II Philadelphus (159—138).

It is not easy to say from where Herodicus derived his fanatically anti-platonic bias. Personal motives, unknown to us, may well have played some part. His philosophic masters, Diogenes, who was his compatriot, and Antipater, were perpetually fighting, it is true, with the coryphaei of the Academy of those times, but it is an actual fact that among the scanty remnants of the writings of Antipater, we find the title of a pamphlet Ὅτι κατὰ Πλάτωνα μόνον τὸ καλόν. It is not likely that any of these Stoics were enemies of Plato. And with the third contemporary Stoic philosopher, Panaetius, Stoicism decidedly takes a step towards Plato, and what Plato means to the philosophy of Posidonius it is unnecessary to stress. Thus it is unlikely that Herodicus conceived his dislike of Plato from his Stoic masters.

The anti-platonic bias in the writings of Herodicus must be regarded as an aberration of the Pergamene Homerolatry[2]. In his peculiar way he rebuts the Platonic criticism of Homer. It is probable that it was his extensive occupation with the literature of comedy and biographic slander, a familiarity which we may postulate in view of his major work on the Κωμῳδούμενοι, that instigated his assaults on Plato. Full of admiration for the Great Poet he met in

[1] Compare the quotation from Polybius, above p. 127, note 2.

[2] There are a few traces of Antisthenian influence in Crates' conception of Homer (see Helck p. 39) but I do not think this has been the gateway of anti-platonic influence.

this literature the distorted picture of Plato, who had expelled his idol from the ideal community of men. Thus two streams met: the Cratetean Homerolatry and Aristoxenean anti-platonism; the resultant product may be seen in the writings of Herodicus and his followers.

His work must, as has been previuosly observed, be regarded as an essentially original work, although needless to say he has made use of different sources. Probably he has himself excerpted Plato, Aeschines and Antisthenes[1]. His exhaustive analysis of chronological errors testifies to the fact that he was well acquainted with his subject and was able to draw on a valuable and extensive literature. The same must be true of his chief work *Κωμῳδούμενοι*, for which accession to an extensive literature would be necessary and much preparatory study. Herodicus, though intellectually a second-rater, was certainly no numskull.

The Herodicean comparison between Plato and Homer represents the oldest work in this literary genre. The subject attracted, however, many successors. Not much later[2] is the *Ὁμηρικὰ Προβλήματα* of Heraclitus, a rather enigmatic work. Reinhardt[3] has shown that Heraclitus and the anonymous author of the pseudo-Plutarchean *Vita Homeri* have utilized the same source; still there is an important addition in Heraclitus, namely the criticism of Plato, to which there is no correspondence at all in the other work. In the source common to both works Plato was mentioned but with no critical animadversions at all. The violent censure of Plato and Epicurus too in the work of Heraclitus shows such astonishing analogies to the same tendency in the works of Herodicus[4], that one is tempted to assume

[1] Dittmar's discussion, *Aeschines v. Sphettos* p. 18, does not seem convincing. The remarks on Alcibiades seem to be extracts from the biography by Antisthenes; the excerpt which Satyrus *ap. Ath.* 534 adduces on the *παρανομία* of Alcibiades corresponds exactly to the short quotation from Antisthenes which Herodicus furnishes 220 C.

[2] The author carefully avoids hiatus; see the introduction to Oelmann's edition, Teubner 1910, p. 31. This and other circumstances make it necessary to assume that the work was written before the force of atticism asserted itself.

[3] C. Reinhardt, *De Graecorum Theologia*, D. Berlin 1910.

[4] Essential feature, Heraclit. 78: *τοιγαροῦν εἰκότως ὁ μὲν Ὁμήρου λόγος ἡρώων ἐστὶ βίος, οἱ δὲ Πλάτωνος διάλογοι μειρακίων ἔρωτες. καὶ πάντα παρ' Ὁμήρῳ γεννικῆς ἀρετῆς γέμει.* 79 *πρὸς μὲν οὖν Πλάτωνα καὶ πλείω λέγειν δυνάμενος ἐῶ, τοὔνομα τῆς*

that he has a finger in the pie, in some way or another. Nothing can however be alleged with any certainty, as there are no obvious verbal borrowings. A later follower of the Pergamene school, Telephus, during Hadrians' reign wrote on the *σχήματα ῥητορικά* of Homer and *Περὶ τῆς Ὁμήρου καὶ Πλάτωνος συμφωνίας* but nothing but the title is known.

In the scholia *I* 540 is quoted a work by a certain Ammonius with the title *Περὶ τῶν ὑπὸ Πλάτωνος μετενηνεγμένων ἐξ Ὁμήρου*. Ammonius is often quoted by Didymus, and in schol. *K* 397 he gives some information as to his person, *εἴ τι χρὴ πιστεύειν Ἀμμωνίῳ τῷ διαδεξαμένῳ τὴν σχολήν*[1]. He is thus the disciple of Aristarchus, and after the interregnum of Cydas he took the lead of the Museum. For this reason it is of course impossible that the work dealt with such borrowings from Homer as Herodicus claims. Nor does *τὰ ἐξ Ὁμήρου μετενηνεγμένα* signify textual variants and readings, as Blau and Susemihl suggest. The work dealt with the Platonic use of m e t a p h o r s from Homer. It has thus nothing to do with the anti-platonic tradition.

Evidently influenced by this current of litterature is, however, Dion of Prusa[2], whose attitude towards Homer Valgimigli has treated. Starting from oratio LIII *Περὶ Ὁμήρου* Dion reviews the various estimates of Homer entertained by Plato, Antisthenes and Crates. His anti-platonic attitude is especially obvious in *oratio LV Περὶ Ὁμήρου καὶ Σωκράτους* and in the speeches *Περὶ βασιλείας*. With Plato's opinion of Homer as a pernicious poet Dion contrasts his own view, in which he apparently follows Antisthenes but also the Pergamene school. In the *or. X Τρωικὸς ὑπὲρ τοῦ Ἴλιον μὴ ἁλῶναι*, which must of course be regarded as a jeu d'ésprit, the pretended thesis[3] is supported by well-known arguments from the school of

*Σωκρατικῆς σοφίας αἰδούμενος. ὁ δὲ φαίαξ φιλόσοφος Ἐπίκουρος . . . παρ' Ὁμήρου κέκλοφεν κτλ.* Heraclitus quotes Herodicus nominately once, see above chapter IV, fragment 9.

[1] Discussed by Ahrens *Bucol.* II p. XXXVII, A. Blau, *De Aristarchi discipulis*, D. Jena 1883 p. 6, and Rohde, *Rhein. Mus.* 33 (1878) p. 168.

[2] M. Valgimigli, *La critica letteraria di Dione Crisostomo.* Contributi alla storia d. critica lett. in Graecia I, Bologna 1913.

[3] *Εἰ μὲν οὖν παρ' Ἀργείοις ἐτόλμων ἀντιλέγειν Ὁμήρῳ καὶ τὴν ποίησιν αὐτοῦ δεικνύναι ψευδῆ περὶ τὰ μέγιστα, τυχὸν ἂν εἰκότως ἤχθοντό μοι καὶ τῆς πόλεως ἐξέβαλλον* (this is a reversal of the usual argument).

literary polemic, in which, as Valgimigli points out, we can perceive two or, as I prefer to say, three fundamental critical currents, viz. a) the specifically philosophic trend, emanating from Pythagoras, Heraclitus of Ephesus and Xenophanes and culminating in the rigorous condemnation of Plato, b) the moralistic-pedagogic allegorical interpretation, emanating from the Cynic and Stoic schools and culminating in the Pergamene Homerolatry, and finally c) the logico-rationalistic interpretation of the Alexandrian grammarians, codified by Aristarchus, which from the Alexandrian *ὑπομνήματα* has made its way into and now dominates our corpus scholiorum.

Still, even in the scholia **BT** there are traces of the Pergamene writings, notably excerpted from the Problems of Heraclitus, likewise in Porphyry's *Ὁμηρικὰ Ζητήματα* and Cornutus' *Περὶ θεῶν*. During the reign of Hadrian the Alexandrian rhetor Aelius Sarapis wrote *Εἰ δικαίως Πλάτων Ὅμηρον ἀπέπεμψε τῆς Πολιτείας*, and some years later the peripatetic Aristocles Messenius *Πότερον σπουδαιότερος Ὅμηρος ἢ Πλάτων*. Only the titles, however, are known of these works. Also Numenius, who belongs to the latter half of the second century, adopted the allegorical interpretation of the Pergamenes, and round about the same time Lucian excerpted Heraclitus or his immediate source, as may be seen by comparing Heraclitus 77 and *De domo* 4. Plato has, says Heraclitus, summoned the Muses in order to talk with them — *περὶ τίνος εἴποιμ' ἄν, ὦ θαυμασιώτατε Πλάτων*; Lucian answers rather more forthrightly than Heraclitus *καὶ οὐκ ᾐσχύνετο γέρων ἄνθρωπος παρακαλῶν παρθένους συνεσομένας τὰ παιδεραστικά*.

*Lucian and Aristides*

One of the last great obtrectatores Platonis among the pagan authors is of course Lucian. With the keenness of a modern journalist, who well knows the most effective means of making an impression on the public, and with the most egregious indifference to truth, he inserts in his numerous pamphlets calumniatory remarks on Plato. There is personal slander in the Aristoxenean vein[1], and the usual political invectives[2] and vulgar polemics against his philosophy, especially the community of women.[3] In other writings Lucian shows that he was fully aware of the true importance of the opinions of Socrates and Plato and their greatness as men, but to

[1] Plato as parasit, *Paras.* 34—35, as a bad soldier, *ib.* 43.

[2] Plato flattering the tyrants, *Dial. Mort.* 20.

[3] *Conv.* 39, compare the explanations *Fug.* 18, *Icaromen.* 24.

this ingenious though amoral and unscrupulous man with his wholly negative disposition it was a matter of complete indifference whether he wrote in detraction or praise, whether he told the truth or not provided that he scored a hit with it and paved the way for his own advantage. His wit is notorious: in his description of the nether world in the *True History* II 17 he tells us various things about the departed spirits. *Εἶδον δὲ καὶ Σωκράτην τὸν Σωφρονίσκου ἀδολεσχοῦντα . . . ἐλέγετο δε χαλεπαίνειν αὐτῷ ὁ Ῥαδάμανθυς καὶ ἠπειληκέναι πολλάκις ἐκβαλεῖν αὐτὸν ἐκ τῆς νήσου, ἢν φλυαρῇ καὶ μὴ ἐθέλῃ ἀφεὶς τὴν εἰρωνείαν εὐωχεῖσθαι. Π λ ά τ ω ν δὲ μόνος οὐ παρῆν, ἀλλ' ἐλέγετο καὶ αὐτὸς ἐν τῇ ἀναπλασθείσῃ ὑπ' αὐτοῦ πόλει οἰκεῖν χρώμενος τῇ πολιτείᾳ καὶ τοῖς νόμοις οἷς συνέγραψεν.* In spite of his attacks on Plato Lucian was counted among the Platonists by the contemporary sophists and consequently was of the company of those whom Aristides in the name of Rhetoric fought against. On the other hand, the philosophers naturally did not enjoy being ridiculed in such a witty fashion.[1]

Quite another type is Lucian's contemporary, the rhetor and sophist Aelius Aristides. His truly sophistic attitude appears from his beautiful confession[2] that it cost him as much fight with words and pain to describe Marathon and Salamis, as it cost the real soldiers in the battle itself. In the oration over the body of his teacher Alexander he says: *ἐγέλων δ' ἔγωγε ἐπὶ τοῖς τὸν Πλάτωνα προισταμένοις καὶ περὶ τοῦτον μόνον φιλοσοφοῦσιν.* As a bitter enemy of all philosophers he directs his assaults chiefly against Plato. In both of the orations *Περὶ ῥητορικῆς* he imagines himself to have completely confuted Gorgias and with Plato's own weapons too. In the great speech *Ὑπὲρ τῶν τεττάρων* he tries to rehabilitate the statesmen attacked by Plato and censures Plato's diction as *οὐ πόρρω κακοηθείας*. The bad influence of Socrates is shown by Alcibiades, who certainly did not benefit by his association with Socrates.[3] He also criticizes absurdities and anachronisms in the *Symposion* and the *Menexenus*[4]

[1] R. Helm, *Lucian und die Philosophenschulen*, NJB 11 (1902), p. 188 ff. »So ist er zwischen zwei Stühlen niedergesessen und totgeschwiegen worden».

[2] I 139,3 Jebb, 225 Dind. *ἀγωνιζόμεθα οὐδὲν ἐλάττω κατὰ τοὺς λόγους ἀγῶνα ἢ κατὰ τὰς πράξεις ἐκεῖνοι τότε.* An excellent self-portrait in *Περὶ παραφθέγματος*, II 378—384 Jebb, p. 159 sqq Keil.

[3] II 124, Jebb, II 167 Dind.

[4] II 286 Jebb, II 370 Dind., see my edition above p. 21 and 24 and the commentary.

in such a way that one is bound to conclude that he obtained material from the work of Herodicus. The whole polemic against Plato shows that Aristides had in fact no independent views on the subject of Plato's philosophy.[1] In one way his criticism of the Socratic verdict on rhetoric in the Gorgias is a pale and verbose continuation of the fight which Isocrates and his school fought.[2] One must also regard his criticism as a defence against the philosophasters of his own time, whom he appropriately depicts.[3]

*The Christian Fathers*

Finally some words must be added about the anti-platonic tradition in patristic literature, an extensive subject that can only be touched on here. The writings of the Christian Fathers — especially the apologetic *Cohortationes ad Graecos* — from Justin Martyr and onwards, as likewise the homiletic literature, contain innumerable remarks and judgments on the ancient philosophers. Even if the greater part consists of polemical material handed down from one writer to another, there is here and there much that would be worth collecting as of interest to our present enquiry. But this must be a task for some future study.

With regard to the attitude towards Plato and Socrates, the epoch may be divided into two main periods, with Porphyry's *Φιλόσοφος Ἱστορία* as the boundary stone. All contemporary or later church-fathers diligently quote this work.

For the early Fathers the works of Philo and Josephus played an important part. In the eyes of Philo, Plato is *ὁ ἱερώτατος*, and he has, as is well-known, borrowed thoughts as well as language from Plato and Posidonius. The same conception is found in Josephus: *τοὺς μὲν ἄλλους παραλείπω φιλοσόφους . . . Πλάτων δὲ θαυμαζόμενος παρὰ τοῖς Ἕλλησιν ὡς καὶ σεμνότητι βίου διενεγκὼν καὶ δυνάμει λόγων καὶ πειθοῖ πάντας ὑπεράρας τοὺς ἐν φιλοσοφία γεγονότας*,[4] even if he does not abstain from mild criticism.[5] Justin (A. D. c. 100—165) takes up the same leading ideas. »All those who have written,

[1] He confesses that, take it all in all, he has the same opinion as Plato, II 317, 10—13 Jebb, II 418 Dind.

[2] This he confesses himself, II 311 Jebb, II 407 Dind.

[3] II 307 Jebb, 398 Dind. *εἴδωλα καμόντων, Ἀρχιλόχου πίθηκοι κτλ,*

[4] *Contra Apion.* II 223, written about 95 A. D., cfr above p. 148.

[5] II 225, 256.

have been able, thanks to the seed of reason naturally inborn in them, to perceive obscurely that which is. Those who have lived with the word are Christians, even though they have been considered atheists, Socrates and Heraclitus, for example, among the Greeks, and those who were like to them.» From Philo he adopts the idea that Plato when in Egypt became acquainted with the doctrines of Moses[1], but he is now the first to add a substantial portion of the well-known *obtrectatio Platonis* in the form of distorted biographical details. Plato, he says, on account of the fate of Socrates, was afraid of the accusations of Anytus *λέγοντος· Πλάτων ἀδικεῖ καὶ περιεργάζεται θεοὺς οὓς ἡ πόλις νομίζει οὐ νομίζων.*[2] *φόβῳ γὰρ κωνείου ποικίλον τινὰ καὶ ἐσχηματισμένον τὸν περὶ θεὸν γυμνάζει λόγον, εἶναί τε θεοὺς τοῖς βουλομένοις καὶ μὴ εἶναι οἷς τἀναντία δοκεῖ.* He dared not mention the name of Moses to the Athenians *δεδιὼς τὸν Ἄρειον πάγον.*[3] Here of course the question[4] turns up, repeated afterwards again and again, »why does Plato really expel Homer from his State, when he himself is guilty of the same error of which he accuses Homer?»

Justin's follower Tatianus is hardly surpassed in factiousness and rancour towards the ancient philosophers by any other writer save perhaps John Chrysostom, and in the matter of ignorance he stands *facile princeps.* His *λόγος πρὸς Ἕλληνας* contains numerous attacks on Plato of the simplest kind, for instance 142 D *Πλάτων φιλοσοφῶν ὑπὸ Διονυσίου διὰ γαστριμαργίαν ἐπιπράσκετο*, an old topic afterwards adopted by Tertullianus *Apologet.* 46: *Plato Dionysio ventris gratia venditatur.*[5] If you follow Plato, he says,[6] you will be ham-

[1] *Τί γάρ ἐστιν Πλάτων ἢ Μωσῆς ἀττικίζων;* so also Numenius *ap. Euseb. Praep. Evang.* XI 527 A = Clem. Al. *Strom.* I 24.

[2] A standard argument, compare *Acta Ap.* 17, 18.

[3] *Coh. adv. Graec.* 20, PGM VI 276 C, repeated by Eusebius *Praep. Evang.* I 2, 6—7, Cyrillus *contra Julian.* I p. 34—35, Theodoretus *adv. Graec.* III 512, 519 and Augustinus *De vera relig.*, initio.

[4] *Coh. adv. Graec.* 24, PGM VI 284, cfr 292 C (of Homer) *τὸν ὑπ' αὐτοῦ τῆς πολιτείας ἐκβληθέντα ὡς ψεύστην* (compare Dion Chrysostom above) *καὶ τρίτον τῶν ἀπὸ τῆς ἀληθείας, εἰδώλων, ὥς αὐτὸς ἔφη, μιμητὴν ὄντα* (apparently from the vulgar philosophical polemic) *Ὅμηρον.*

[5] Compare Greg. Naz. *or.* 3.

[6] 162 C *τοῖς Πλάτωνος ἔπη δόγμασιν, καὶ ὁ κατ' Ἐπίκουρον σοφιστεύων διαπρύσιος ἀνθίσταταί σοι.*

pered by an Epicurean, again if you follow Aristotle, the disciples of Democritus will fight against you with intense hatred. This theme, the antagonism between the old philosophers, from now on is frequently stressed in the apologetic literature and is the chief subject of the work of Hermeias *Διασυρμὸς τῶν ἔξω φιλοσόφων* and in the polemic of Theodoretus of Antiochia (c. 200). In his work the old favourite motif of the community of women turns up again.[1] *Καὶ πρῶτός γε Πλάτων, ὁ δοκῶν ἐν αὐτοῖς σεμνότερον πεφιλοσοφηκέναι, διαρρήδην ἐν τῇ πρώτῃ βίβλῳ τῶν Πολιτειῶν* (V 457 C) *ἐπιγραφομένῃ τρόπῳ τινὶ νομοθετεῖ χρῆν εἶναι κοινὰς ἁπάντων τὰς γυναῖκας, χρώμενος παραδείγματι τῷ Διός.*

Clemens of Alexandria (c. 150—225) in his *Προτρεπτικὸς πρὸς Ἕλληνας* as is well-known, was strongly influenced by Plato, and his fundamental thought is, as in Philo, the idea that the old philosophers are forerunners of Christianity, *ὑποβάθρα τῆς κατὰ Χριστὸν φιλοσοφίαν*, a conception pursued and developed by Themistius, Libanius and Augustinus. Deep understanding of the Platonic philosophy also distinguishes Origenes (c. 180—250), although he of course emphatically champions the Christian faith in his apologetic work *Κατὰ Κέλσον*. Celsus had about A. D. 178 published a pamphlet, of which Origen in his extensive answer quotes nearly two thirds; in this he attacked Christianity starting from the Platonic philosophy. Plato is, however, mentioned with the utmost respect by Origen; indeed, in the discussion on the myth of Eros in the *Phaedrus*, Origen goes so far as to side with Plato against Celsus. The passage is worth quoting: *ἆρα γὰρ οἱ ἐντυγχάνοντες τούτοις, ἐὰν μὲν τὴν κακοήθειαν τοῦ Κέλσου μιμῶνται, ὅπερ Χριστιανῶν ἀπείη, καταγελάσονται τοῦ μύθου, καὶ ἐν χλεύῃ θήσονται τὸν τηλικοῦτον Πλάτωνα· ἐὰν δὲ τὰ ἐν μύθου σχήματι λεγόμενα φιλοσόφως ἐξετάζοντες δυνηθῶσιν εὑρεῖν τὸ βούλημα τοῦ Πλάτωνος, τίνα τρόπον δεδύνηται τὰ μεγάλα ἑαυτῷ φαινόμενα δόγματα κρύψαι μὲν πρὸς τοὺς πολλοὺς ἐν τῷ τοῦ μύθου σχήματι, εἰπεῖν δ' ὡς ἐχρῆν τοῖς εἰδόσιν ἀπὸ μύθων εὑρίσκειν τὸ περὶ ἀληθείας τοῦ ταῦτα συντάξαντος βούλημα. τοῦτον δὲ παρὰ Πλάτωνι μῦθον ἐξεθέμην διὰ τὸν παρ' αὐτῷ τοῦ Διὸς κῆπον παραπλήσιόν τι ἔχειν δοκοῦντα τῷ παραδείσῳ τοῦ Θεοῦ καὶ τὴν Πενίαν τῷ ἐκεῖ ὄφει παραβαλλομένην καὶ τὸν ὑπὸ τῆς Πενίας ἐπιβου-*

[1] *Ad Autolyc.* III 120 AB, PGM VI, possibly from Lucian. He has obviously not read the passage in the *Republic*.

*λευόμενον Πόρον τῷ ἀνθρώπῳ ἐπιβουλευομένῳ ὑπὸ τοῦ ὄφεος.*[1] Thus the process of assimilation proceeds rapidly, but Plato is still only studied by the learned, remarks Origen. *Ἔστι γοῦν ἰδεῖν τὸν μὲν Πλάτωνα ἐν χερσὶ τῶν δοκούντων εἶναι φιλολόγων μόνων, τὸν δὲ Ἐπίκτητον καὶ ὑπὸ τῶν τυχόντων καὶ ῥοπὴν πρὸς τὸ ὠφελεῖσθαι ἐχόντων θαυμαζόμενον.*[2] We find of course a good deal of the usual biographical slander, as for instance the *ἀσωτία* of Phaedo and Polemo[3], the expulsion of Homer which Origen approves[4], Socrates and the swan and the supernatural birth of Plato[5], but the stories are rejected as fanciful *τερατεία καὶ διαβολή.*[6] In the same spirit Origen expresses himself in the letter to Gregory[7], *ἀλλ' ἐγὼ τῇ πάσῃ τῆς εὐφυΐας δυνάμει σου ἐβουλόμην καταχρήσασθαί σε τελικῶς μὲν εἰς Χριστιανισμόν, ποιητικῶς δὲ διὰ τοῦτ' ἂν ηὐξάμην παραλαβεῖν σε καὶ φιλοσοφίαν Ἑλλήνων τὰ οἱονεὶ εἰς Χριστιανισμὸν δυνάμενα γενέσθαι ἐγκύκλια μαθήματα ἢ προπαιδεύματα, καὶ τὰ ἀπὸ γεωμετρίας καὶ ἀστρονομίας χρήσιμα ἐσόμενα εἰς τὴν τῶν ἱερῶν Γραφῶν διήγησιν, ἵν' ὅπερ φασὶ φιλοσόφων παῖδες περὶ γεωμετρίας καὶ μουσικῆς, γραμματικῆς τε καὶ ῥητορικῆς καὶ ἀστρονομίας* (the *trivium* and *quadrivium!*) *ὡς συνερίθων* (*ancillae*) *φιλοσοφίᾳ, τοῦθ' ἡμεῖς εἴπωμεν καὶ περὶ αὐτῆς φιλοσοφίας πρὸς Χριστιανισμόν.*

This passage is a very important piece of evidence for the totally altered attitude towards ancient philosophy in the middle of the third century. Still, other times and other men were approaching and not until long afterwards would the ideas of Origen hold their own in the field of battle.

A contemporary of Origen was Hippolytus, who wrote *Κατὰ πασῶν αἱρέσεων ἔλεγχος* and *Πρὸς Ἕλληνας καὶ πρὸς Πλάτωνα.* The latter work is known to us through Photius[8] and it is evident that Hippolytus follows up the line Philo-Clemens-Origenes, though his knowledge of Plato seems to be very superficial.

Tertullianus (c. 220), on the contrary, treads in the footsteps of

[1] *Contra Celsum* IV 533, PGM XI 1092 B, cfr Euseb. *Praep. Evang.* XII 11, Plotin. *Ennead.* III 5,6. Compare also Origen's interpretation of the *Theaetetus* 1192 C.

[2] *C. Cels.* 630, p. 1289 C.

[3] *C. Cels.* 378 and with more details 472.

[4] *ib.* 529.

[5] *ib.* 635.

[6] *ib.* 635.

[7] *PGM* XI 88 A.

[8] *Cod.* 48, *δείκνυσι δὲ ἐν αὐτοῖς πρὸς ἑαυτὸν στασιάζοντα Πλάτωνα.*

Tatianus. He hates all Greek philosophy which in his eyes is the root and origin of all evil. With the bias for personally coloured polemic so typical of his style, he would certainly have had recourse to biographical slander much more, had he but been better acquainted with the sources. He confines himself for the most part to the usual abusive words[1] and a few stories which he probably took over from Tatianus.

Some time after Origen Porphyry wrote his *Φιλόσοφος Ἱστορία* and other biographical works, which were to prove important in respect of the developments that followed. In this work he has used Aristoxenus as his principal source for the life of Plato, and a current of anecdotes and slander from now on flows through the apologetic literature of the following century. Eusebius (c. 260—340) in his *Εὐαγγελικὴ προπαρασκευή* quotes him together with extracts from Atticus and Numenius.

During the fourth century, when patristic literature reached its zenith, the apologetic works are directed chiefly against Porphyry and Julian. I mention only four of the greatest anti-Platonists from this period, viz. Gregory, Cyril, John Chrysostom and Theodoretus.

All of them adopt an extremely hostile attitude towards ancient philosophy in general. The inventions of the Greek philosophers are, says Gregory of Nazianzus (dead in 390) *λόγων στροφάς, ῥήσεις σοφῶν, αἰνίγματα, Πύρρωνος ἐνστάσεις ἐφέξεις ἀντιθέσεις, Χρυσίππου συλλογισμῶν τὰς διαλύσεις, Ἀριστοτέλους τεχνῶν τὴν κακοτεχνίαν, ἢ τῆς Πλάτωνος εὐγλωττίας τὰ γοητεύματα.*[2] They invaded the Church *ὥσπερ Αἰγυπτιακαί τινες μάστιγες.*[3] Still he himself complains of the *sophistica obtrectatio: μέχρι τίνος γὰρ ταῦτα; καὶ ποῦ στησόμεθα τῆς σοφιστικῆς ἐπηρεσίας;* His conceit and his moral pathos is outstanding:[4]

*Τί δ' ὁ Πλάτων σοι, καίπερ ὢν σοφώτατος*
*ἀνδρῶν; τί δ' Ἀρίστιππος, τὸν ἥδιστον λέγω;*
*τί δ' ὁ χαρίεις Σπεύσιππος, ὥσπερ οἴομαι;*

[1] When *Apologet.* 39 he styles the philosophers *lenones*, this is surpassed by the follower Salvianus, who exaggerates it into *lupanar fecit e mundo.*

[2] *Or.* 32 *de moderatione* (sic!) *in disputando*, PGM XXXVI 201 C.

[3] *Ep.* 190, PGM XXXVII p. 311.

[4] *Poem. mor.* X 306, PGM XXXVII p. 702.

ὁ μὲν καπήλου δυστυχῶς ἔζη βίον
πόνους διατελῶν κέρδεσιν θαλαττίους·
ἔλαιον ἦν ὁ φόρτος· οὔπω τοῦτ' ἴσως
ἐρεῖς ἄπληστον καὶ πενίᾳ τι προσνέμεις.
τὸ δὲ τραπέζας προσκυνεῖν τυραννικάς
Πλάτωνα, φεῦ, λόγων τε καὶ σεμνῶν πόνων.
ἐῶ λέγειν πρᾶσιν τε καὶ οὐχὶ πρᾶσιν,
εἰ μὴ Πλάτωνί τις Λιβύς[1] τῆς Ἑλλάδος
ὤφθη γ' ἀμείνων, καὶ μικροῦ τιμήματος
δόξαν τε καὶ Πλάτωνος ὠνεῖται λόγους.

Many well-known topics recur in his assaults on Plato, *τυραννίδας μονονοὺ προσκυνοῦσι*,[2] paederasty[3], *Πλάτωνος λιχνείας τῆς Σικελικῆς*[4], *τὴν ἐν Ποτιδαίᾳ στάσιν*,[5] *κοινογαμία*,[6] etc.

The fanatic Cyril, patriarch of Alexandria 412—444, who among other things probably has to answer for the murder of Hypatia, loves to speak of the *ἀπάτη Ἑλληνική*, and in his work *Contra Julianum* he quotes long passages from Porphyry. Moses was a great man, he says[7], *ὁποῖος γε μὴν ὁ Πλάτων ἦν, κἂν εἰ μή τις λέγοι, διαβοήσειεν ἂν ἡ ἐξ Ἀθηνῶν ἐπὶ Σικελίαν ἄφοδος· οὐ γὰρ ἀρεσθέντα ταῖς παρ' αὐτοῦ θωπείαις τὸν Διονύσιον ἀποδόσθαι φασὶν αὐτόν*, and further on, 818 D, *ἀλλ' ὁ δεινὸς παρ' αὐτοῖς καὶ διαβόητος Πλάτων οὐ παιδοτρίβαις ὡμιληκὼς*[8] *καὶ παλαίστραις ἐν ἀρχαῖς ἐμφιλοχωρῶν ἐξ ἱδρώτων ἀθλητικῶν μεταπεφοίτηκεν ὡς φιλοσοφίαν;* That the substance of this passage has come from Aristoxenus is proved by the quotation from the *Φιλόσοφος Ἱστορία* shortly afterwards.

The quotations from the writings of Cyril, displaying his harsh anti-platonic bias, could easily be multiplied, but the same tedious

1 Anniceris is said to have ransomed Plato for 20 minae from Dionysius of Syracusae, Diog. Laert. II 86, probably of Aristoxenean origin.

2 *Contra Julian.* I 44, PGM XXXV 568 B.

3 *ib.* 596 A, for more evidence see J. M. Gesner, *Socrates Sanctus Paederasta*, Göttingen 1752.

4 *ib.* 596 B.

5 *ib.* 596 B.

6 *Or. in laudem Heronis philosophi*, PGM XXXV 1298 B.

7 *PGM* LXXVI 576 D.

8 This is the moralizing trend of Aristoxenus, the stern Pythagorean.

monotony marks the work throughout. Luzac has exposed at length how the story of the bigamy of Socrates was utilized by Cyril and Theodoretus.

John Chrysostom (334—397) shows perhaps in his little pamphlet *Περὶ κενοδοξίας* and elsewhere that he is to some degree really influenced by Plato, but in point of fact he is, apart from Tatianus, the most hateful enemy of ancient philosophy among the Holy Fathers. Plato and Pythagoras, he says[1], are the only ones of the philosophers who are worth mentioning, *ἀλλ' ὅμως δὲ ἐν ἅπασι παίδων αἰσχρότερον κατεγελάσθησαν, τάς τε γὰρ γυναῖκας κοινὰς ἅπασι ποιοῦντες* (thus poor Pythagoras is included in the verdict), *καὶ τὸν βίον αὐτὸν ἀναπρέποντες, καὶ τὸ σεμνὸν διαφθείροντες τοῦ γάμου, καὶ ἕτερα τοιαῦτα νομοθετοῦντες, οὕτω πάντα τὸν βίον αὐτῶν ἀνάλωσαν. δογμάτων δ' ἕνεκεν τῶν περὶ ψυχῆς οὐδὲ ὑπερβολήν τινα κατέλιπον αἰσχύνης λοιπόν, μυίας καὶ κώνωπας καὶ θάμνους τὰς τῶν ἀνθρώπως λέγοντες γίνεσθαι ψυχάς κτλ.*, but *ἐξ ὅτου γὰρ καὶ οἱ λοιποὶ ἁλιεῖς,*[2] *ἐξ ἐκείνου τὰ μὲν Πυθαγόρου σεσίγηται καὶ τὰ Πλάτωνος, καὶ οὐδ' ἐξ ὀνόματος αὐτοὺς ἴσασιν οἱ πολλοί.* Everywhere he attacks Plato who according to him was *ζηλοτύπως πρὸς ἅπαντας διακείμενος.* In another sermon he exclaims[3]: *Ποῦ νῦν Πλάτων, ποῦ Πυθαγόρας, ποῦ τῶν Στωικῶν ὁ ὁρμαθός; καὶ γὰρ πολλῆς ἀπολαύσας ἐκεῖνος τιμῆς οὕτως ἠλέγχετο, ὡς καὶ ἀπεμποληθῆναι καὶ μηδὲν ὧν ἐβούλετο καθορθῶσαι οὐδὲ ἐφ' ἑνὸς τυράννου· ἀλλὰ καὶ τοὺς μαθητὰς προδοὺς ἐλεεινῶς τὸν βίον κατέλυσε.* Plato is of course accused of paederasty and — and this probably marks the very climax of the anti-platonic tradition — *καὶ γὰρ καὶ τὸ ἀνθρώπων ἀπογεύεσθαι ἔλεγεν ἀδιάφορον εἶναι.*[4] An example of the unscrupulousness with which old familiar stories are embroidered, is afforded by the following version of the story of Xanthippa, also related by Diogenes Laertius II 37 and Plutarch *de inimic. util.* c. 8, 90 E: *λέγεται γοῦν τις καὶ τῶν ἔξωθεν φιλοσόφων μοχθηρὰν ἔχων γυναῖκα καὶ φλύαρον καὶ πάροινον πρὸς τοὺς ἐρωτῶντας, τίνος ἕνεκεν τοιαύτην ἔχειν ἀνέχεται, εἰπεῖν, ὥστε γυμνάσιον καὶ*

[1] *Hom. in Joh.* II 2, PGM LIX 30.

[2] Cfr *ἁλιευτικῶς ἀλλ' οὐκ Ἀριστοτελικῶς*, Greg. Naz. *or. de pace* III, PGM XXXV 1164 C.

[3] *Hom. in Matth.* XXXIII 4, PGM LVII p. 392.

[4] *De S. Babyla contra Julianum et gentiles* 9, PGM L p. 546. Also Aristotle and Zenon are coarsely calumniated.

*παλαίστραν ἔχειν φιλοσοφίας*[1] *ἐπὶ τῆς οἰκίας*. Of course the Platonic *Republic* is ridiculed, *Πλάτων ὁ τὴν καταγέλαστον ἐκείνην πολιτείαν συνθείς*.[2]

The anti-platonic bias of the Christian Fathers is a gloomy chapter in the history of human thought. It shows us how factiousness and prejudice obscures the eye and makes anything in the nature of true appreciation quite impossible. These Fathers were certainly not so ignorant of Greek philosophy as it may seem, nor were they liars, merely fanatical partisans. I am convinced that at the moment when from the pulpit they pronounced their verdicts on the Greek philosophers and told their auditors of the gluttony and lechery of Plato, they actually believed in what they were saying. They had definitely and deliberately shut their ears and eyes to anything that might aid them in understanding the ancient thinkers in order the better to fight the fight for the true faith.

The fourth great calumniator of this period is Theodoretus, the contemporary antagonist of Cyril, perhaps a little more modest in his censure of the old philosophers than the others mentioned above. A single example of his turgid rhetoric from *Sermo II de principio* will be sufficient: *τί γὰρ Ὁμήρου ποιήσεως ἥδιον; τί δὲ τῆς εὐεπείας ἐκείνης γλυκύτερον; ἀλλ' ὅμως τοῦτον φιλοσόφων ὁ ἄριστος — ἐπέγνωτε δὲ δήπου τὸν Ἀρίστωνος ὡς ἡγοῦμαι — μύρῳ γε ἀλείψας* (cfr Rep. 398 A) *καθάπερ αἱ γυναῖκες τὰς χελιδόνας ἐκ τῆς ὑπ' αὐτοῦ ξυντεθείσης ἀπέπεμψε πόλεως, ἀκολασίας καλέσας καὶ δυσσεβείας διδάσκαλον. βλασφημεῖν γάρ φησιν ἐκπαιδεύει τοὺς νέους καὶ πονηρὰς αὐτοῖς περὶ τῶν θεῶν ἐκτίθησι δόξας καὶ ἁπαλοῖς ἔτι οὖσι μαθήματα πονηρὰ καὶ διεφθαρμένα ἐνίησι*.[3]

The work of Theodoretus entitled *Ἑλληνικῶν θεραπευτικὴ παθημάτων ἢ εὐαγγελικῆς ἀληθείας ἐξ Ἑλληνικῆς φιλοσοφίας ἐπίγνωσις* is, as the title already indicates, a long-winded and tiresome compilation of Clemens and Eusebius, which writers, however, he carefully avoids mentioning as his sources. A pamphlet *Κατὰ Πλάτωνος περὶ θεοῦ*

[1] These words probably come from Aristoxenus through Porphyry. The passage is much longer with rich novelistic colours, see *Hom. in ep. I ad Cor.* XXVI, PGM LXI p. 224. In *Adv. apparat. vitae monast.* II 5, PGM XLVII p. 339, there is a series of stories about the Academy and a lively novel about Socrates and Archelaus.

[2] *Hom. in Matth.* I 4, PGM LVII p. 18.

[3] Similarly Greg. Naz. *or.* 25 *in laudem Heronis philos.*, PGM XXXV 1205 A.

*καὶ θεῶν* by Diodorus of Tarsus (dead 394) may be mentioned here; it is not preserved as far as I know.

Side by side with the anti-platonic and anti-philosophic tradition, the opposite current continues to flow, biding its time. A delightful short speech, addressed to youth, on the benefit of Greek literature by Basil (330—379) has come down to us. It is entitled *Λόγος πρὸς τοὺς νέους ὅπως ἂν ἐξ Ἑλληνικῶν ὠφελοῖντο λόγων*[1] and has a clearly platonizing character, although the inevitable anecdotical slander is not lacking; and of course the pious Synesius should not be left out.

One would have imagined that an author like Lucian would have played something of an important part as a source for anti-platonic polemics, but astonishingly enough such is not the case. Perhaps the frequent use of the *κοινογαμία* motif is the only thing that comes from him. Only one father betrays any knowledge of his writings, namely the abbot Isidorus of Pelusium, who was a contemporary of Cyril, whom he violently attacked. In one of his preserved letters he writes[2]: *ἀνεκωμῳδήθη* (sc. Plato) *παρὰ τῶν Κυνικῶν, ὧν εἷς ἦν καὶ Λουκιανὸς ὁ τοὺς διαλόγους κατὰ πάντων ὁμοῦ σχεδὸν τῶν τε εἰρημένων* (schools of philosophy) *τῶν τε παραλελειμμένων συντάξας, δν οἱ μὲν Πλατωνικοὶ διὰ τὸ τοὺς παρὰ τῶν ποιητῶν ἀναπλασθέντας θεοὺς τεθεατρικέναι ἀπεδέξαντο, οἱ δὲ τῶν ποιητῶν τρόφιμοι δύσφημον ἀπεκάλησαν· δεινῶς γὰρ τοὺς παρ' αὐτῶν ἐκθειαζομένους θεοὺς ἐξεκωμῴδησε.*

There is one thing worth dwelling on in conclusion. I have already stressed the fact that the strong anti-platonic tradition of the fourth century and the first half of the fifth, partly owed its rise to the material which Porphyry served up in his history of philosophy from the storehouse of Aristoxenus. Thus it is, indeed, strange to observe how this man, who must be regarded in some measure as the original founder of peripatetic biography, up to the last lays his hand on the tradition and imparts to it its special quality and flavour. *Conclusion*

It is now also salutary to see how a man, who stood aside from the ecclesiastical dissensions of the time, judged the chief scourges of the anti-platonic tradition. The historian Socrates (380—450) in his ecclesiastical history records the following sound verdict[3].

[1] *PGM XXXI* 371 B, compare 584 C. He also praises the power of music, *μουσικῆς ἰσχύς*.

[2] *Ep. IV* 55, PGM LXXVII 1106 C.

[3] *Hist. Eccles. III* 23.

*Πᾶς γὰρ ὁ μαχόμενός τινι νῦν μὲν παρατρέπων, νῦν δ' ἐπικρύπτων τὴν ἀλήθειαν, καταψεύδεται τοῦ πρὸς ὃν ἡ μάχη συνίσταται· καὶ ὁ ἀπεχθῶς ἔχων πρός τινα πάντα ὡς πολέμιος οὐ μόνον πράττειν ἀλλὰ καὶ λέγειν ἐσπούδακε καὶ τὰ αὐτῷ προσόντα φαῦλα, τῷ πρὸς ὃν ἡ ἔχθρα, περιτρέπειν φιλεῖ. ὅτι μὲν οὖν καὶ Ἰουλιανὸς καὶ Πορφύριος, ὃν Τύριον καλεῖ γέροντα, ἄμφω φιλοσκῶπται ἦσαν, ὑπὸ τῶν οἰκείων λόγων ἐλέγχονται. Πορφύριος γὰρ τοῦ κορυφαιοτάτου τῶν φιλοσόφων Σωκράτους τὸν βίον διέσυρεν ἐν τῇ γεγραμμένῃ αὐτῷ Φιλοσόφῳ Ἱστορίᾳ, καὶ τοιαῦτα περὶ αὐτοῦ γράψας κατέλειπεν, οἷα ἂν μήτε Μέλιτος μήτε Ἄνυτος οἱ γραψάμενοι Σωκράτην εἰπεῖν ἐπεχείρησαν· Σωκράτους φημὶ τοῦ παρ' Ἕλλησι θαυμαζομένου ἐπὶ τῇ σωφροσύνῃ καὶ δικαιοσύνῃ καὶ ταῖς ἄλλαις ἀρεταῖς, ὃν Πλάτων, ὁ θαυμαστὸς παρ' αὐτοῖς φιλόσοφος, καὶ Ξενοφῶν καὶ ὁ ἄλλος τῶν φιλοσόφων θίασος, οὐ μόνον ὡς θεοφιλῆ τιμῶσιν ἀλλὰ δὴ καὶ ὑπὲρ ἄνθρωπον φρονεῖν νενομίκασιν.*

I have reached the end of this short — and as some may say superficial — study of the anti-platonic tradition in the classical antiquity. I have to a great extent allowed the authors to characterize themselves, by freely quoting their writings, confining myself to giving an indication of the line of development and displaying what I believe to have been the preponderant motives and tendency in each case. I subjoin a word by Dio Chrysostom: *κἂν ὑμῖν ὁ κιθαρῳδὸς ἐκμελῶς ᾄδῃ καὶ παρὰ τὸν τόνον, συνίετε.*

KUNGL. VITTERHETS HISTORIE OCH
ANTIKVITETS AKADEMIENS

# HANDLINGAR

FEMTIOFÖRSTA DELEN

STOCKHOLM

I DISTRIBUTION HOS
WAHLSTRÖM & WIDSTRAND
STOCKHOLM

KUNGL. VITTERHETS HISTORIE OCH
ANTIKVITETS AKADEMIENS HANDLINGAR UTGIVAS MED ANSLAG
UR HUMANISTISKA FONDEN

GÖTEBORG 1941
ELANDERS BOKTRYCKERI AKTIEBOLAG

# INNEHÅLL

Under de senaste åren ha följande delhäften av Kungl. Vitterhets Historie och Antikvitets Akademiens Handlingar utkommit:

| | | Pris Kr. |
|---|---|---|
| Del 34, h. 1: | Bernhard Salin: Minnesteckning över Oscar Montelius. Gunnar Ekholm: Bibliographia | 5: — |
| Del 34, h. 2: | Arthur Stille: Saxos skånska stridsskildringar. Birger Nerman: En utvandring från Gotland och öns införlivande med sveaväldet | 5: — |
| Del 34, h. 3: | Birger Nerman: Die Herkunft und die frühesten Auswanderungen der Germanen | 5: — |
| Del 34, h. 4: | Friedrich Plutzar: Die Ornamentik der Runensteine | 5: — |
| Del 35: | Oscar Almgren: Hällristningar och kultbruk | 15: — |
| Del 36, h. 1: | Sune Lindqvist: Vendelkulturens ålder och ursprung | 6: — |
| Del 36, h. 2: | Elias Wessén: De nordiska folkstammarna i Beowulf | 3: — |
| Del 36, h. 3: | John Nihlén: Gotlands stenåldersboplatser | 6: — |
| Del 37, h. 1: | Harald Hansson: Gotlands bronsålder | 8: — |
| Del 37, h. 2—5: | Stenåldersboplatser i Östergötland I | 4: — |
| Del 37, h. 6: | T. Engström: Från stenålderns boplatskultur vid Bråviken | 2: — |
| Del 37, h. 7: | Axel Bagge: Stenåldersboplatsen vid Vivastemåla, Västrums socken, Småland | 4: — |
| Del 38, h. 1: | T. G. Appelgren: Doktor Otto Smiths Münzensammlung | 3: 50 |
| Del 38, h. 2: | Carl M. Fürst: Birger Jarls grav i Varnhems klosterkyrka | 2: — |
| Del 38, h. 3: | Andreas Oldeberg: Det nordiska bronsåldersspännets historia | 7: 50 |
| Del 39, h. 1: | Erik Lundberg: Topografiska stadsundersökningar i Söderköping | 3: — |
| Del 39, h. 2: | Otto Rydbeck: Italienskt inflytande på skånsk kyrkobyggnadskonst | 2: — |
| Del 39, h. 3: | Bengt Thordeman: Några svensk-norska numismatiska problem i belysning av ett västsvenskt skattefynd | 2: — |
| Del 39, h. 4: | Lis Jacobsen: Forbandelsesformularer i nordiske Runeindskrifter | 5: — |
| Del 39, h. 5: | T. J. Arne: Barsoff Gorodok. Ein westsibirisches Gräberfeld aus der jüngeren Eisenzeit | 5: — |
| Del 40, h. 1: | Birger Nerman: Die Verbindungen zwischen Skandinavien und dem Ostbaltikum | 5: — |
| Del 40, h. 2: | Richard Vasmer: Ein im Dorfe Staryi Dedin in Weissrussland gemachter Fund kufischer Münzen | 2: — |
| Del 40, h. 3: | W. J. Raudonikas: Die Normannen der Wikingerzeit und das Ladogagebiet | 10: — |
| Del 41, h. 1: | Vilhelm Gödel: Riksantikvarieämbetet | 5: — |
| Del 41, h. 2: | Carl Hallendorff: Konung Oscar I:s politik under Krimkriget | 5: — |
| Del 42, h. 1: | Eilert Ekwall: Studies on English Place-Names | 6: — |
| Del 42, h. 2: | O. Källström: Medeltida silverax från svenska och finska kyrkor | 2: — |
| Del 42, h. 3: | Elisabeth Svärdström: Johannes Bureus' arbeten om svenska runinskrifter | 4: 50 |
| Del 42, h. 4: | Nils Åberg: Kulturmotsättningar i Danmarks stenålder | 7: 50 |
| Del 43: | Holger Arbman: Schweden und das karolingische Reich | 15: — |
| Del 44, h. 1—2: | Bengt Hildebrand: C. J. Thomsen och hans lärda förbindelser i Sverige 1816—1837, Del I—II | 8: — |
| Del 45, h. 1: | Erik Tidner: Sprachlicher Kommentar zur lateinischen Didascalia apostolorum | 8: — |
| Del 45, h. 2: | Nils Lithberg och Elias Wessén: Den gotländska runkalendern 1328 | 8: — |
| Del 46, h. 1: | L. von Post, A. Oldeberg und I. Fröman: Ein eisenzeitliches Rad aus dem Filaren-See in Södermanland | 4: 50 |
| Del 46, h. 2: | Kjell Kumlien: Karl Knutsson i Preussen 1457—1464 | 4: — |
| Del 46, h. 3: | Otto v. Friesen: Sparlösastenen | 5: — |
| Del 46, h. 4: | Nils Åberg: Keltiska och orientaliska stilinflytelser i vikingatidens nordiska konst | 5: — |
| Del 47: | Wilhelm Holmqvist: Kunstprobleme der Merowingerzeit | 15: — |
| Del 48: | Henrik Schück: Stockholm vid 1400-talets slut | 8: — |
| Del 49: | Erik Bohrn: Nyköpings renässansslott och Herkules Mida | 12: — |
| Del 50, h. 1: | Carl Johan Lamm: Oriental Glass of Mediaeval Date Found in Sweden and the Early History of Lustre-Painting | 7: — |
| Del 50, h. 2: | Bengt Söderberg: Sundholmen. Ett Braheslott från äldre Vasatid i Västergötland | 5: — |
| Del 51, h. 1: | Ernst Cassirer: Thorilds Stellung in der Geistesgeschichte des achtzehnten Jahrhunderts | 5: — |
| Del 51, h. 2: | Ingemar Düring: Herodicus the Cratetean | 7: — |

Delarna 34—49 samt 51 äro därmed avslutade.

I DISTRIBUTION HOS
WAHLSTRÖM & WIDSTRAND
STOCKHOLM

*Pris kr. 7:—*